中国社会科学院陆家嘴研究基地
Lujiazui Institute of Chinese Academy of Social Sciences

基地报告

REPORT OF LUJIAZUI INSTITUTE,CASS

总编■李 扬　主编■殷剑峰　副主编■何海峰

第4卷

裴长洪 等■著

中国（上海）自由贸易试验区一周年总结研究

社会科学文献出版社

SOCIAL SCIENCES ACADEMIC PRESS (CHINA)

中国社会科学院陆家嘴研究基地
主要成员

课题组成员

负责人　裴长洪

成　员　（按姓氏笔画排序）

付彩芳　杨志远　张小溪　陈丽芬　钱学宁

谢　谦　蔡　健

摘　要

党的十八大以来，我国对外开放接连推出了一系列重大举措，特别是十八届三中全会《中共中央关于全面深化改革若干重大问题的决定》（以下简称《决定》）提出了构建开放型经济新体制；2014 年 12 月中央经济工作会议提出，面临对外开放出现的新特点，要实施新一轮高水平对外开放。在中国经济进入"新常态"的形势下，深入认识和理解新一轮对外开放的深刻内涵具有重大意义。2013 年 9 月国务院正式批准中国（上海）自由贸易试验区（以下简称上海自贸区）挂牌成立。上海自贸区是国家战略的实施，是改革开放的试验田，其主要功能是推动加快政府职能转变和行政体制改革，探索对外开放的新路径和新模式，实现以开放促发展、促改革、促创新，在全国形成可复制、可推广的经验。上海自贸区挂牌成立至今已运行了一年多，贸易便利化、投资自由化、金融国际化、监管综合化等各项主要任务稳步推进，取得了初步的成果，体现了接轨国际规则的功能定位，承担了体制机制创新的历史使命。回顾、总结、评估一年多来的运行成效与问题，探索分析上海自贸区相关问题，是放大自贸区示范效应，顺利推进自贸区战略实施的必要环节，具有非常重要的意义。

中国（上海）自由贸易试验区跟踪研究围绕自由贸易区相关问题进行全面、系统、深入的研究。本研究首先对当前国际贸易与投资规则进行了全面的梳理。重点剖析了区域贸易协定（TPP、TTIP、TISA 等）、BIT 等贸易投资自由化、便利化的区域、双边与多边规则（重点是新规则体系），规则变化趋势与影响，区域自由贸易区（FTA）政策安排的超前试验等。由此，借鉴全球主要自由贸易区的经验提出当前我国发展自由贸易区的战略启示。在此基础上，本研究对中国（上海）自由贸易试验区成立一年来的运行情况从总体发展、货物贸易便利化、服务贸易自由化、外商投资便利化、金融体制改革现状和贸易与投资体制改革、转变政府职能等层面进行了全面的评估分析。

本研究开展了 6 项专题研究，包括：①中国（上海）自由贸易试验区贸易便利化评估及提升路径。从国际通行的贸易便利化内涵和评价标准出发，结合我国国际贸易的发展情况，构建贸易便利化评价标准框架，分析总结主要发达国家国际贸易便利化促进措施特点，评估上海自贸区实施一周年以来贸易便利化所取得的成效，针对存在的问题并借鉴国外贸易便利化措施经验，提出上海自贸区进一步提升贸易便利化水平的路径选择。②中国（上海）自由贸易试验区放开投资准入与服务业开放。从准入前国民待遇和"负面清单"管理模式入手，探讨了"负面清单"管理模式的内涵，并分析了有代表性国家的管理模式及对我国的启示。在此基础上重点研究了我国促进服务业扩大开放的政策体系，我国服务业对外开放的现状及服务业进一步开放的问题及挑战。③中国（上海）自由贸易试验区金融改革评估及对策分析。回顾总结上海金融中心建设以及浦东金融创新的历程，借鉴世界主要金融中心及金融离岸中心的发展经验，总结上海自贸区金融改革的定位及发展路径。④中国（上海）自由贸易试验区人民币离岸中心发展策略探讨。笔者认为，借鉴国际成功经验，应设立和发展中国版离岸业务在岸结算中心（CIBF），有利于巩固和扩大金融改革成果。本部分详细阐述其必要性和重要意义，并提出具体构想和发展策略。⑤中国（上海）自由贸易试验区法律保障体系建设研究。重点研究了贸易、金融、投资、航运、知识产权和市场监管等领域的自贸区法律问题。⑥中国（上海）自由贸易试验区管理模式与政策体系研究。重点论述政府与市场的边界，政府追踪监管能力建设及自贸区管委会职能界定等问题。并从试验区政府职能转变、试验区配套税收政策体系和建立完善试验区管理规则体系三个方面进行了重点论述。

目 录
CONTENTS

第 | 一 | 章 |

我国对外开放的总体战略、全球贸易投资规则重建及对我国的启示

第一节　经济"新常态"下的我国对外开放总体战略

党的十八大以来，我国在对外开放方面接连推出了一系列重大举措，特别是十八届三中全会《决定》提出了构建开放型经济新体制；2014 年 12 月中央经济工作会议提出，面对对外开放出现的新特点，要实施新一轮高水平对外开放。在中国经济进入"新常态"的形势下，深入认识和理解新一轮对外开放的深刻内涵具有重大意义。

（一）三个一：我国对外开放的三大总体目标

一个新体系：即党的十八大报告中提出的，完善互利共赢、多元平衡、安全高效的开放型经济体系。这个开放型经济新体系覆盖的范围是全方位的，它包括了开放的部门和领域、空间配置、开放方式、边境上和边境内的改革内容以及参与全球经济治理的要求。它还具有三个特殊的政策含义：即互利共赢，这就要求中国进一步扩大从贸易伙伴中进口商品与服务、让世界分享中国市场的红利，并增加中国企业对外投资的东道国福利。多元平衡，即要求进出口贸易平衡、国际收支平衡、沿海与内地开放平衡、深化国内改革与扩大对外开放平衡、双边与多边及其他合作方式的

平衡、在参与全球经济治理中权利与义务的平衡。安全高效，这就要求在扩大开放的同时要提高抵御国际经济金融风险的能力，保障国家能源、粮食、食品安全；促进生产要素内外流动，在全球范围内整合资源，优化资源配置水平。

一个新体制：即党的十八届三中全会《决定》中提出的构建开放型经济新体制。这个新体制主要包括四方面特征：第一是建立与服务业扩大开放相适应的新体制和新机制，这主要体现在外商投资管理体制与中国企业对外投资管理体制之中；第二是逐步建立与国际贸易新规则相接近、相适应的新体制和新机制，以应对当前全球区域经济合作中正在酝酿的国际新规则；第三是建立支撑新体制的战略纵深和更优化的空间布局，使新体制具有更广泛的适应性与更大的国际经济合作空间；第四是逐步培育与海洋战略意义相适应的新体制、新机制，促进我国海洋经济建设并向海洋强国迈进。

一个新优势：即党的十八届三中全会《决定》提出的培育参与和引领国际经济合作竞争的新优势。它不仅仅包含我们过去常讲的生产产品和生产经营行业的国际竞争优势。它提出的新优势包含三个方面：第一仍然是市场竞争优势，但我们过去依靠的是劳动力、土地等廉价的要素禀赋优势，而现在要培育人力资本、技术创新和管理新优势；第二是体制优势，即要以开放促改革，使社会主义市场经济体制成为我国参与国际经济合作与竞争的优势因素；第三是规则优势，即培养参与制定国际规则的能力，在国际经济活动中发起新倡议、新议题和新行动，有能力提供全球公共品，履行大国责任。

（二）着力实施"三大战略"

在以往党和国家的文献中，对外开放举措中被冠以"战略"的名称有两个，一个是"走出去战略"，一个是"自贸区战略"；从近两年习近平总书记有关对外开放的多次讲话以及中央关于对外开放的决策部署来看，"一带一路"事实上已经成为国家战略。因此，实施新一轮高水平对外开放，就是应当着力实施这三大战略。

"走出去"战略要有新的目标。过去追求的目标只是为了开拓国内国外两个市场、利用国内国外两种资源，促进国际收支平衡。在新的开放形势下，中国企业"走出去"还要求体现互利共赢，增加中国企业对外投资的东道国福利；同时还要为保障国家能源、粮食、食品安全做出贡献。应把"走出去"的中国企业培育成为当代的跨国公司，构建自主的跨国生产经营价值链、整合全球资源，并成为人民币国际化进程中流通循环的重要载体。

自由贸易区战略要上新台阶。我国目前实施的自由贸易区有两类，一类是我国单方自主的对境外所有经济体开放的自由贸易区，如中国（上海）自由贸易试验区；另一类是双边或区域贸易投资自由化协定的自贸区。第一类自贸区包含许多对外开放的内容，其中最重要的是具有接受国际新规则压力测试的政策含义。目前已经取得突破性进展，中央经济工作会议提出要推广中国（上海）自由贸易试验区经验。2014 年 12 月 12 日国务院常务会议做出部署，依托现有新区、园区，在广东、天津、福建特定区域再设三个自由贸易区；深化中国（上海）自由贸易试验区改革开放，进一步压缩"负面清单"，在服务业和先进制造业等领域再推出一系列扩大开放举措，并将部分开放措施辐射到浦东新区。

第二类自贸区在 2014 年中韩、中澳自贸区谈判结束之前，多数是小经济体，主要功能是推进贸易便利化改革，相互提供关税的最惠国待遇；在原有贸易规则基础上有选择地扩大少数领域的开放。而中韩自贸区的新意义在于，韩国是全球第 14 大经济体，中韩贸易将近 3000 亿美元，这是一个很大的量，最后达到 91% ~ 92% 的产品零关税，这也是一个压力测试。澳大利亚的经济制度和法律法规几乎与欧盟没有区别，如果中国能够和澳大利亚达成一个高水平的，涉及几乎所有目前自由贸易协定谈判的各种议题（包括边境上和边境内的议题，也包括我们称作 21 世纪新议题的议题）的协议，其意义在于，中国有能力也有自信，全面地参与全球无论是多边还是诸边的高标准的自由贸易协定谈判。

更具有历史标志性意义的是启动了亚太自贸区议程。在 2014 年亚太经合组织（APEC）领导人非正式会议上，国家主席习近平出席并讲话，表示启动亚太自由贸易区进程，这是具有历史标志性意义的事件。这是第一次由中国首倡、中国设置议题、中国提出行动计划和时间表的国际经济治理新方案，也是未来中国在制定国际规则中占据主导地位的新标志。

"一带一路"战略要启航。境外一些媒体称这是中国版的"马歇尔计划"，这是很大的误解。首先，"马歇尔计划"与"二战"后的冷战格局密切联系，而"一带一路"则是中国睦邻友好、互利共赢对外经贸政策的体现。目前我国已与 11 个邻国签署了陆地边境口岸开放及管理问题的双边协议，协议开放口岸 100 多对，较好发挥了边境口岸作为人员、车辆和货物出入境通道的功能。边境地区的双方依托口岸，利用外联快捷、物流集中的优势，发展了旅游、物流仓储、加工、投资等经贸活动，活跃了边境地区双方的经济。实施"一带一路"战略将使这种经济贸易活动扩展到更多领域并辐射到更广泛的地区，推动实现区域内政策沟通、道路联通、贸易畅通、货币流通、民心相通。其次，前者以财政资金援助为主，后者是一套发展规划、生产性投资和市场运作机制，既包含合作伙伴的发展项目，也是"新常态"下中国自身培育经济增长动力的新途径。今天，发展相对滞后的中国西部理应成为东部沿海发达地区产业转移的目的地，但基础设施落后妨碍了产业的合理转移。"一带一路"可以撬动西部基础设施建设，扩大向西和向南的对外开放。带动中国过剩产能和优势产能（如高铁），开辟新的出口市场。最后，前者是冷战思维下的"两个平行世界市场"的产物，而后者是中国对现行国际能源治理结构、金融治理结构不完善的补充。中国的油气资源、矿产资源对国外的依存度较高，这些资源主要通过沿海海路进入中国，渠道较为单一。"一带一路"能增加大量有效的陆路资源进入通道，从而保障中国的能源安全，同时也是保障世界经济的稳定和安全。另外，亚洲基础设施投资银行和丝路基金等国际开发性金融机构的设立，确实也是对整个全球经济治理和金融治理结构的补充，它有利于发展中国家在基础设施建设方面获得资金支持，从而改善全球经济治理。

（三）"新常态"下对外开放三大领域和 16 项新任务

中央经济工作会议提出，要着手研究我国"十三五"规划的各项改革和发展任务，毫无疑问，"十三五"规划将以党的十八大以及十八届三中全会、四中全会，以及 2014 年 12 月中央经济工作会议的精神为指导。2015 年和"十三五"时期我国对外开放的新任务大体可以归纳为三大领域和 16 项任务。

1. 加快转变对外经济发展方式

（1）推进货物出口贸易转型升级。从提高经济质量的视角来看，商品出口仍然具有重要意义。出口商品要求具有国际竞争力，可以带动整个行业产品升级、更新换代乃至整个行业的改造。当前，我国工业经济面临转型升级，智能化、数字化、网络化制造业成为新潮流，而许多新兴产业能否成为未来我国国民经济的支柱产业，在相当程度上要看其产品是否具有国际竞争力，能否占领国际市场。另外还要看到，货物出口贸易在促进内陆地区开放和产业梯度转移中往往发挥着先导作用。

（2）扩大货物进口贸易规模、优化结构，改善国内经济供给面。优化进口贸易结构是改善经济供给面的重要内容；对于一国宏观经济管理部门而言，除了强调需求管理以外，进口贸易结构调整也是一种重要的管理手段。在进口贸易结构的调整中，要重视不同类别进口数量与结构的优化，以实现经济增长预期。

（3）根据新阶段的要求，提高外资利用水平。根据新的发展阶段的特点，对吸收外商投资提出新要求。首先，根据党的十八届三中全会《决定》的精神，未来我国吸收外商投资要有利于构建开放型经济的新体制。其次，未来我国吸收外商投资要有利于促进我国经济结构调整和产业升级。最后，未来我国吸收外资要有利于培育我国经济新的国际竞争力。

（4）继续扩大中国企业对外投资，改善投资结构和方式，构建自主跨国生产经营网络。要将互利共赢和促进国内经济结构调整、产业升级的立足点作为中国企业对外投资的指导方针，以建设自主国际化生产经营网络作为战略目标，来规划企业海外投资并建立与此相关的服务促进体系。在政策引导上，要鼓励制造业领域的投资，鼓励多采取绿地投资方式，在服务体系建设中，要注意针对民营企业的弱点和不足，提供更多有针对性的、有效率的服务。

（5）重视并继续发展服务贸易。发展服务贸易、优化外贸结构是一项重要任务。首先要认识到，从世界贸易发展趋势看，服务贸易增长快于货物贸易，这是一个长期趋势。服务贸易发展战略既要立足于提高某些行业的国际竞争力，缩小逆差，又要容忍某些行业在相当长一个时期内维持逆差状态。这种发展战略的前提条件是必须保持货物贸易和经常项目收支的顺差。在此前提下，可以把服务贸易逆差作为常态对待。

（6）优化对外开放的区域布局。进一步推进沿海开放，形成沿海开放的新高地，如京津冀、环渤海区域，应成为沿海地区新的开放高地；内地开放要通过长江经济带和中原交通枢纽建设等措施形成新的开放高地；沿边开放要利用双边与区域合作关系，有针对性地选择新的开放口岸和边境城市作为新的抓手。

2. 构建开放型经济新体制

①创新外商投资管理体制，实行负面清单管理模式；②建立以企业和

个人为主体的"走出去"战略新体制；③构建以培育新的竞争优势为核心的外贸发展新体制；④构建开放安全和具有国际竞争力的金融体制；⑤健全法治化、国际化和可预期的营商环境；⑥加强支持全方位开放的保障机制的建设。

3. 积极参与全球经济治理

①加快实施"一带一路"战略。②设立金砖国家开发银行、亚洲基础设施开发银行、丝路基金等国际开发性金融机构并使之投入运营和发挥作用。③拓展国际经济合作新空间，建立中国-东盟升级版，推进中国-海合会、中日韩、区域全面经济伙伴关系协议（RCEP）、中国-斯里兰卡、中国-巴基斯坦第二阶段降低税收等自由贸易协议谈判；推进中欧自由贸易区和亚太自由贸易区的研究和谈判。在联合国和20国集团等主要平台之外，积极参加金砖国家合作、气候谈判、电子商务、能源安全、粮食和食品安全以及贸易金融等全球性协议谈判，提出新主张、新倡议。④创立中欧、亚太自由贸易区战略研究的国际合作机制。

第二节　全球主要贸易投资规则协定分析

近年来，在各国利益不断博弈中，全球贸易投资规则也在不断调整、深化。在亚太地区，区域全面经济伙伴关系协议、跨太平洋伙伴关系协定（以下简称 TPP）、中日韩自由贸易区协定谈判三者平行推进，又相互交叉。全球层面，由 TPP、跨大西洋贸易与投资伙伴协定（以下简称 TTIP）和服务贸易协定（TiSA）所引领的国际贸易和投资规则的"重构"已经成为影响各国经济发展和全球角色定位的重要因素。[1]

---

① 王金波：《国际贸易投资规则发展趋势及中国应对》，《国际问题研究》2014 年第 2 期。

（一）跨太平洋伙伴关系协定（TPP）

TPP 最初是由新加坡、新西兰、智利和文莱四国于 2005 年亚太经合组织（以下简称 APEC）框架内签署的小型多边贸易协定。这一多边关系的自由贸易协定从 2002 年就开始酝酿，旨在促进亚太地区的贸易自由化。在 2009 年新加坡 APEC 会议上，美国高调加入 TPP。由此，TPP 扩大到 9 个国家（增加了澳大利亚、秘鲁、越南、马来西亚），美国借助 TPP 的已有协议，开始推行自己的贸易议题，全方位主导 TPP 谈判。自此，跨太平洋战略经济伙伴关系协议，更名为跨太平洋伙伴关系协定，开始进入发展壮大阶段。2011 年 11 月 10 日，日本正式决定加入 TPP 谈判；2012 年 10 月 8 日，墨西哥经济部宣布，墨西哥已完成相关手续，正式成为 TPP 第 11 个成员方；2012 年 10 月 9 日，加拿大遗产部部长莫尔代表国际贸易部部长法斯特在温哥华宣布，加拿大正式加入 TPP。美国在多边经贸体制方面鼓吹新世纪、新议题和新纪律；同时，为回应美国商会提出亚太地区是经济利益焦点的呼吁，奥巴马政府高调提出重返亚太地区，并设计和筹划了"泛太平洋合作伙伴"的所谓高水平区域合作，把政府采购、国企运营、产业政策、劳工政策和知识产权等边境内市场问题均纳入协议范围，使其新战略有了实行的范本。

到目前为止，TPP 谈判取得了一定的进展，大部分的谈判协议内容已经基本达成。随着谈判的深入，谈判各方的分歧重点集中在关税、环境保护、知识产权和国有企业四大领域。作为 TPP 谈判的最重要的成员方，中日两国 2015 年初将重启谈判，而双方谈判的焦点锁定为汽车关税和农产品问题。

（二）跨大西洋贸易与投资伙伴关系协定（TTIP）

2013 年 2 月 12 日，美国总统奥巴马在国情咨文中宣布将启动与欧盟的 TTIP 谈判，并准备建立一个跨大西洋的"高标准"的自由贸易区。2013 年 7 月 8 日至 12 日，美国和欧盟进行了为期一周的首轮谈判，此轮谈判的重点是程序，而非深究具体问题。谈判代表列出了优先事项，交换了观点，建立了专门的工作流程。这一周的谈判具体化了监管合作中的程序性难题。长期存在并饱受争议的卫生与动植物检疫（SPS）以及农业议题也得到了深度讨论。为确保谈判不像先前全由技术专家处理时那样陷入困境，美国和欧盟官员做出了高层的政治承诺。美国商品期货交易委员会和欧盟委员会在 2013 年 7 月 11 日对衍生品监管发表声明，积极地迈出了美欧金融监管合作的第一步，然而这一声明也标志着有关市场准入后的金融服务议题不大可能出现在 TTIP 谈判中。但是谈判代表仍讨论了市场准入后金融服务的纳入问题。2015 年 2 月 6 日，TTIP 第八轮谈判结束，谈判涉及的议题主要是关税和合作监管两个方面。

1. TTIP 谈判的背景和重要内容

作为世界上两个最大的经济体，美国和欧盟的 GDP 之和约占世界的一半，贸易量约占世界的 30%。美欧进行自由贸易协定谈判，开启了贸易大国缔结自由贸易协定的历史。如果最终达成全面协议，将诞生世界最大的自由贸易区。作为一项高标准的综合性自由贸易协定，TTIP 的形成与走向将深刻影响未来世界经贸发展与合作的格局。

美欧之间建立自由贸易的设想由来已久，为什么在这个时间段内正式提出呢？首先，从内部来看，美欧双方现阶段都没有摆脱金融危机和主权债务危机的影响，共同面对危机，提振经济，摆脱危机成为普遍共识。因此，现阶段启动 TTIP 谈判更能凝聚美欧内部朝野，共同赢得民众的支持。从外部环境来看，多哈回合多边贸易谈判长期僵持不下，相对停滞。在此种情况下，美国不愿意为了固有利益做出妥协。其次，世界主要的经济体都已经加入 WTO，美国推动全球化的重心已经从扩大宽度转移到加大深度上来。最后，美欧不仅要面对自身经济不断衰退的问题，而且要面对来自新兴经济体快速崛起的挑战。

TTIP 谈判的主要框架和内容集中在三个方面：市场准入；监管问题和非关税壁垒；规则、原则和制定共担全球贸易挑战和共享机遇的新的合作模式（见表 1 - 1）。

表 1 - 1　TTIP 谈判的框架及主要内容

谈判框架	主要内容
市场准入	①消除关税一直是贸易自由化的核心目标 ②与货物贸易相比,服务贸易自由化更为复杂 ③美国和欧盟之间的跨境投资 ④政府采购问题
监管问题和非关税壁垒	①边境内贸易壁垒 ②更兼容的货物和服务监管体制
规则、原则和制定共担全球贸易挑战和共享机遇的新的合作模式	①知识产权保护 ②环境和劳工问题 ③其他与全球相关的机遇和挑战:海关和贸易便利化、竞争政策、从政府授予的特权中获利的国有企业和其他企业、贸易本土化壁垒、原材料和能源、中小企业以及透明度问题

资料来源：根据相关资料整理所得。

2. 美欧启动 TTIP 谈判的主要动因

美国和欧盟是当今世界两个最重要的经济体，双方在经贸领域的相互依存度很高。美欧间的贸易流量大，彼此互为重要的投资国，贸易与投资壁垒相对较低，经济活动的规模和深度已经高度融合。美欧加速推动 TTIP 谈判的目标和动机是什么？对这一问题的探究关系到对 TTIP 发展前景及其可能带来的潜在影响的判断。

首先，TTIP 谈判有助于提振大西洋两岸的经济信心，分享贸易、投资所带来的扩大利益，进一步深化美欧经济体。其次，TTIP 谈判是美欧欲在 WTO 框架外寻求制定贸易规则的平台，更积极地利用自由贸易协定推进其贸易议程，以保持在全球贸易谈判中的领航地位。再次，TTIP 谈判有利于美欧先发制人，率先主导制定"下一代贸易政策"，并推动其成为全球贸易的新标准和范本。最后，TTIP 谈判有助于进一步深化美欧战略伙伴关系，增强与新兴经济体抗衡的力量，拓展在全球贸易治理中的视野和作用。

总体而言，美欧商签 TTIP 是寻求创造跨大西洋贸易与投资新机遇的重大举措。美欧在加快推进 TTIP 谈判，既反映了世界经贸格局的深层次变化，也凸显了美欧进行经济政策战略性调整的主动性，背后体现了在争夺贸易规则制定主导权、维护在全球经济治理中的领航地位的博弈。由于谈判涉及两大经济体的进一步市场开放及监管制度的相互兼容，因此"将是本世纪最复杂和最重要的贸易谈判之一"。未来 TTIP 谈判能否如愿展开，将取决于美欧是否具有充分的政治意愿，也需要双方制定合理的目标以及达成这些目标的清晰路线。

显而易见，TTIP 可以促进相互的贸易与投资，但更重要的是它可以主导全球贸易规则甚至影响或构建新的多边贸易体系。一旦美欧自贸谈判达成，一方面，将在很大程度上改变世界贸易的规则、标准和格局，挑战新兴国家，尤其是金砖国家间的准贸易联盟。美欧将会在知识产权、劳工标准等方面制定新的规则，这对想进入美欧市场的企业来说无疑提高了"门槛"。另一方面，由于自贸区具有对内开放、对外限制的特征，因此，在美欧之间贸易壁垒降低的同时，对区外经济体则构成更高的壁垒，会产生贸易转移的效果，而这也意味着中国对美出口将面临欧盟的竞争压力，对欧盟出口将面临来自美国的竞争压力。

（三）服务贸易协定（TiSA）

1. TiSA 谈判基本情况

进入 21 世纪，全球服务贸易不断发展，《服务贸易总协定》（GATS）作为基础性协议规则在促进市场开放、推动贸易发展方面功不可没。但是，随着国际形势的变化，特别是金融危机爆发以来，各成员在 WTO 平台上推动服务贸易继续开放的难度不断加大。为了促进服务业市场的进一步开放，美欧等主要成员开始推动出台新的国际服务贸易协定。

2013 年 3 月启动的首轮"服务贸易协定谈判"，是新一轮高端自由贸易组织谈判。TiSA 拟确立的主要原则是：全面给予外资国民待遇，即除各国明确保留的例外措施以外，所有服务部门均需对外资一视同仁；原则上取消必须设立合资企业的各种要求，不得限制外资控股比例和经营范围。参与 TiSA 谈判的基本条件是，在金融、证券、法律服务等领域已没有外资持股比例或经营范围限制。

目前 TiSA 拥有 48 个成员方，既有美国、日本、欧盟成员方等发达经济体，也有智利、巴基斯坦等发展中经济体。该协定覆盖了全球 70% 的服务贸易，年贸易规模可达 4 万亿美元。包括中国在内的金砖国家等其他 WTO 成员未参加。

目前 TiSA 谈判涉及的主要领域如下。①

（1）模式四下的自然人移动，尤其是增加商务访客、专家和技术人员准入的便利性，包括对公司市场开拓意义重大的内部人员调动（ICT）。

（2）实现数据跨境自由流动，取消数据必须预先存储于使用国境内服务器的要求。

（3）对其他国家的服务供应商提供承诺的国民待遇，采取有限限制（即反向清单）。

（4）约束提供跨境服务的限制，包括许可、居住要求等，约束对通过投资提供服务的机构设立、参与合资企业或经济需求测试等的要求。

（5）国有企业和政府采购领域。

---

① 天雨：《服务贸易协定：服务贸易游戏规则的重构》，《国际经济合作》2013 年第 6 期。

2. 中国面临的机遇和挑战

TiSA 作为高层次的新贸易协定，在规则、规范、领域和模式上都会提出新的、更高的要求。然而在现阶段，我国服务贸易总水平总体较低，行业监管不规范，因此既面临挑战也存在发展的机遇。

中国面临全球贸易体系重构的两难抉择。转变经济发展方式是现阶段中国经济发展的重要内容，而大力促进服务贸易发展对缓解资源和环境制约、实现经济可持续发展意义重大。目前，中国还不是 TiSA 的谈判方，是否加入谈判，对中国经济自身是一个挑战，对发达经济体和其他发展中国家也有重大影响。中方加入谈判，可能需要进一步扩大开放、面临更大挑战；不加入谈判则有可能错失发展良机。

缺乏足够竞争力的企业拓展市场困难。现阶段，中国服务企业国际竞争力仍然处于较低的水平。如果中国加入 TiSA，当然希望能够给中国企业带来更多利益，希望能够通过协议使得中国企业国际竞争力得以提升。但是如果与其他国家竞争者相比不具有优势，即便获得更大的市场也难以获益，反而因对等开放而给国际竞争者更多成长的机会、更大的利润空间。

当然，TiSA 也将给中国服务企业创造一定的发展机遇。

市场开放为服务贸易发展创造空间。市场开放创造的空间不仅限于原有市场部门的更大准入，而且还可能因为基础服务领域的开拓提供更多服务的可能。本国市场开放为外来竞争者提供了更多机会，而这些竞争者往往处于行业领先地位，其相对较高的技术和创新的服务会对国内消费市场的培育提供动力，反过来也会促进服务贸易的升级与发展。

技术进步有利于服务贸易企业做大做强。TiSA 会给中国服务企业创造更多的贸易机会，在境外设立分支机构提供服务的情况可能会更为频繁。企业境内外机构间的关联日趋紧密，而"走出去"战略并非单纯鼓励企业走出国门，其主要目的还是要增强中国企业的全球竞争力。

第三节 新一代双边投资协定（以下简称 BIT）
与中美 BIT 谈判

（一）美国 2012 年双边投资协定范本（以下简称 BIT 2012）修订内容及特点

2012 年 4 月，美国 2012 年双边投资协定范本［美国与××国家鼓励与相互保护投资条约（2012）］由美国贸易谈判代表处办公室正式发布，从而取代了 2004 版美国双边投资协定范本。美国 2012 年双边投资协定范本不是一个全新的文本，而是在 2004 版的基础上对部分内容和注释修订而成。

双边投资保护协定总体上讲，主要经历了四个发展阶段，从最初的"友好通商航海条约"，发展到"投资保护协定""投资保护和促进协定"，到最新的"投资自由化、促进和保护协定"。[①] 美国 2012 双边投资协定范本更加倾向于保护投资者权益，鼓励和要求缔约国执行更具市场导向的相关政策，从而创造出更为开放、透明和非歧视的经营环境；进一步建立与其相适应的美国 BIT 法律框架及相关标准（沈铭辉，2014）。

目前，美国已经与 50 余个国家签订了 BIT，而美国双边投资协定的修订与新兴经济体经济势头发展良好有着必然的联系，便于为将来与不断发展的新兴经济体进行双边、区域的贸易投资谈判做好准备。通过比较分析美国双边投资协定范本（2004 版和 2012 版），不难发现，2012 版美国双边投资协定范本在业绩要求、透明度、投资与环境、金融服务、仲裁管理、国有企业等方面都进行了修订（见表 1 - 2）。

---

① 卢进勇等：《新一代双边投资协定与中欧 BIT 谈判》，《中国经贸》2014 年第 5 期。

表 1 - 2　美国 BIT 2012 修订情况

涉及条款	修订的内容	修订的注释
定义条款（第1条）	明确领土范围包括领海以及反映与联合国海洋法公约的国际习惯法的，领海外的缔约方可以实施主权和司法管辖权的区域（领土定义）	无
领域与适用范围条款（第2条）	无	增加了对政府职权委托授权的解释，界定了政府授权给国有企业及其他个人、组织的判断标准（第2款脚注8）
履行要求条款（第8条）	增加了缔约方不得出于保护本国投资者或技术的目的，禁止或要求外国投资者强行购买、使用或者优先使用东道国或东道国个人技术的要求（第1款第h段）	增加了对"东道国或东道国个人技术"范围的界定。（第1款脚注12）
透明度条款（第11条）	将2004版中缔约方设立一个或多个联络点制度改为缔约方定期磋商制度以提高透明度（第1款）；增加了缔约方应提前公开拟出台新法规的义务，包括公开方式、内容以及利益相关者的评论意见（第3、第4款）；新增允许另一方投资者参与东道国产品标准与技术标准的制定，并建议非政府组织在制定标准时也允许外国投资者参与（第8款）	增加了对外国投资者如何参与标准制定的进一步解释说明（第8款脚注14）
投资与环境条款（第12条）	新增缔约方承诺国内环境法、多边环境条约的施行（第1款）；将缔约方"尽最大努力不"改为"确保不得"为了吸引外资搁置、减损或者消极执行环境法（第2款）；承诺缔约方对环境事务享有自由裁量权（第3款）；新增环境法的保护目的和保护与保护方式的说明条款（第4款）；新增环境问题缔约方磋商制度（第6款）；新增缔约方应酌情给予公众参与本条内事务的机会的规定（第7款）	增加了缔约方对环境事务"享有自由裁量权"，不包括缔约方搁置或减损环境法但按照有关法律不得搁置或减损的情形（第2款脚注15）；将2004版有关法律的解释改为对法律规章的解释（第3款脚注16）
投资与劳工条款（第13条）	新增缔约方重申作为国际劳工组织成员的义务及其在《国际劳工组织宣言》中所做的承诺（第1款）；将缔约方"尽最大努力不"改为"确保不得"为了吸引外资搁置、减损或者消极执行劳工法（第2款）；新增劳工法应包括消除雇用与职业规定中的歧视情形的规定（第3款第e段）；新增劳工问题缔约方磋商制度（第4款）；新增缔约方应酌情给予公众参与本条内事务的机会的规定（第5款）	无

续表

涉及条款	修订的内容	修订的注释
金融服务条款（第 20 条）	新增仲裁庭不应推定使用本条第 1 款以及第 2 款的情形（第 2 款第 c 段）；新增投资者在申请金融纠纷仲裁满 120 天后，未组建仲裁庭相关情形的规定（第 3 款第 e 段）；对"提前公布其准备实施的涉及金融服务的规范性规定措施以及为利益相关方和缔约另一方就该规范性措施发表意见提供合理的机会"做了强调，并规定在最终采纳新规范时应该回应这些评论（第 6 款）。新增缔约方在特殊情况下可以对缔约一方的投资者、投资或金融机构采取、执行与本条约相一致的法律法规所规定的措施，包括预防商业欺诈或者处理金融服务合同违约行为等（第 8 款）	
仲裁管理条款	将 2004 版范本中"由其他多边协议组成上诉机构，由上诉机构审查按本条约第 34 条做出的仲裁决定"修改为缔约方应当考虑第 34 条的使用，并保证此类上诉机构会采用第 29 条中有关设立透明度的规定（第 10 款）	

注：参阅梁开银《美国 BIT 范本 2012 年修订之评析——以中美 BIT 谈判为视角》，《法制研究》2014 年第 7 期，并结合美国双边投资协定范本（2004、2012）做了相应的调整。

1. 业绩要求

美国政府一贯重视业绩要求的门槛，其核心目的是最大限度地减少东道国保护国内企业的习惯性做法。因为在过往的双边投资协定谈判过程中，东道国往往将要求投资者在本土进行研究、开发、测试、创新、系统集成等旨在产生知识产权的活动作为投资前提，或者将使用东道国领土上研发的技术作为投资前提。在 BIT 2012 中，美国政府的这一要求得到了明确体现，即增加了缔约方不得出于保护本国投资者或技术的目的，禁止或要求外国投资者强行购买、使用或者优先使用东道国或东道国个人技术的相关条款；同时对"东道国或东道国个人技术"范围进行了明确的界定。

在 BIT 2004 中，只是规定了禁止向东道国国内转让特定技术、工艺流程或其他专有技术的单向限制，在 BIT 2012 中，此规定转变为同时禁止东道国国内技术转让要求的双向限制。对于大部分新兴经济体及发展中国家而言，资金和技术是其经济社会发展的两大制约因素，在引进资金的基础上，往往在双边投资协定谈判中一定程度地附加技术转移的条件，并随着东道国自身研发水平的提升，为了保护自己国家的特定技术优势，强制要求投资者使用本国技术。为了应对这种局面，BIT 2012 有针对性地进行了修订。从字面上讲，这一条款的修订，对于投资者保护、知识产权的界定有很大的促进作用；但是不容忽视的是，对于发展中国家和新兴经济体而言，业绩要求是东道国利用外资及技术促进本国经济发展的一项重要措施，而 BIT 2012 年范本中的限制性条款，从很大程度上对东道国的相关权利和政策执行进行了挤压。

2. 透明度条款

双边投资协定中的透明度条款是指缔约国有关国际投资的全部信息应及时予以公开，从而使另一缔约方及其公众能够及时了解和知悉。透明度条款的存在确保了国际投资法的稳定性和可预见性。BIT 2012 与 BIT 2004 相比，修订的范围比较广泛。

将 2004 版中缔约方设立一个或多个联络点制度改为缔约方定期磋商机制；对缔约方信息公开进行了程序性的约束，例如，应提前公开拟出台新法规的义务，包括公开方式、内容以及利益相关者的评论意见；允许另一方投资者参与东道国产品标准与技术标准的制定，并建议非政府组织在制定标准时也允许外国投资者参与。从修订的内容可以看出，BIT 2012 在提高了信息透明度的基础上，更加尊重投资者参与立法的权利。但是从另一个层面看，制约了东道国对外国投资的立法权，并相应提高了缔约国需要承担的义务和责任。

3. 投资与环境、劳工保护条款

随着全球经济社会的不断发展，环境和劳工保护问题也越来越受到关注。与此相对应，美国历次对于 BIT 范本的修改，对于环境和劳工问题的保护标准也呈现更加严格的态势。BIT 2012 对于该问题也进行了深层次的修订。

在环境保护方面：新增缔约方承诺国内环境法、多边环境条约的施行；将缔约方"尽最大努力不"改为"确保不得"为了吸引外资搁置、减损或者消极执行环境法；承诺缔约方对环境事务享有自由裁量权；新增环境法的保护目的和保护方式的说明条款；新增环境问题缔约方磋商制度（第 6 款）；新增缔约方应酌情给予公众参与本条内事务的机会的规定。

在劳工保护方面：新增缔约方重申作为国际劳工组织成员的义务及其在《国际劳工组织宣言》中所做的承诺；将缔约方"尽最大努力不"改为"确保不得"为了吸引外资搁置、减损或者消极执行劳工法；新增劳工法应包括消除雇用与职业规定中的歧视情形的规定；新增劳工问题缔约方磋商制度；新增缔约方应酌情给予公众参与本条内事务的机会的规定。

4. 金融服务与仲裁条款

将金融服务定义为"一成员方金融服务提供者提供的任何金融性质的服务"，它具体包括：保险和与保险相关的业务、银行和其他金融服务（保险除外）。2009 年 BIT 审议报告认为应该允许就金融服务违反国民待遇或最惠国待遇提起"投资者 – 国家"争端解决，BIT 2012 根据这一思路，细化了金融服务仲裁的程序。值得注意的是，由于美国在金融危机时期加强了金融监管，因此 BIT 2012 亦对相应的条款进行了补充，增加了一些例外条款。

新增仲裁庭不应推定使用本条第 1 款以及第 2 款的情形（第 2 款第 c 段）；新增投资者在申请金融纠纷仲裁满 120 天后，未组建仲裁庭相关情形的规定（第 3 款第 e 段）；对"提前公布其准备实施的涉及金融服务的规范性规定措施以及为利益相关方和缔约另一方就该规范性措施发表意见提供合理的机会"做了强调，并规定在最终采纳新规范时应该回应这些评论（第 6 款）。新增缔约方在特殊情况下可以对缔约一方的投资者、投资或金融机构采取、执行与本条约相一致的法律法规所规定的措施，包括预防商业欺诈或者处理金融服务合同违约行为等（第 8 款）。将 2004 版中"由其他多边协议组成上诉机构，由上诉机构审查按本条约第 34 条做出的仲裁决定"修改为缔约方应当考虑第 34 条的使用，并保证此类上诉机构会采用第 29 条中有关设立透明度的规定（第 10 款）。

通过分析对比美国 BIT 的修订过程，我们可以发现，有关投资者保护的实体性条款以及备受争议的可能让东道国被诉的投资者 - 国家争端解决条款并没有发生实质性的改变，而改变的部分又大多赋予了东道国更多的义务和责任。范本的修订一方面体现出美国双边投资协定谈判的经验总结，而深层次的含义体现出美国一贯所坚持的投资自由化理念，以及在国际经济一体化和国际秩序法治化的背景下美国在国际投资领域的新关切和新理念（梁开银，2014）。其根本目的还是着眼于如何更好地适应全球经济社会形势的发展，并为将来与发展中国家及新兴经济体的双边、区域投资谈判做出相应的准备。

（二）中美 BIT 谈判的进展及核心议题分析

2014 年 9 月 22 日，中美投资协定谈判在北京举行，这是自 2008 年以来谈判双方进行的第 15 轮谈判，目前谈判的焦点是文本谈判，可以说双方已经进入实质性利益博弈阶段。依据双方商定的谈判进度时间表，2014 年年底双方就双边投资协定文本的核心问题和主要条款达成一致，并承诺 2015 年早期启动负面清单谈判。

现阶段，中美投资协定谈判需要解决的核心问题主要体现在两个方面，即确定中国可以接受的文本内容；要解决和文本内容相适应的制度调整两大核心问题。一是确定中方认可的文本内容，二是中方根据确定的文本逐步制定制度改革调整的路径（梁勇、东燕，2014）。

通过上文对 BIT 2012 修订的分析可以发现，从一定层面上讲，美国 BIT 2012 的修订，既是对中美历次 BIT 谈判焦点或分歧的回应，也是美国对国际投资领域重大利益和发展趋势深切关注的反映，同时，直接为中美新一轮谈判提供了美方的谈判文本。毋庸讳言，中美双边投资协定的历次谈判一直存在以下几个方面的分歧（见表 1 - 3）。

表 1 - 3　中美 BIT 谈判核心议题分析

议题	美方要价	中方应对		
		现有制度	改革方向	
	美国 BIT 2012	以中美 BIT 谈判为视角	党的十八届三中全会《决定》	中国(上海)自由贸易试验区
投资准入	投资定义:以资产为基础的宽泛的定义;准入条件:准入前国民待遇和最惠国待遇;例外:负面清单方式业绩要求;禁止关于出口比例、本地投入、本地采购、技术转移等方面业绩的要求	投资定义:以资产为基础的宽泛的定义(中加 BIT);准入后国民待遇混合清单:鼓励、限制、禁止业绩要求;遵守 WTO 与贸易有关的投资措施(TRIMs)的规定,允许对特殊投资采用业绩要求	实行统一的市场准入制度,探索对外商投资实行准入前国民待遇加负面清单的管理模式;放宽投资准入服务业:有序开放(金融、教育、文化、医疗)服务业;放开外资准入限制(育幼养老、建筑设计、会计审计、商贸物流、电子商务等服务业领域外资准入限制);一般制造业:进一步放开	负面清单形式调整服务业开放对相关行业的有关行政审批、资质要求、股比限制、经营范围限制等准入实施特别管理措施
透明度	要求与投资相关的法律、规则等进行公开、提供信息,要求缔约双方定期对如何增进透明度进行磋商,并增加允许另一方投资者参与技术法规与标准制定的规定	对与投资相关的法律、法规、政策:①通知、告知和解释义务;②使另一方投资者了解投资等相关事项的要求、程序等;③征求或听取意见的义务	建立公平开放透明的市场规则。统一内外资法律法规,保持外资政策稳定、透明、可预期;同时,改革涉外投资审批体制,完善领事保护体制,提供权益保障、投资促进、风险预警等更多服务,扩大投资合作空间	提高了市场准入的透明度,但 2012 版负面清单的透明度仍需要加强

续表

议题	美方要价	中方应对		
		现有制度	改革方向	
	美国 BIT 2012	以中美 BIT 谈判为视角	党的十八届三中全会《决定》	中国（上海）自由贸易试验区
国有企业	倡导竞争中立原则；加强对国有企业经营行为的规范；制约的主要目标是谈判伙伴国的国有企业；通过直接或间接的条款，来加强对国有企业责任的规范	与其他国家的 BIT 中没有类似条款	大幅度减少政府对资源的直接配置；推动国有企业完善现代企业制度；准确界定不同国有企业功能；完善主要由市场决定价格的机制，放开竞争性环节价格；国有资本投资运营要服务于国家战略目标	
国家安全	美国对外来投资具有较严格的国家安全审查制度；2012 版对缔约方有权采取其认为必要的措施来维护和平和安全利益		设立国家安全委员会，完善国家安全体制和国家安全战略，确保国家安全	
劳工和环境	协定各方应该执行国际劳工组织关于劳工基本权利的规定，投资应符合各国环境法律和政策，以及多边环境协定的要求；东道国不因吸引外资而违背其劳动法、环境法的要求	与其他国家的 BIT 中没有类似条款；其中某些制度在中国并未完全建立	完善发展成果考核评价体系，加大资源消耗、环境损害、生态效益、产能过剩、科技创新、安全生产、新增债务等指标的权重；更加重视劳动就业、居民收入、社会保障、人民健康状况；加快生态文明制度建设	

1. 投资准入

美国在 BIT 范本中，一直坚持要求国民待遇必须适用于投资准入前，也就是说，在缔约国投资设立前和设立时就应当给予其投资或投资者国民待遇。实际上，世界上多数国家签订的双边投资协定中所包含的国民待遇条款都只适用于"营运阶段"。我国已签订的 130 多个双边投资协定仍然一直坚持将国民待遇只适用于市场准入后阶段。这一争议分歧一直僵持到 2013 年 7 月中美举行第五轮战略与经济对话之前。为了满足全球经济自由化和海外投资发展的双重要求，中美在第五轮战略与经济对话期间同意以"准入前国民待遇和负面清单"为基础展开双边投资协定的实质性谈判。但学术界不无担忧，认为中国一旦接受国民待遇的扩大适用，可能会导致中国外资制度的彻底重整，对国家外资管辖权形成巨大的挑战。可以预见，原来投资准入前的待遇分歧可能更加激烈地聚焦于双方关于"负面清单"的谈判过程。

2. 透明度

我国现行的双边投资协定的制度中，只是对与投资相关的法律、法规、政策进行了解释和说明。例如，东道国要做到：①通知、告知和解释义务；②使另一方投资者了解投资等相关事项的要求、程序等；③征求或听取意见的义务。美国 BIT 2012 中，对于相关条款进行了更为严格的修订，提高了信息的透明度，更加尊重投资者参与立法的权利。党的十八届三中全会也对对外投资的透明度给出了指导性意见，即"统一内外资法律法规，保持外资政策稳定、透明、可预期"。但是从中国（上海）自由贸易试验区 2013 版、2014 版的负面清单关于透明度的表述来看，其透明度还有待加强。对于美国 BIT 2012 版对相关信息的公开程序、公开方式和对公开信息的反馈程序可以在一定程度上采纳，但对允许另一方投资者参与技术法规与标准制定的规定等方面应采取保留态度（东燕，2014）。

3. 国有企业

BIT 2012 范本没有对如何规制国有企业，诸如限制国有企业获得补贴、限制国有企业投资获得国民待遇等问题做出明确修订，仅以脚注形式对政府授权问题进行了规范，也表明伙伴国的国有企业如果由于政府授权影响其行为，有可能受到 BIT 2012 的管辖（沈铭辉，2014）。国有企业在我国经济发展中处于举足轻重的地位，中美的 BIT 谈判，没有一直竭力倡导竞争中立原则，通过直接或间接的条款，限制我国国有企业的经营范围，限制政府对国有企业支持和补贴的监管。党的十八届三中全会《决定》为我国国有企业发展、改革确定了方向。在减少政府对于各类资源直接配置的基础上，明确国有企业的职能定位，完善市场定价机制，并明确提出国有资本投资运营要服务于国家战略目标。当然对于美国提出的"竞争中立"原则，我们肯定不能完全接受。在税收、金融服务等方面创造中、外资企业公平环境的同时，不断加强对公益性行业的政府投入力度；对于关系国家安全、国计民生的关键核心领域仍需保持国有企业、国有资本的控制。

4. 国家安全

指"国家安全"审查问题。其实质仍然是一个国家关于外国投资准入的审查问题。美方非常明确地指出，与中国签订的任何投资协定都将必然包含允许政府基于国家安全因素对外资准入进行审查的规定。实践中，美国政府或国会也常以所谓"妨碍国家安全"为由否决涉及美国高新技术和能源领域的中国海外投资项目，以期达到美国在上述领域的垄断目的。同时，中国主权财富基金也涉及美国国家安全审查问题。美国政府担忧主权财富基金的投资决策可能存在政治因素的影响。鉴于美方总是存在将国际投资事项政治化的倾向，中方要求美方在投资准入阶段放宽对"国家安全"的审查。但这一分歧可能一直贯穿于中美双边投资协定谈判的始终，如何将这一问题所涉及的领域或事项具体化，增加中方投资或投资者接受审查的可预见性应当是双方谈判的方向和焦点。

5. 劳工和环境

环境与劳工问题是美国 BIT 2012 修订中争议最大的问题。环境和劳工组织强烈要求通过国家－国家争端解决程序赋予国家执行环境、劳工法律的强制性义务，而商业团体却担心因此会影响美国与相关国家 BIT 的谈判和签订，尽管最终范本仍然规定有关环境和劳工的争端不适用国家－国家争端解决程序，但值得注意的是鉴于美国国内环境和劳工团体强大的游说能力，不排除在中美谈判过程中会涉及争端解决问题。

在环境和劳工保护问题上中国应清醒地认识到，尽管我国在这两个领域已经取得了很大的进步，但与国际保护标准还有很大的距离。比如，近年来国内频发的环境事故已经揭示了在可持续发展的道路上我们还有很长的路要走。我国目前已经颁布了较为完善的劳动保护法律，但在结社自由、强迫劳动、集体谈判和罢工等问题上与国际通行的规定有很大的不同，可以预见的是，如果我们同意美式 BIT 中的高保护标准，将会出现两个结果，一方面，我们的企业在对外投资的过程中会因为环境和劳工保护的问题遭遇投资阻碍；另一方面，在吸引外资的过程中，作为东道国可能会面临频发的法律争端。要协调二者之间的矛盾，一方面要加大国内环境保护的力度，完善相关法律法规，提高企业的环境和劳工保护法律意识，另一方面，如果中美谈判中不能绕开争端解决问题，可以借鉴美韩自由贸易协定的做法，设置复杂的前置程序。美韩自由贸易协议劳工纠纷争端解决非常漫长，当争议发生后，双方可进行磋商，磋商不成一方可要求根据协定设立的劳工事务委员会处理争议，如果争议未在 60 天内得到解决，控诉方可提交根据协定设立的联合委员会，如果还不能解决，缔约方才能寻求其他争端解决方式。

第四节　BIT、TPP 和中国（上海）自由贸易试验区联动性分析

目前，围绕 TPP 的谈判已经进行了 20 多轮，并在某些领域取得了明显的进展。当然谈判各方在一些敏感问题方面仍存在严重的分歧。例如，

农产品问题、知识产权问题。这些分歧的存在，导致短期内完成 TPP 谈判的可能性不大。TPP 作为跨区域的多边自由贸易协定，呈现以下三个鲜明的特点：①成员方之间存在巨大的差异性和复杂性；②协议内容的广度和深度超过以往任何自由贸易协定；③协议内容和标准更多体现美国自由贸易理念及其战略利益诉求（吴涧生、曲凤杰，2014）。从 TPP 谈判来看，TPP 投资条款与 BIT 2012 范本的内容基本一致，都强调了国民待遇、业绩条款、高级管理人员及董事会、资金转移、国有企业、投资者－国家争端解决机制等核心条款内容。事实上，从条款全面性而言，BIT 2012 范本的内容完全覆盖甚至超越了 TPP 投资条款的相关内容，可以说缔结 BIT 是参加 TPP 投资条款的充分条件。因此，从这个角度可以说，BIT 2012 范本与 TPP 投资条款绝大部分内容高度重合，而且 BIT 2012 范本强于 TPP 投资条款。目前，中国没有被纳入 TPP 谈判，而且从美国政府的表态来看，在中美双边投资协定谈判取得实质性进展之前，中国加入 TPP 谈判的可能性也不大。

美国 BIT 2012 范本，在市场开放准入、开放领域、负面清单、开放的管制手段等方面都比原来的标准更高，结构更严密。面对新一轮对外开放的挑战，中国政府以改革的姿态积极应对，果断采取了两个重大步骤，为中国的新一轮开放赢得了机遇。第一个重大步骤是，积极回应中美双边投资协定谈判。第二个重大步骤是，设立中国（上海）自由贸易试验区（裴长洪，2013）。其中上海自贸区所推行的负面清单，从国家战略层面看，是中美 BIT 谈判顺利开展的重要推力，而中美 BIT 谈判也将为上海自贸区负面清单的制定提供方向性坐标，两者的开展必然需要联动（黄鹏等，2014）。

上海自贸区的建设与中美 BIT 谈判进程是一个相互支撑的关系。首先，从中美 BIT 谈判的角度来看，在结束文本谈判后，各方将进入出要价阶段，而其核心将是外资市场准入的国民待遇和负面清单。从美国在多边回合谈判以及区域/双边谈判的要价来看，其对服务业开放非常重视。这对中国的服务业开放将产生一个外部的压力。对于上海自贸区的服务开放，目前看来上海市尚不具备自主开放的空间，必须要与中央服务相关主管部门进行沟通协调，而中美 BIT 谈判对中央政府层面形成的外部推动力将有利于增加上海自贸区在服务部门先行先试的可能性和可行性，从而加快上海自贸区的建设进程。

其次，上海自贸区在先行先试过程中形成的新的投资管理体系和服务业市场准入负面清单一旦可复制可推广，势必形成中方在中美 BIT 谈判中的出价，进而推动中美 BIT 谈判的有序进行。

最后，关于上海自贸区的开放进度与中美 BIT 谈判进展相协调的问题。目前有一种观点认为上海自贸区的建设进程不能过快，以免减少中国在中美 BIT 谈判中的谈判筹码。其实，从中国目前对外资的市场准入和投资管理来看，且不讲完全符合美式标准，即便是向其靠拢也存在很大的困难。上海自贸区作为国内投资体制管理改革和外资市场准入的试验地，同样面临很多的困难。因此，上海自贸区的建设进程应当尽量加快，因为从管理体制改革的方案设计到实施、服务开放的行业选择到实际开放并评估，再到形成可复制、可推广的综合方案需要一个较长的过程。如能实现总体方案"两至三年"的时间要求，建设初见成效，届时中美 BIT 谈判也正处于出要价交织阶段，对于谈判将产生较大的推动作用。

|第|二|章|

中国（上海）自由贸易试验区贸易便利化评估及提升路径

随着经济全球化和国际贸易的发展，贸易便利化成为全球经贸新规则的核心要素。贸易便利化以通行的国际惯例和规则为基础，以为国际贸易顺利开展创造公平、透明、高效的环境为宗旨，以降低贸易成本、提高贸易效率为目标，不仅成为世界贸易组织、世界海关组织、世界银行、亚太经合组织等诸多国际组织的重要议题，也是发达国家和发展中国家共同关注的话题。国际贸易便利化规则逐渐境内化，以贸易便利化为目标的外贸制度改革在全球展开，我国作为贸易大国，正以积极的态度深入开展和推进贸易便利化的实施与改革，贸易便利化上升为国家战略。《国务院关于印发落实"三互"推进大通关建设改革方案的通知》（国发〔2014〕68号）提出要"实现口岸管理相关部门信息互换、监管互认、执法互助，提高通关效率，加快自由贸易园（港）监管制度创新与制度推广，畅通国际物流大通道，落实世界贸易组织《贸易便利化协定》"，贸易便利化成为一个现实而紧迫的战略课题。

贸易便利化是上海自贸区建设的重要目标任务，《中国（上海）自由贸易试验区总体方案》（国发〔2013〕38号）（以下简称总体方案）明确提出中国（上海）自由贸易试验区（以下简称上海自贸区）建设的总体目标，"经过两至三年的改革试验，力争建设成为具有国际水准的投资贸易便利、货币兑换自由、监管高效便捷、法制环境规范的自由贸易试验区"。《国务院关于推广中国（上海）自由贸易试验区可复制改革试点经验的通知》（国发〔2014〕65 号）指出"上海自贸区成立一年多来，在建立以负面清单管理为核心的外商投资管理制度、以贸易便利化为重点的贸易监管制度、以资本项目可兑换和金融服务业开放为目标的金融创新制度、以政府职能转变为核心的事中事后监管制度等方面，形成了一批可复制、可推广的改革创新成果"，遵循国际通行惯例和标准，进一步提升贸易便利化水平，建立符合国际新规则的贸易体制是自贸区建设最主要的功能和意义之一。

本章从国际通行的贸易便利化内涵和评价标准出发，结合我国国际贸易的发展情况，构建贸易便利化评价标准框架，分析总结主要发达国家国际贸易便利化促进措施特点，评估上海自贸区实施一周年以来贸易便利化所取得的成效，针对存在的问题并借鉴国外贸易便利化措施经验，提出上海自贸区进一步提升贸易便利化水平的路径选择。

第一节　贸易便利化的内涵及评价标准

（一）各类组织机构对贸易便利化的界定及评价标准

"贸易便利化"（Trade Facilitation）一词源于 20 世纪上半叶，目前，全世界从事贸易便利化的机构有 10 余家，迄今为止，贸易便利化没有一个统一的定义，各类组织机构对贸易便利化有各自的界定，对贸易便利化水平的评价指标也不尽相同，但有交叉和重合（见表 2-1）。

世界贸易组织（WTO）认为贸易便利化是指对国际贸易货物流动过程中所涉及的行为、惯例及手续进行简化与协调。WTO 贸易便利化委员会制定了贸易便利化自评指南（WTO Negotiations on Trade Facilitation

表 2 - 1　贸易便利化内涵界定及评价标准

组织机构	内涵界定	评价标准
世界贸易组织	对国际贸易货物流动过程中所涉及的行为、惯例及手续进行简化与协调	透明度、信息公开、预裁定、申诉权、进出口货物检测、进出口环节费用、清关、边境机构工作协调、文件与程序简化、税收、中转手续、海关合作与贸易便利化委员会等
亚太经合组织	使用新的技术和其他措施，简化和理顺阻碍，延迟跨境货物流动的程序和行政障碍，降低货物流通成本	海关程序、标准与一致性、商务流动性和电子商务
世界银行	减少与货物运输、国际供应链服务相关的费用	通关效率性、基础建设质量、运输价格竞争力、物流服务质量、并柜及追踪并柜货物的能力、货物准时到达频率
联合国贸易便利化与电子业务中心	推广国际贸易便利化和标准化，制定全球统一的标准以消除国际贸易中的技术壁垒，提高效率	贸易程序便利化、产品标准、电子商务、贸易融资和物流服务
世界海关组织	海关程序的简化及标准化，同时将平衡贸易便利化与贸易安全二者的关系	海关活动的透明性和可预测性、货物申报手续与单证的简化和标准化、授权人的程序简化、信息技术使用等

资料来源：根据相关资料整理。

Self Assessment Guide，以下简称"测评指南"），选用指标 43 项，主要包括透明度、信息公开、预裁定、申诉权、进出口货物检测、进出口环节费用、清关、边境机构工作协调、文件与程序简化、税收、中转手续、海关合作与贸易便利化委员会等。

亚太经合组织认为贸易便利化是指使用新的技术和其他措施，简化和理顺阻碍、延迟跨境货物流动的程序和行政障碍，降低货物流通成本。亚太经合组织在 2007～2010 年期间发表的《贸易便利化行动计划第二阶段最终评估报告》选用的关键绩效指标（Key Performance Indicator，KPI）分为四大类：海关程序、标准与一致性、商务流动性和电子商务。[1] 具体

---

[1]　APEC，APEC's Achievements in Trade Facilitation 2007 – 2010：Final Assessment of the Second Trade Facilitation Action Plan，2012.

指标包括进出口通关时间、经认证的经营者（Authorized Economic Operators，AEO）的数量及其所占贸易百分比、进出口海关要求文件数、进出口电子化报关和处理的比例、进口采取 IECEE/CB 国际标准而与国内标准不同的特定产品的百分比及其成本降低、商务旅行卡的费用、过关时间和申请等、电子商务运营与提供服务成本下降的百分比、相关数据的利益相关者可以电子化获得数据的百分比、利益相关者将电子交易纳入它们业务流程的规模等。①

世界银行（WB）认为贸易便利化主要集中在减少与货物运输、国际供应链服务相关的费用上。世界银行开发的物流绩效指数（Logistics Performance Index，LPI）② 是衡量贸易便利化水平的主要标准，主要包括海关清关过程效率性、贸易及运输相关的基础建设质量、是否有能力安排具有价格竞争力的运输、物流公司所能提供服务与质量、并柜及追踪并柜货物的能力、货物在预计时间内准时到达的频率等核心的物流能力。

联合国贸易便利化与电子业务中心（UN/CEFACT）认为贸易便利化是推广国际贸易便利化和标准化，制定全球统一的标准以消除国际贸易中的技术壁垒，提高效率，其涵盖国际贸易程序和相关信息流，整个供应链的付款，以及产品标准和评定等境内措施，商业便利化、电子商务、贸易融资和物流服务等。到目前为止，该中心相继发布了 35 个建议书、2 套标准和 5 套技术规范，形成了一整套全球统一的贸易便利化措施和国际贸易数据交换标准，其内容主要针对国际贸易过程中的手续、程序、单证以及操作的简化、协调和标准化等。③

世界海关组织（WCO）认为贸易便利化主要指海关程序的简化及标

---

① 王中美：《全球贸易便利化的评估研究与趋势分析》，《世界经济研究》2014 年第 3 期，第 47～88 页。

② World Bank, Logistics Performance Index 2010, http：//lpisurvey. worldbank. org/.

③ 胡涵景：《国际上各贸易便利化机构所从事的贸易便利化工作概述》，《中国标准导报》2013 年第 3 期，第 18～19 页。

准化，同时将平衡贸易便利化与贸易安全二者的关系。衡量指标主要包括海关活动的透明性和可预测性、货物申报手续与单证的简化和标准化、授权人的程序简化、信息技术使用等。世界海关组织与世界银行共同研究开发放行时长研究软件（Time of Release Study，TRS），测算货物放行所需平均时间和每一环节时长，用于评价海关便利化水平的落实情况。

（二）货物贸易便利化议题进展

贸易便利化议题最早于 1996 年新加坡部长级会议上被列入 WTO 工作日程，与政府采购透明度、贸易与投资和贸易与竞争政策等其他三个议题一并称为"新加坡议题"。2001 年多哈部长级会议决定，贸易便利化议题的谈判将于坎昆部长会议后，在会议就谈判模式达成明确一致的基础上启动。2004 年 7 月，总理事会通过了多哈工作计划（July Package），明确以附件 D——"贸易便利化谈判模式"作为基础启动贸易便利化谈判。2004 年 10 月贸易便利化谈判组成立，谈判正式启动。2013 年 12 月 3 日至 7 日，世界贸易组织第九届部长级会议发表了《巴厘部长宣言》，达成"巴厘一揽子协议"，《贸易便利化协议》（Agreement on Trade Facilitation）是其中最重要的协议之一。

《贸易便利化协议》谈判旨在澄清和改进 GATT 1994 第 5 条（Freedom of Transit，过境自由）、第 8 条（Fees and Formalities Connected with Import and Export，进出口规费和手续）、第 10 条（Publication and Administration of Trade Regulations，贸易法规的公布和实施）相关内容，以期进一步加速货物的流动、放行和清关，包括过境货物。协定内容由三部分组成：第一部分贸易便利化措施、第二部分发展中成员与最不发达成员的特殊差别待遇，以及最终条款。第一部分共 13 个条文，主要是海关当局对受海关监管的货物和运输工具采取的措施，具体条文内容如表 2 - 2 所示。

表 2-2　《贸易便利化协议》的主要内容

序号	成员方的义务	具体规定
1	信息的公开与提供	公布进口、出口和过境需要的表格和单证,海关产品归类或估价规定,与原产地规则相关的法规,相关关税及国内税率,关税配额管理程序等
2	评论机会、生效前的信息及磋商	向贸易商提供机会对货物流动、放行和结关的拟议或修正法规进行评论;保证货物流动、放行和结关的新立或修正法规生效前尽早公布
3	预裁定	提供货物税则归类及原产地等事项的待遇的书面决定
4	上诉或复议程序	规定海关所做行政决定针对的任何人在该成员领土内有权提出行政申诉或复议,或提出司法审查,保证其行政复议或司法审查程序以非歧视的方式进行
5	增强公正性、非歧视性及透明度的其他措施	为保护其领土内人类、动物或植物的生命健康可酌情发布增强对食品、饮料或饲料进行边境监管的通知
6	进出口费用及收费纪律	公布规费和费用、征收原因、主管机关及支付时间和方式;海关服务的规费和费用应限定在服务成本以内且不得与特定进口或出口相关联;海关针对违反其海关法律、法规或程序性要求而做出处罚
7	货物放行与通关	允许在货物抵达前处理相关的单证;允许电子支付关税、国内税、规费和费用;在满足提供担保等管理要求下,允许在关税、国内税、规费和费用最终确定前放行货物;尽可能设立为海关监管目的的风险管理制度;每一成员应设立后续稽查以保证海关及其他相关法律法规得以遵守;定期并以一致方式测算和公布其货物平均放行时间;为授权经营者提供与进口、出口和过境相关的额外的贸易便利化措施;允许对申请人快速放行通过航空货运设施入境的货物;为防止易腐货物损坏或变质,每一成员应规定对易腐货物在最短时间内放行并在适当的例外情况下允许在工作时间之外放行
8	边境部门合作	保证其负责边境管制和货物进口、出口及过境程序的主管机关相互合作并协调,以便利贸易;应与拥有共同边界的其他成员根据共同议定的条款进行合作,以协调跨境程序,便利跨境贸易
9	受海关监管的进境货物的移动	允许进境货物在其领土内、在海关监管下从入境地海关移至予以放行或结关的其领土内另一海关
10	进出口及中转手续	保证货物快速放行和清关;接受单证的纸质或电子副本;鼓励使用国际标准作为进出口及过境手续的依据;建立单一窗口;不得要求使用与税则归类和海关估价有关的装运前检验;不得强制使用报关代理等
11	过境自由	不得对过境征收费用,但运费、行政费用或服务费用除外;不得对过境采取任何自愿限制;给予从其他成员领土过境的产品不低于此类产品不需过境应享受的待遇;鼓励为过境运输提供实际分开的基础设施;货物被送入过境程序,自一成员领土内始发地启运,不必支付任何海关费用或受到不必要的延迟或限制,直至在该成员领土内目的地结束过境过程等

序号	成员方的义务	具体规定
12	海关合作	鼓励贸易商自愿守法并对违法实施严厉措施，鼓励各成员分享遵守海关规定的最佳实践信息，为管理守法措施在能力建设方面的技术指导或援助中开展合作；对进口或出口申报信息的请求要严格保密
13	机构安排	设立贸易便利化委员会或指定现有机制以促进国内协调和协定条款的实施

资料来源：根据杨荣珍、王玮《〈贸易便利化协议〉的主要内容及影响分析》（《对外经贸实务》2014 年第 11 期）整理。

（三）本研究贸易便利化内涵及评价标准界定

各类组织机构对贸易便利化的定义有所差别，衡量的指标也不完全相同，《贸易便利化协议》也对贸易便利化提出了新的要求。综合来看，贸易便利化的内涵和外延都在拓展，评价指标越来越多，越来越细，不仅涵盖许可、检验检疫、运输仓储、电子数据传输、结算支付、保险等所有贸易流程的便利化，而且延伸到国内贸易环境的优化，主要包括立法政策透明、机构协调等软环境以及基础设施、电子商务、信息技术的提高等硬环境。本研究认为贸易便利化是指整个国际供应链措施的便利化，即最大程度简化贸易流程、增加贸易规则的透明度和可预见性、构筑贸易的法律基础、消除贸易中的技术性和机制性障碍、完善配套服务、加速要素跨境流通、降低交易成本、减少贸易风险和不确定性、提高贸易效率和资源配置水平，最终达到贸易的自由与开放。贸易便利化具体概括为两方面：一方面是口岸效率和海关管理等跨国因素的便利化，另一方面是制度环境、基础设施、信息技术等国内因素的便利化（见图 2 - 1）。评价标准概括为"八项"，即贸易流程简化、数据元标准化、信息处理无纸化、程序法治化、成本节约、机构协调、监管信息化、海关合作。

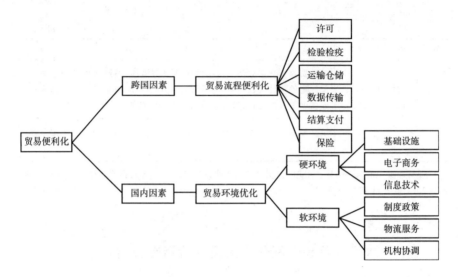

图 2 - 1 贸易便利化涵盖范围

第二节　国际贸易便利化促进措施概览

发达国家是国际投资贸易新规则的积极试行者，积极提高贸易便利化水平，丰富贸易便利化措施，有一部分措施已经成为双边、区域性或多边的贸易便利化安排，发达国家的实践经验可供上海自贸区学习借鉴，使我国更快更好地融入全球贸易便利化的潮流中去。

（一）信息技术先进

贸易便利化有赖于高效的信息处理技术，整个信息处理过程达到无纸化、自动化和标准化，发达国家贸易便利化优势很大程度上来自他们在信息化方面的优势。

美国对外贸易区海关注重运用信息技术，自 20 世纪 90 年代后开始应用电子数据交换（EDI）无纸化通关技术，目前美国海关绝大部分的货物通过都是采用 EDI 方式自动处理，无纸通关比例占 50%，现行最主要的无纸化运行系统是自动化贸易环境管理作业（Automated Commercial Environment，ACE）系统。ACE 系统是一种跟踪、控制并处理所有进入美国货物的系统，它使得美国海关建立统一的口岸数据平台，实现口岸数据共享。美国海关与新加坡、中国等有关部门联网，以 EDI 方式交换纺织品配额许可证发证信息。[①] 美国对货物出入区及区内流通实施动态监管，在很大程度上降低了办理海关手续的繁杂程度，节省了人力资源。例如，1994 年美国迈阿密第 32 号对外贸易区货物进出区总值达 12 亿美元，但是办理海关手续的工作人员仅为 2 人。新加坡自 1989 年起使用以电子数据交换（EDI）为基础的贸易网络（Trade Net）自动边境管理系统，该系统进行 24 小时服务，促进了通关的电子化、自动化、人性化及高效化，这也是新加坡成为货运中转站的主要原因之一。欧盟成员方在通关方面具有统一和标准化的管理，便利化程度高。欧盟 27 个成员方的海关实施同一海关法典，使用统一报关单；实施"海关 2007 计划"，旨在协助新成员方在执行海关程序方面达到欧盟统一标准。

（二）单一窗口成熟

2005 年，联合国贸易便利化与电子业务中心在联合国框架内推行"国际贸易单一窗口"便利化措施，所谓的国际贸易单一窗口是指在单一登记点递交符合国际贸易的监管规定的标准资料和单证的一项措施。建立单一窗口是提高贸易便利化水平的重要途径，目前世界上已经有 40 多个国家建立了单一窗口制度。国际上的单一窗口可归纳为三种典型的模式："单一机构模式"、"单一系统模式"和"单一资料自动处理系统模式"。

"单一机构模式"（Single Authority Mode）是指成立或者授权一个单一的

---

① 程燕华：《基于 RFID 粤港物流通关信息平台的分析及其关键技术研究》，厦门大学硕士学位论文，2009。

政府监管机构处理所有的进出口监管业务，瑞典、荷兰是这种模式的典型代表。1989 年，瑞典开始启用单一窗口制度，贸易商只需向海关一次性申报相关的信息，系统会把相关信息转送至相关部门，各政府部门根据各自的职责处理、整理和使用信息。"单一机构"模式是"单一窗口"的最高形式。

"单一系统模式"（Single Automated System Mode）是指建立一个系统统一处理贸易业务，但各监管机构仍相互独立，即"系统单一，机构分散"，美国、日本是这种模式的典型代表。1995 年，美国启用国际贸易数据系统（the International Trade Data System，ITDS），贸易商通过单一的 ITDS 系统入口提交标准化电子数据信息，相关政府部门对信息予以评估并反馈给贸易商。据了解，目前美国 99% 的进口和 100% 的出口申报通过 ITDS 处理。

"单一资料自动处理系统模式"（Automated Information Transaction System Mode）是指提供一个统一的信息处理门户平台，该平台集成各个政府监管部门的系统，实现不同监管部门信息流、业务流的共享协作，为贸易商提供单一窗口和一站式服务体验。此模式的特点是"系统集成、机构分散"，新加坡系统采用了这种模式。① 1989 年，新加坡启用贸易网络系统（Trade Net，TN），贸易商向贸易网络系统一次申报进出口数据，贸易网络系统将数据自动传给各政府监管部门，同一份表格的数据可以同时让多个政府部门使用。贸易网络系统大大提高了贸易活动的流程效率，节省了贸易商的交易成本。②

（三）海关合作广泛

海关合作平台指海关与国内企业的合作，同时也包括与外国政府、国际组织以及外国法人等之间的合作。海关贸易便利化制度的顺利实施一方

---

① 方晓丽、朱明侠：《构建"单一窗口"，提升我国贸易便利化水平》，《对外经贸实务》2014 年第 2 期，第 21~24 页。

② 新加坡贸易便利化经验交流文件，TN/TF/W/58，25 July 2005。

面依赖于商业企业的合作支持，另一方面则充分借助了国际合作的平台作用。美国、日本和新加坡等非常重视搭建海关合作平台以推进贸易便利化措施的实施。

与商业企业合作。美国海关与商业企业确立了"伙伴关系"，1993 年开始实施《海关现代化法案》，转变管理理念、监管模式、业务流程，海关职能由监管向服务合作转变，在强调客户导向的同时，引入"知法自律"理念和"商业守法"概念。① "9·11"事件以后，美国海关与企业的合作模式主要为"海关 – 商界反恐伙伴计划"（Customs-Trade-Partnership Against Terrorism，C – TPAT），这一计划虽然出台于反恐形势下，但是对海关与商界关系的改善却起到了积极的推动作用。新加坡海关重视与商业企业合作，每年定期与航空快件公司、保税仓库运营商、集装箱站协会等客户群体进行对话，了解需求；设立专门培训机构，定期举办"海关单证课程"和"海关指导计划"等课程。欧盟和荷兰海关实施"海关与企业的守法便利与伙伴合作"模式（简称 Compact 模式），该模式的操作流程是"企业申请——海关评估确认——区别管理"，着重强调海关对企业信息的全面掌握、海关与企业共同商定风险指标、实时更新和动态维护风险指标等三个方面。澳大利亚海关实施"客户导向"（Customer Orientation）战略，将企业视为"客户"，推动企业参与到海关管理中，实现维护贸易秩序与促进贸易效率的有机统一。

国际合作。美国海关非常注重利用 WCO 平台来推行自己的制度，尤其积极争取在 WCO 的框架内建立起保证国际贸易供应链安全和便利的多边合作机制。日本海关致力于开展 AEO 制度，拓展国际认证范围，积极推进守信程度高的企业的国际互认制度安排，2007 年提出"贸易程序改

---

① 匡增杰：《基于发达国家海关实践经验视角下的促进我国海关贸易便利化水平研究》，《世界贸易组织动态与研究》2013 年第 1 期，第 19 ~ 28 页。

革计划"，积极与美国、欧盟、澳大利亚、韩国、加拿大及新加坡等贸易伙伴洽谈合作计划。

（四）风险管理完善

贸易便利化重视系统风险控制技术的应用，风险分析模式成熟完善，风险管理渗透海关监管各环节，成为海关执法和贸易便利的平衡点，是海关提高管理效率的前提和保障。美国海关和边防采用了一套风险管理办法，在贸易过程中鉴别风险等级并将风险排序，促进合法的贸易商品快速通过。美国海关对企业信息资料进行动态管理，根据企业是否守法，货运查验及文书审核，账目管理，公司财务状况等指标，评定企业风险级别，给信誉较高的企业以"低风险"称号，此类进口商在贸易活动中面对较少的货运查验、资料查询与检讨等，节省时间，提高效率。荷兰鹿特丹港的中央计算机系统（TAGITTA）形成高度信息化管理，不仅相关进出口货物电子资料国际共享，而且具有完备的货物风险分析体系，利用颜色来区分货物的风险（见表 2 – 3）。荷兰高效的物流系统与其颇具特色的保税仓库系统分不开，保税仓库分为 B 型、C 型、D 型和 E 型四种类型（见表 2 – 4），其中只有维持高标准仓储记录与完备的管理信息系统，并得到海关信任的大公司才能取得 D 类保税仓库的执照。对保税仓库严密监管控制机制，减少海关的实体核查工作，避免了海关过多干预，使得荷兰成为世界上物流效率最高的国家之一。

表 2 – 3　荷兰进口货物风险颜色分类

颜色	代表的内容
橘色	清查比对货物与相关文件
红色	实体抽查检验货物
绿色	人工审查文件与清关
白色	立即放行

资料来源：根据郭羽诞《上海自贸试验区对贸易便利化与信息化的要求》（《上海企业》2013 年第 9 期）整理。

表 2 - 4　荷兰保税仓库系统分类

类型	内容
B 型	用于国际货物实体盘查,常在海关附近
C 型	所有者不是货物所有者,执照获得需海关实地考察勘验
D 型	保税仓库的货物完税价值取决于该货物进储仓库时显示的价值,而其他仓库的货物的完税则取决于该货物运出仓库时的价值,最为快捷
E 型	无固定地址,只需每月向海关申报,可在荷兰境内自由运送货物

　　资料来源：根据郭羽诞《上海自贸试验区对贸易便利化与信息化的要求》（《上海企业》2013 年第 9 期）整理。

（五）通关程序简化

　　据研究，通关成本一般占国际贸易总价值的 10%，因此在这一领域，贸易便利化能为企业带来很大收益，所有国家，包括发达国家、发展中国家都首先从这里迈开贸易便利化的第一步。日本简化通关手续的主要做法是实行事前答复制度和预审查制度。事前答复制度是货物进口人或其他有关人员在货物进口前就将该货物的归类、适用税率等问题向海关提出书面查询并得到海关答复的制度。进口人及其他相关人员可以在事前知道预定进口货物的关税分类，从而有利于更加精确地计算成本和制定销售计划；方便进口商更快提取货物，加快通关速度。预审查制度是指货物在达到日本之前，即可向海关提交进口申报文件，提前进行海关审查，知道货物是否需要查验。此外，对于适用预审查制度的空运货物中无需查验的货物，一旦确认货物已经到达，即可获得进口许可。[①] 根据日本财务省 2004 年进行的第七次货物放行时间调查结果，在使用预审查制度货物放行需要的平均时间为 52.3 小时（以海运为例），与未使用该制度所需时间相比缩短了 30%。

---

　　① 上海海关学院课题组：《有关贸易便利化的海关监管制度国际国别研究综述》，《上海海关学院学报》2012 年第 2 期，第 71~76 页。

（六）税收机制灵活

发达国家重视税收制度创新，自贸区根据经济发展需要，进行动态调整，不断优化税制。美国对外贸易区针对关税倒置问题重新设计关税制度。原来，美国区内制造的产品在进入国内市场时要按照其全部价值即包括国内的成本、劳动力、费用与利润进行征税，导致进口中间品或原料的名义关税率高于进口最终品，即关税倒置问题。为解决关税倒置问题，美国规定对外贸易区制造企业若进口外国零部件或原料，免关税；如果进一步将这些国外零部件或与美国的零部件和劳动力结合在一起生产最终品，销往美国国内市场，则只按未付关税的国外成本价值进行征税。① 日本实行延缓纳税以及纳税申报与进口申报分离政策。日本延缓纳税制度指的是纳税期限可以在有担保的条件下延缓 3 个月（特例延缓为 2 个月），包括个别延缓、集中延缓和特例延缓三种形式。个别延缓是指进口商在每次申报时提出延缓申请并提供相当于纳税额的担保，国债券、公司债券、货币、不动产等都可以作为担保。集中延缓是指在一个特定的月份内进行进口申报所涉及的纳税额集中申请延缓。特例延缓是指适用于特例申报制度的进口商提出纳税延缓并提供担保，纳税延缓期限为 2 个月。纳税申报与进口申报分离是指取得海关关长批准认证的企业可以将纳税申报与进口申报分离，货物在到达日本后，进口商即可进行进口申报，在纳税申报前提取货物，这可以省略进口申报时为纳税而进行的审查等手续，加快通关速度，降低进口成本。新加坡通关手续简单便捷，只对烟草制品、酒、石油产品和汽车等征收关税，不设海关附加税，统一按纳税价值征收 3% 的货物和服务进口税。

---

① 刘奇超：《欧美自由贸易区贸易便利化经验及对中国的启示》，《西华大学学报》（哲学社会科学版）2014 年第 11 期，第 76~84 页。

第三节　上海自贸区贸易便利化评估

提升贸易便利化水平始终是上海自贸区探索试点的核心任务，自贸区自挂牌 1 年以来，各部门积极推进职能转变，推出多项制度创新举措，取得了良好的政策实施效果，形成了一批可复制可推广的贸易便利化措施。

上海自贸区贸易便利化评估采取两种方式：一是对照总体方案中提出的贸易便利化目标进行评估；二是对照贸易便利化的评价标准进行评估。

（一）对照总体方案目标评估

根据总体方案对贸易便利化设定的目标和内容，把贸易便利化分解为四大方面的内容，即拓展贸易类型、延伸贸易业态、升级贸易功能和创新贸易制度，共包括 21 条具体方案。把总体方案的执行情况分为 3 个层次，不达标、基本达标和完全达标。"不达标"指没有执行方案，即未出台相关政策，政策没有落实；"基本达标"指根据方案出台相关政策，但是政策没有落地；"完全达标"指根据方案出台相关政策，政策落地。截至 2014 年 10 月，上海自贸区总体方案实施情况见表 2－5。21 项方案中，完全达标的有 17 项，占比为 80%，包括统筹开展国际国内贸易，设立国际大宗商品交易和资源配置平台，扩大完善期货保税交割试点，加快培育跨境电子商务，在特定区域设立保税展示交易平台，鼓励跨国公司建立亚太地区总部，支持融资租赁公司设立项目子公司并开展境内外租赁服务，鼓励设立第三方检验鉴定机构，试点开展境内外高技术、高附加值的维修业务，先入区、后报关，实行"进境检疫，适当放宽进出口检验"模式，探索建立货物状态分类监管模式，优化卡口管理、加强电子信息联网，"方便进出，严密防范质量安全风险"检验检疫监管，加强电子账册管理、推动货物在各海关特殊监管区域之间和跨关区便捷流转，加强海关、质检、工商、税务、外汇等管理部门的协作，制定促进贸易的税收政策等17项措施。基本达标的有2项，占比为10%，包括发展离岸业务，拓展国际贸易结算专用账户的服务贸易跨境收付和融资功能。不达标的有2项，占比为10%，包括组建统一高效的口岸监管机构，探索试验区统一电子围网管理（见表2-6）。可以看出，上海自贸区挂牌一年以来，贸易便利化水平提升工作按照总体方案设计目标稳步推进，取得了较为丰硕的成果。

表2-5　上海自贸区贸易便利化效果评估（对照总体方案）

总体方案			方案执行		综合评估
			政策出台	政策落地	
拓展贸易类型	1	发展离岸业务	银监发〔2013〕40号	无落地	基本达标
	2	统筹开展国际国内贸易	上海海关公告2014年第24号	落地	完全达标
延伸贸易业态	3	设立国际大宗商品交易和资源配置平台	沪商市场〔2014〕595号	落地	完全达标
	4	扩大完善期货保税交割试点	上海海关公告2014年第11号	落地	完全达标
	5	加快培育跨境电子商务	上海海关公告2014年第13号	落地	完全达标
	6	在特定区域设立保税展示交易平台	上海海关公告2014年第9号	落地	完全达标
升级贸易功能	7	鼓励跨国公司建立亚太地区总部	上海汇发〔2014〕26号；银总部发〔2014〕22号	落地	完全达标
	8	拓展国际贸易结算专用账户的服务贸易跨境收付和融资功能	银总部发〔2014〕22号	无落地	基本达标
	9	支持融资租赁公司设立项目子公司并开展境内外租赁服务	上海汇发〔2014〕26号；上海海关公告2014年第12号	落地	完全达标
	10	鼓励设立第三方检验鉴定机构	《关于在中国（上海）自由贸易试验区进口法检商品（重量）鉴定工作中采信第三方检验鉴定结果的通知》	落地	完全达标
	11	试点开展境内外高技术、高附加值的维修业务	上海海关公告2014年第10号；沪商机电〔2013〕698号	落地	完全达标

续表

总体方案		方案执行		综合评估
		政策出台	政策落地	
创新贸易制度	12 先入区、后报关	上海海关公告 2014 年第 6 号、第 7 号、第 8 号等多个文件；署加发〔2013〕108 号	落地	完全达标
	13 实行"进境检疫,适当放宽进出口检验"模式		落地	完全达标
	14 探索建立货物状态分类监管模式		落地	完全达标
	15 优化卡口管理,加强电子信息联网		落地	完全达标
	16 "方便进出,严密防范质量安全风险"检验检疫监管	署加发〔2013〕108 号；国质检通〔2013〕503 号；特级署加函〔2014〕44 号	落地	完全达标
	17 加强电子账册管理,推动货物在各海关特殊监管区域之间和跨关区便捷流转		落地	完全达标
	18 加强海关、质检、工商、税务、外汇等管理部门的协作	上海海关公告 2014 年第 30 号	落地	完全达标
	19 组建统一高效的口岸监管机构	无	无落地	不达标
	20 探索试验区统一电子围网管理	特级署加函〔2014〕44 号	无落地	不达标
	21 促进贸易的税收政策	财关税〔2013〕75 号	落地	完全达标

注：表中为截至 2014 年 10 月总体方案的执行情况。

表 2-6　上海自贸区贸易便利化总体方案执行实施达标情况

达标情况	评价标准	措施数量	占比（%）
完全达标	根据方案出台相关政策,政策落地	17	81
基本达标	根据方案出台相关政策,但是政策没有落地	2	9.5
不达标	没有执行方案,即未出台相关政策,政策没有落实	2	9.5

（二）对照贸易便利化评价标准评估

根据本研究对贸易便利化评价标准的界定，即贸易流程简化、数据元标准化、信息处理无纸化、程序法治化、成本节约、机构协调、监管信息化以及海关合作，对上海自贸区出台的贸易便利化措施进行评估，其中，达到贸易流程简化和成本节约标准的措施各有 11 项和 10 项，海关合作是 4 项，监管信息化有 3 项，信息处理无纸化和机构协调各有 1 项，程序法治化和数据元标准化为 0（见图 2 - 2）。

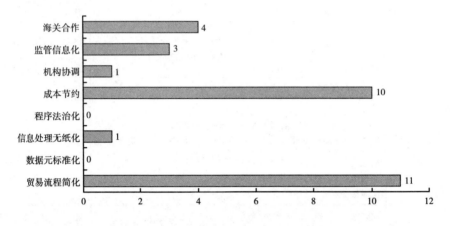

图 2 - 2　上海自贸区贸易便利化措施达标情况

上海自贸区在简化贸易流程、提高通关效率、节约贸易成本等方面成效显著。例如，"先进区，后报关"制度使一线进境货物从口岸到区内仓库的时间平均从 2～3 天缩短至半天，企业物流成本平均降低 10%；"区内自行运输"大幅度节约企业物流成本和通关时间，根据对前期试点企业的测算，每车每次运输可节约等候时间 30 分钟，一年可节约物流成本约 20 万元；"集中汇总征税"进一步简化税收征管手续，应税货物通关时间可节省 70%；"企业注册登记"简化了作业流程，报关企业备案等作业平均耗时 3 个工作日，较报关企业行政许可手续规定的 40 个工作日审批时间大幅缩短；"保税展示交易"允许企业在自贸区物流围网以外场所进行保税展示交易，企业可按照经营需要进行物流配送，已销售货物在规定时限内进行集中申报并完税，帮助企业降低物流成本和终端售价，加快物流运转速度；"融资租赁"允许承租企业分期缴纳租金，对融资租赁货物按照海关审查确定的租金分期征收关税和增值税，大大降低了企业采购大型进口设备的资金压力，降低企业融资和交易成本；"批次进出、集中申报"改"一票一报"为"多票一报"，扩大企业申报自主权，大幅减少企业申报次数，加快企业物流速度，有效降低通关成本，为自贸区内企业开展"多批次、小批量"进出口业务提供便利；"内销选择性征税"使企业可根据需要自主选择内销货物按进口料件或按实际报验状态缴纳进口关税，扩大企业自主选择权，达到合理减少税负、降低成本的目的；"取消通关单核验"对从上海各口岸入境直接进入自贸区的进境备案保税货物在进境备案申报环节，检验检疫部门不再签发入境货物通关单或在进境货物备案清单上签章，海关不再验核入境货物通关单或相应签章；等等。

海关合作与监管信息化等两方面也出台了积极的措施。在海关合作方面，"海关 AEO 互认"使区内 AA 类企业享受 AEO 互认优惠措施，在国外海关通关速度节时约 10%；"企业协调员试点"有效落实海关"由企及物"管理理念，建立了海关与企业"点对点"的联系渠道，提高试点企业通关物流环节的效率，节省企业在生产运行过程中涉及海关通关环节和海关管理环节的运行成本，帮助企业提升市场竞争力；"企业自律管理"给予企业一个可以通过自我管理发现问题并能得到海关减免处置的有效平台，同时也有助于建立关企之间透明的合作伙伴关系。在监管信息化方面，"加工贸易工单式核销"使企业每日通过监管信息化系统向海关发送工单数据，海关进行动态实时核算，即时计算核销结果，企业库存差异认定时间从原来的约一个月减少到一两天，节省企业申报时间，为区内维修和研发等新型业务提供了与之相适应的核销模式；"仓储企业联网监管"对使用仓储管理系统（WMS）的企业实施"系统联网+库位管理+实时核注"的管理模式，实现对货物进、出、转、存情况的实时掌控和动态核查，不同性质、不同类别货物的仓储管理将提升精细化、精准化水平，实现物流仓储的动态、实时管理，方便企业对不同状态货物实施同库仓储经营，提高物流运作效率，降低企业运营成本，适应企业内外贸一体化运作的需求，全面提升自贸区物流仓储服务能级；"智能化卡口验放管理"安装电子车牌、使用安全智能锁的车辆通过卡口智能化通道，车牌平均过卡时间从 6 分钟缩短至 45 秒，提升通关效率。

机构协调和信息处理无纸化改革幅度较小。"统一备案清单"将自贸区内企业不同海关特殊监管区域的两种备案清单格式统一为 30 项申报要素，促进自贸区内 4 个海关特殊监管区域一体化运作；"简化通关作业随附单证"，对一线进出境备案清单以及二线不涉税的进出口报关单取消附单证的要求，必要时再要求企业提供，简化企业报关手续，提高通关作业自动化率。但是，对海关、商检、外汇等管理部门的协同监管并未涉及，信息处理无纸化也只限于取消部分单证。

程序法治化与数据元标准化并没有相应的促进措施，是未来需要加强的方面，详见表 2-7。

表 2-7　上海自贸区贸易便利化措施评估（对照贸易便利化评价标准）

序号	措施	贸易便利化标准							
		贸易流程简化	数据元标准化	信息处理无纸化	程序法治化	成本节约	机构协调	监管信息化	海关合作
1	先进区、后报关	√				√			
2	区内自行运输	√				√			
3	加工贸易工单式核销							√	
4	保税展示交易	√				√			
5	境内外维修					√			
6	期货保税交割	√				√			
7	融资租赁					√			
8	批次进出、集中申报	√				√			
9	简化通关作业随附单证	√		√					
10	统一备案清单						√		
11	内销选择性征税					√			
12	集中汇总征税	√				√			
13	仓储企业联网监管							√	

续表

序号	措施	贸易便利化标准							
		贸易流程简化	数据元标准化	信息处理无纸化	程序法治化	成本节约	机构协调	监管信息化	海关合作
14	智能化卡口验放管理	√						√	
15	企业注册登记	√							
16	海关 AEO 互认								√
17	企业协调员试点								√
18	企业信用信息公开								√
19	企业自律管理								√
20	跨境电子商务	√							
21	取消通关单核验	√							

第四节　上海自贸区贸易便利化存在的问题

（一）协同监管缺乏效率

国际贸易监管涉及海关、质检、工商、税务、外汇等多个部门，贸易便利化水平的提升需要各部门协同合作，总体方案中提出要强化监管协作的任务措施。但是目前看来，上海自贸区关于监管协作的实施效果并不明显，各部门出台了各自的便利化措施，但是由于信息交流不畅，缺乏部门间的配合而无法落地，或者虽然落地但给企业增加了额外的负担。例如，海关实行无纸通关，简化通关作业随附单证，但是税务部门仍然要求提交纸质单据，企业并没有得到实质性的便利。另外，海关、检验检疫、外汇管理、运输、银行和保险等部门执行的数据标准格式不一致，未能与国际接轨，这不仅造成跨部门合作便利化程度大打折扣，同时也增加了开展贸易便利化国际合作的难度。上海自贸区各管理部门需要在业务流程、数据格式等方面实现统一和兼容，从技术层面统一标准，从而推进贸易便利化的发展。

（二）单一窗口有待完善

2014 年 6 月洋山保税港区试点上海国际贸易单一窗口，成为中国首个单一窗口，但是与主要国家的单一窗口相比，仍然存在较大的差距，主要表现在以下几个方面。一是覆盖部门少。美国、瑞典、新加坡的单一窗口包括所有的贸易监管部门，上海国际贸易单一窗口仅涵盖海关、商检等少数几个部门，这样不利于整体协调推进贸易便利化。二是开展的功能少。国际上的单一窗口功能囊括了进出口和转口贸易，上海国际贸易单一窗口建设刚开始运行，首期试点项目仅有一般贸易进口货物的申报与结果反馈、船舶出口岸联网核放两个。三是建设模式尚不明确。国际上单一窗口制度包括单一机构、单一系统、单一资料自动处理系统等三种模式，上海国际贸易单一窗口制度还不属于任何一种模式。四是政策制度欠缺。法律法规是单一窗口制度顺利运行的基本保障，但是上海自贸区单一窗口制度法律法规工作暂时还没有启动。五是数据元未能接轨国际标准。新加坡、瑞典和美国等的单一窗口制度全部启用了世界海关组织的数据模式（Data Model），且有专门的部门负责对数据元进行标准化，目前，上海国际贸易单一窗口的数据元标准化工作还未启动。

（三）风险管理意识薄弱

我国的海关风险管理体系建设仍处于起步阶段，上海自贸区对风险管理的探索与实践需要进一步向纵深推进。一是风险管理方面的意识不强，还未建立起完善的评估指标和系统。对风险的把控主要依靠人工审单和查验，整个通关流程缺乏有效的信息化监管，既浪费时间又不能及时发现潜在的风险，不利于通关效率的提升。二是风险管理协作运行监管机制不完善。各管理部门未能形成分工合理、职责分明、优势互补、齐抓共管的风险管理格局。信息资源散落在各部门，缺乏信息资源共享平台。三是风险分析不深入，难以形成风险防控的整体效果。对风险的分析没有建立在科学分析的基础上，只是停留在简单的数据查询和监控上。四是系统信息技术应用相对滞后，无法适应风险管理智能化的需求，缺乏有效的分析工具和监管手段。

（四）法律法规尚不健全

上海自贸区贸易便利化进程与法律政策不匹配。一是贸易便利化法律地位不够明确。欧盟、美国等发达经济体都非常重视在立法方面对贸易便利化进行保障。欧盟海关法典的内容体系详细且具体，在法律层面上明确规定了贸易便利化的相关法律地位和实施条件。相比较之下，上海自贸区制定的与贸易便利化相关的法律尚属于空白，海关管理、口岸管理、边境防护等只能靠经验进行，并无立法保障。二是制度政策违背统一简化原则。自贸区虽然制定了一系列进出口监管的法规和制度，但是烦琐而不统一，且政策经常调整，与国际脱轨，现有的通关政策等与贸易便利化趋势存在明显的不适。三是监管机构法律权限受限制。上海自贸区的管委会作为统一协调监管机构，负有统一协调海关、商检、外汇、海事等各管理部门，并制定上海自贸区的法律法规实施细则的责任，但是根据《中国（上海）自由贸易试验区管理办法》第4条规定，管委会是上海市政府的派出机构，其相关的法律权限受到极大的限制。

第五节 提升上海自贸区贸易便利化水平路径

（一）构筑法律基础

提高贸易便利化相关立法的法律位阶。贸易便利化是自贸区建设的一项重大任务，在法制保障体系上，要以权威性强的法律法规替代规范性文件的发布，为自贸区形成高标准的贸易规则体系打下基础。在立法过程中充分考虑贸易商的需求，确保法律符合贸易程序，且不对贸易施加不必要的负担。立法和程序符合国际标准和承诺，包括 WTO 和 WCO 等国际组织关于贸易便利化的规则。

探索贸易便利化行政执法程序。WTO《贸易便利化协议》对各国货物通关的行政管理部门的行政执法行为提出了要求，包括进口货物的预裁定制度、对行政执法决定的行政复议制度和司法审查规则等。根据协议规定，每一成员应至少公布申请预裁定的要求、做出预裁定的时限及预裁定的有效期；各成员应保证其行政复议或司法审查程序以非歧视的方式进行，应保证提供做出行政决定的充分正当理由，以便使其在必要时提出复议或审查。这些规定对我国自贸区相关执法机构的行政行为提出了更高的标准和要求。例如，在海关复议制度上，要建立专门的海关复议机制，制定一套开放性、可行的申诉程序，任何对海关机构估值判断有异议的人均可直接向海关署长提出质疑，如果不满意可以向上一级法院提出申诉，从而更加高效和及时地处理存在争议的问题。

明确自贸区管委会的法律定位。出台相关的法律法规，对上海自贸区管委会的性质、定位、功能、机构设置、权限、职责等进行详细的规定，为上海自贸区的管理运行提供依据和保障。同时，加快出台实施细则。以党的十八届三中全会关于全面深化改革的相关目标和措施为指导，根据自贸区《总体方案》的要求，加快出台贸易便利化创新制度的实施细则，落实各项具体改革措施。

（二）实行快捷通关

在保证贸易安全的条件下最大限度地简化通关程序，实行快捷通关制度。

一是推行预裁定制度。对原产地管理实施预确定，提高企业申报的便利度。

二是实行预审查制度，比"先进区，后报关"更提前一步，即货物到达上海或者相关进口手续完成前，即可向上海自贸区海关提交进口申报文件，提前进行海关审查。预审查制度可以加快生鲜货物、交货期限严格的货物、时令货物等的通关速度。

三是实行通关后审计制度。通关后审计依赖于风险评估工作开展的规范程度和外部审计的技术能力，要求提高审计人员纸质单证和现场审计能力。

四是实行提前放行制度。规定只要货物符合海关要求，并且交易企业提供计税所需基本信息，海关即可尽快放行，将通关和放行分离。

（三）推进单一窗口

国际贸易单一窗口是货物监管制度的一个方向，是实现跨境电子商务发展的重要前提，也是政府降低贸易监管制度成本的主要途径。加快推动国际贸易单一窗口是上海自贸区贸易便利化的重点任务。

一是选择适合我国的单一窗口模式。国际上成熟的模式有三种，分别是"单一机构"、"单一系统"和"单一资料自动处理系统模式"。后两种特点分别是"系统单一、机构分散"与"系统集成、机构分散"，不涉及监管权限的转移，在我国的适用性更强。我国的海关、商检、外管等各部门独立、机构分散，实行单一窗口以后，仍然维持独立分散的机构，但是可以将各部门的信息集成单一的系统。"单一机构"模式则不适合我国，我国诸多的贸易监管部门不可能合为单一机构。因此，单一窗口模式可以选择学习借鉴美国、日本的"单一系统"模式或者新加坡的"单一资料自动处理系统模式"。

二是要启动数据元对接国际标准工作。数据元标准化是开展国际贸易单一窗口的前提和基础，有利于推动我国国际贸易对接国际标准，开展国际合作，提高贸易便利化程度。目前，新加坡、瑞典和美国等世界大部分国家的国际贸易单一窗口采用了 WCO Data Model 作为数据元参考标准。上海自贸区可以借鉴这些国家的经验，成立专门的机构，负责数据元标准化的推进和协调工作，提高单一窗口建设的运作效率。

（四）强化风险管理

风险管理制度是预审查、预归类制度等贸易便利化措施实施的基础，是提高海关效率的重要手段。海关通过风险管理手段，将监管重点集中于少数高风险企业和货物，对大部分低风险的企业和货物给予最大的便利，从而实现海关人力资源的合理有效配给。上海自贸区要把风险管理置于海关管理的中心环节，组建"一个系统、一套指标、一项机制"的海关风险管理体系总体框架，达到便利化与有效管理双重目标。

一是积极运用计算机等自动化信息技术，建立统一的系统。借鉴学习日本 CIS（海关情报数据库系统），基于对生产商、进口商、出口商等整个供应链上主体的信息的分析，建立风险评估系统，有效应对日益增长的贸易规模与有限的海关监管人力和财力之间的矛盾。风险评估系统根据最新的相关信息持续更新，既可以使合法商品流动更加便利，又抑制了非法商品的流通。

二是科学设定参数，建立一套风险指标。组建风险参数维护管理中心，科学合理设置参数，并根据实际情况及时调整、补充。通过对累积进口商的进口记录及相关信息的分析，确定风险等级，如果风险等级低，可允许快捷通关，反之，海关要进行深入检查。

三是建立完善的风险管理协调运作机制。依托各贸易管理部门的职责分工，结合各方面的资源和优势，明确信息采集、风险评估、风险处置等方面的工作方法和职责任务，充分调动各部门的工作积极性，促进各部门工作内容和方法的协调统一，实现管理资源和风险防控手段的优化组合，实现各类信息资源跨部门共享，最终形成分工明确、优势互补、统一协调的海关风险管理格局，提高海关管理效率。

（五）搭建合作平台

2005 年 6 月召开的世界海关组织年会通过了《全球贸易安全和便利标准框架》，将海关与海关之间的合作和海关与商界之间的伙伴关系作为两大支柱。上海自贸区海关要以贸易促进者的角色推进海关现代化的改革，建立一套以服务为导向的促进贸易的方法，加强关企合作伙伴关系、国际合作以及海关与政府部门的合作，提升贸易便利化水平。

一是加强关企合作伙伴关系。以企业需求为核心，创新合作方式，树立"亲商"理念，淡化海关管理者的身份，强化服务者角色，提高海关服务效能和服务水平，提高企业的话语权。探索以合作谅解备忘录制度（MOU）约定海关与企业合作关系的方式，把海关与企业作为平等的主体对待，弥补法律法规的不足，推动海关与企业之间的良性互动。设立"海关咨询委员会"，其代表包括来自海关、贸易组织、私人机构、其他相关政府部门及企业，海关与企业建立常态化的磋商机制和固定的联系渠道。与大客户签订服务协议，为进出口额大的企业提供专门的联络员，负责沟通海关事宜，为企业提供个性化服务。鼓励海关积极参与社会信用体系建设，依托信用平台，建立与企业的联系，全面掌握企业信息，对企业形成多角度制约。推动企业配合支持 AEO 制度建设，维护供应链安全，对 AEO 企业逐步采取美国海关模式，实行信任纳税，在口岸通关时只需缴纳全部或部分保证金，一年内进行集中申报或税收清算，海关始终保留对相关货物抽检、稽查、复核等权力。

二是加强国际合作。积极配合 WCO 推动建设"全球网络化海关"，对外宣传上海自贸区海关贸易便利化的经验和做法，增强我国海关在国际社会中的地位，扩大国际影响力。大力倡导以"监管互认、执法互助、信息互换"为核心内容的海关合作模式，探讨自贸区海关与世界各国海关的友好合作关系。推动 AEO 国际互认，除了与新加坡、韩国等开展国际认证互认外，还应该积极探索与其他国家开展试点合作的可行性。推动原产地证明、检验检疫证书等电子信息或证明文件的跨国合作与认证事宜，根据情况分步骤推动单一窗口的国际接轨。

三是加强海关与其他政府部门合作。建立海关与相关政府部门的合作机制，明确海关与生产、运输、服务等其他相关政府管理部门的职能分工，加强部门间的交流和沟通，促进口岸管理一体化，形成"一口对外"的工作机制。建立海关内部的合作机制，在海关内部形成统一领导、各部门积极参与协作配合的工作机制。

（六）加强信息技术

技术应用的信息化与贸易便利化融合是实施贸易便利化措施的核心。借鉴美国、新加坡等国家的信息化监管模式，自贸区要积极推进信息的标准化、无纸化和自动化，应用电子数据标准、WCO 数据模型、信息通信技术安全、数据保密等，实行高效率的实时监管。

将单一窗口作为无纸化贸易的基础，加大人力资源、技术开发和电信基础设施投入，承认电子文件的法律效力，统一电子文件的格式，实现不同监管部门之间的跨境数据交换。

建立电子商务协同工程，保障海关、工商、银行、财税、保险等众多部门和不同地区、不同国家之间的电子商务活动能够顺利进行。推进以信息网络为平台的协同监管机制建设，形成多部门共享的信息监管平台，逐步实现进口出口、海港空港、境内境外等各领域的全方位应用，解决多个执法部门难以实现全程监管和因信息孤岛而重复查验的难题。

加快建立适应跨境电子商务发展的海关监管、检验检疫、跨境支付、物流等支撑系统，支持"跨境通"等跨境电子商务平台运营，推动跨境人民币结算。

建立信息跟踪和监管延伸机制，加强对区内企业在区外经营活动的跟踪、管理和监督，实施动态监管、动态跟踪，评估开放的影响，推进企业运营体系与监管系统对接，实行企业分类监管服务制度。

信息化监管模式需要长期的投资和维护成本，但是带来的效益是可观的，既能实现上海自贸区所有监管系统的无缝对接，提高通关效率，又能很好地与国际惯例接轨，为贸易便利化谈判奠定基础；同时，信息化监管也是最容易在全国各地进行复制推广的经验。

附表　上海自贸区促进贸易便利化的主要措施（截至 2014 年 10 月）

序号	贸易便利化措施	定义	预期目标
1	先进区，后报关	在自贸区境外入区环节，允许经海关注册登记区内企业凭进境货物的仓单等信息先向海关简要申报，并办理口岸提货和货物进区手续，再在规定时限内向海关办理进境货物正式申报手续的作业	一线进境货物从口岸到区内仓库时间平均从 2～3 天缩短至半天，企业物流成本平均降低 10%
2	区内自行运输	区内企业可以使用经海关备案的车辆，在区内自行运输货物的作业模式	无须使用海关监管车辆、无须施加关封。大幅度节约企业物流成本和通关时间。据前期试点企业测算，每车每次运输可节约等候时间 30 分钟，一年可节约物流成本约 20 万元
3	加工贸易工单式核销	海关以料号级管理为基础，在监管信息化系统中建立料号级底账，并根据归并规则再建立项号级底账，对区内企业实行项号级底账通关、监管信息化系统料号级底账核销的一种监管模式	企业每日通过监管信息化系统向海关发送工单数据，海关进行动态实时核算，即时计算核销结果，企业库存差异认定时间从原来的约一个月减少到一两天，节省企业申报时间，为区内维修和研发等新型业务提供了与之相适应的核销模式
4	保税展示交易	经海关注册的区内企业在自贸区内或者区外开展保税展示交易的经营活动	允许企业在自贸区物流围网以外场所进行保税展示交易，企业可按照经营需要进行物流配送，已销售货物在规定时限内进行集中申报并完税，帮助企业降低物流成本和终端售价，加快物流运转速度

续表

序号	贸易便利化措施	定义	预期目标
5	境内外维修	区内企业可以对来自境内或境外的部件损坏、部分功能丧失或者出现缺陷的货物开展维修并复运出境（出区）的经营活动	支持符合条件的区内企业开展高技术、高附加值、无污染的境内外维修业务，拓展区内维修业务范围，推动加工制造业向研发及检测、维修等生产链高价值的前后端延伸，促进加工贸易转型升级
6	期货保税交割	区内处于保税监管状态的货物作为交割标的物的一种销售方式	业务实施范围从以往仅在洋山港区内开展铜、铝两项商品的期货保税交割业务试点拓展至整个自贸区。交割商品品种扩大到上海期货交易所全部上市的商品品种。促进形成我国大宗商品定价权机制，推动上海国际金融中心和航运中心建设
7	融资租赁	海关对融资租赁货物按照审查确定的分期缴纳的租金分期征收关税和增值税	从以往浦东机场综保区拓展至自贸区范围。允许承租企业分期缴纳租金，对融资租赁货物按照海关审查确定的租金分期征收关税和增值税。同时简化担保手续，允许符合规定条件的企业，可以保证书的方式提供担保。这项改革大大降低了企业采购大型进口设备的资金压力，降低了企业融资和交易成本
8	批次进出、集中申报	允许区内企业和境内外企业、区内其他企业之间分批次进出货物，可以先凭卡口核放单办理货物的实际进出区手续，再在规定期限内以备案清单或者保管单集中办理海关报关手续，海关依托监管信息化系统进行监管的一种通关模式	改"一票一报"为"多票一报"，扩大企业申报自主权，大幅减少企业申报次数，加快企业物流速度，有效降低通关成本，为自贸区内企业开展"多批次、小批量"进出口业务提供便利；同时，方便企业开展保税展示、保税维修、外发加工等业务，提升企业竞争力
9	简化通关作业随附单证	对一线进出境备案清单以及二线不涉税的进出口报关单取消附单证的要求，必要时再要求企业提供	简化企业报关手续，提高通关作业自动化率，成倍提高通关效率
10	统一备案清单	将自贸区内企业不同海关特殊监管区域的两种备案清单格式统一为30项申报要素	实现规范简洁申报，减轻企业负担，提高自贸区一线进出境通关效率，促进自贸区内4个海关特殊监管区域一体化运作

序号	贸易便利化措施	定义	预期目标
11	内销选择性征税	对设在自贸区内的企业生产、加工并经"二线"销往国内市场的货物，企业可根据其进口料件或实际报验状态，选择缴纳进口关税	企业可根据需要自主选择内销货物按进口料件或按实际报验状态缴纳进口关税，扩大企业自主选择权，达到合理减少税负、降低成本的目的，有利于企业扩大内销，提升自贸区生产企业的竞争力，吸引更多生产企业入驻
12	集中汇总征税	将传统的海关主导型税收征管模式转变为企业主动型征管模式。在有效担保的前提下，允许企业在规定的纳税周期内，对已放行货物向海关自主集中缴付税款，海关由实时性审核转为集约化后续审核和税收稽核	实施集中汇总征税后，将进一步简化税收征管手续。在有效担保的前提下，实行货物先放行、企业延时缴纳税款的新模式，实现货物的高效通关。据测算，应税货物通关时间可节省70%。此外，在规定时限内，企业对缴纳税收时间节点也拥有更多自主选择权，能够缓解企业资金压力，降低企业纳税成本，有利于激发市场主体的活力
13	仓储企业联网监管	对使用仓储管理系统（WMS）的企业，实行"系统联网＋库位管理＋实时核注"的管理模式，实现对货物进、出、转、存情况的实时掌控和动态核查	改革后，不同性质、不同类别货物的仓储管理将提升精细化、精准化水平，实现物流仓储的动态、实时管理，方便企业对不同状态货物实施同库仓储经营，提高物流运作效率，降低企业运营成本，适应企业内外贸一体化运作的需求，全面提升自贸区物流仓储服务能级
14	智能化卡口验放管理	升级改造卡口设施，简化卡口操作环节，实现自动对比、自动判别、自动验放	安装电子车牌、使用安全智能锁的车辆通过卡口智能化通道，车牌平均过卡时间从6分钟缩短至45秒，提升通关效率
15	企业注册登记	工商注册的地址在自贸区内的申请人申请办理报关单位注册登记，经海关审核颁发《中华人民共和国海关报关单位注册登记证书》后可以办理报关业务	改革区内报关企业注册登记行政许可制，审批，改革为备案制，减少了审批层级和申请材料，简化了作业流程，报关企业备案等作业平均耗时3个工作日，较报关企业行政许可手续规定的40个工作日审批时间大幅缩短

续表

序号	贸易便利化措施	定义	预期目标
16	海关 AEO 互认	AEO 是世界海关组织为了实现《全球贸易安全与便利标准框架》，构建海关与商界之间的伙伴关系，实现贸易安全与便利目标而引入的一项制度。AEO 互认制度是一个国家（地区）海关通过对另一国家（地区）的守法程度、信用状况和安全水平较高的企业认可，从而使其在本国通关过程中享受与本国 AEO 同样的通关便利和优惠措施的制度	区内 AA 类企业享受 AEO 互认优惠措施，在国外海关通关速度加快了 10% 左右
17	企业协调员试点	为有效落实海关"由企及物"管理理念，推进海关与企业合作伙伴关系建设，引导企业守法自律，规范企业进出口行为推出的一项重要创新制度	海关企业协调员制度试点工作建立了海关与企业"点对点"的联系渠道，提高试点企业通关物流环节的效率，节省企业在生产运行过程中涉及海关通关环节和海关管理环节的运行成本，帮助企业显著提升在国内外市场上的竞争力
18	企业信用信息公开	采取主动公开和依申请公开形式，向社会公众及信息主体公开经海关注册登记的区内企业注册登记信息等与企业信用相关的基础信息、企业海关信用分类等级信息、与海关监管相关的行业企业资质审核情况等	拓宽了企业信用信息公开的范围，为社会公众监督提供了平台和渠道，通过强化他律促进企业自律；开具《企业信用状况证明》更便捷，有利于提升高资信企业市场竞争力
19	企业自律管理	进出口货物放行后，经海关注册登记的区内企业在其自主或者委托中介机构开展相关进出口行为合法性审查过程中，发现可能存在涉嫌违法或者其他情况的，主动书面报告海关，海关依法予以相应处置的管理行为	给予企业一个可以通过自我管理发现问题并能得到海关减免处置的有效平台，同时也有助于建立关企之间透明的合作伙伴关系
20	跨境电子商务	跨境电商进口模式主要为直购进口模式和网购保税进口模式	为境内消费者打造一条从境外直接购买价廉物美商品的阳光通道。通过事先备案、行邮税预付等措施前置海关监管环节，能有效规避目前监管环节中的拥堵节点，提高试点网购商品的通关效率

序号	贸易便利化措施	定义	预期目标
21	取消通关单核验	对从上海各口岸入境直接进入自贸区的进境备案保税货物在进境备案申报环节，检验检疫部门不再签发入境货物通关单或在进境货物备案清单上签章，海关不再验核入境货物通关单或相应签章	政府简政放权积极作为

中国（上海）自由贸易试验区放开
投资准入与服务业开放

第一节　准入前国民待遇和负面清单管理模式研究

（一）"负面清单"管理模式的内涵

《中国（上海）自由贸易试验区总体方案》（以下简称《总体方案》）中提出"对外商投资试行准入前国民待遇，研究制定试验区外商投资与国民待遇等不符的负面清单，改革外商投资管理模式"。因此，负面清单管理模式的建立是上海自贸区发展中的重要一步。

1. "负面清单"的特点

"负面清单"与"准入前国民待遇"密切相关。全面的"准入前国民待遇"是指除通过"负面清单"方式来保护的某些产业和活动外，在准入阶段给予外国投资者国民待遇原则所承诺的待遇。而"负面清单"相当于投资领域的"敏感区"，列明了企业不能投资或限制投资的领域和产业。凡是针对外资的与国民待遇、最惠国待遇不符的管理措施，以及在业绩要求、高管要求等方面的管理限制措施，均以清单方式列明。对"负面清单"之外的领域，按照内外资一致原则，将外商投资项目由核准制改为备案制，将外商投资企业合同章程审批管理改为备案管理。在《服务贸易总协定》中，利用"正面清单"来确定覆盖的领域，而"负面清单"则用来圈定在这些开放领域清单上，有关市场准入和国民待遇问题的限制。负面清单管理暗含着一个假定，即如果清单太长就意味着开放领域过小，这是对政府的一种无形压力。

2. "负面清单"的表述方法

国际通行的"负面清单"表述方法包括以下几种。第一，有关准入的不符措施。例如，在美国－澳大利亚 FTA 协定的附件中明确规定，有关跨境投资的条款不适用于"除航空器维修保养和专业航空服务之外的其他航空服务"。第二，地方政府的行政权。例如，在美国－韩国 FTA 协定中的附件里规定，FTA 协定中针对法律、会计、建筑设计的开放措施，如果与地方州政府的现行法律不符，地方政府有权将这些措施"在不增加不符程度的条件下"排除在外。第三，有权在未来采取措施。例如，在美国－韩国 FTA 协定的附件中，韩国方面的附件一列出了在具体部门和分部门可以保留的现行不符措施，附件二则列出韩国有权维持现有不符措施或采取新不符措施的清单。第四，市场准入要求。这主要指外资需要获得主管当局的授权经营许可方可开展的或受限制的业务类型。例如，美国－澳大利亚 FTA 协定中规定，外资提供电视制作服务需要取得主管当局的牌照。第五，业绩要求。这主要指限定采购来源或限定项目一定比例必须投向特殊用途等。例如，韩国－印度 FTA 协定中规定，血液制品必须使用韩国本土红十字会提供的血液原料。第六，高管构成要求。例如，在韩国－智利 FTA 协定中规定，外国公司投资高等教育以外的教育行业不得持有超过 50% 的股份。第七，技术要求。例如，在美国－澳大利亚 FTA 协定中规定，非美国船只从事内行运输服务必须符合一定的技术标准。第八，对"国民"的定义。这主要是通过对本国"国民"做出细致的定义来间接限制某些行业的开放。例如，在美国－新加坡 FTA 协定中，美国通过对"国民"做出如下定义来限制提供航空运输服务的国民待遇条件：作为美国公民的自然人；或合伙人企业，并且每一位合伙人都是美国公民；或美国公司，并且美国公民持股比例不低于三分之二。通过上述八种国际通用的主要方法组合，各国在不采取直接禁止方式的条件下，实现了对相关产业的间接保护。

3. "负面清单"对重点行业的保护作用

八种表述方法的不同组合对相关行业的保护作用和力度也会有所差别。我们根据不同的保护程度，将"负面清单"中各个行业的开放程度归纳为：禁止开放、谨慎开放和有限开放。禁止开放是直接通过"有关准入的不符措施"禁止外资进入。当然，采用"地方政府行政权"的方法也在实际上构成了禁止，但从书面的表述上来看是允许开放的。谨慎开放是对一些敏感行业进行一定程度的开放，或者在不确定开放可能产生的长期影响的情况下，保留未来保护该行业的权利，主要是通过"市场准入要求"和"有权在未来采取措施"的方法来实现。有限开放是在一定程度上实现开放，主要通过"高管构成要求"、"技术要求"、"业绩要求"和"对'国民'的定义"等方法来实现。

据不完全统计，世界上至少有 77 个国家采用了"准入前国民待遇"和"负面清单"的外资管理模式。在第五轮中美战略经济对话中，我国同意以该种模式为基础与美方进行投资协定实质性谈判，而上海自贸区实际上是我国由"正面清单"向"负面清单"管理模式转变的试验田。从实际情况来看，我国现行的外商投资管理体制随着经济、社会、法制环境的变化以及国际投资格局、规则的变化，出现了一些与进一步扩大改革开放不完全相符的问题。而引入"准入前国民待遇"和"负面清单"管理模式则体现出自贸区的改革重点已经不是政策优惠，而是制度创新，通过改革体现政府在管理方法和行政手段上的变化，让市场和企业发挥更大的作用。在主要的双边 FTA 协定谈判中，各国会利用"负面清单"在服务贸易和投资领域中做出不同程度的安排，主要是对本地市场份额的要求、业绩的要求，以及对高管和董事会成员的国籍做出限制。主要发达国家会选择金融服务、航运服务、商贸服务、专业服务、文化服务以及社会服务领域，扩大对外开放，营造有利于各类投资者平等准入的市场环境。

（二）美国"负面清单"管理模式分析

1. 美国 2012 年双边投资协定范本（BIT）

BIT 协定是美国政府对外缔结的，用于保护私人投资、推动贸易伙伴市场化改革并促进美国出口的相关法律条约。截至 2014 年初，美国已经与 47 个经济体谈判签署了 BIT 协定，与 20 个国家和地区达成的 FTA 协定。可以说美国 BIT 协定是其参与全球经济合作谈判的范本。美国的 BIT 协定实际上不仅是一个投资保护协定范本，而且兼具投资开放协议范本的功能。作为美国对外投资谈判的蓝本，美国的 BIT 协定不仅适用于投资保护协议，而且适用于投资开放协议；不仅适用于双边协议，而且适用于区域协议，甚至还适用于多边协议。北美自由贸易区协议第 11 章和经济合作发展组织的多边投资协议的许多规定，都来源于美国 BIT 协定。BIT 协定之所以能够起到指导投资开放的作用，源自三个条款的相互作用。首先是在第一条中规定了非常宽泛的投资定义，其次是在第三条规定了在建立阶段的国民待遇，最后是在第十四条规定不实施国民待遇和最惠国待遇的例外。这三个规定组合在一起等同于原则上对外资的开放，即以否定清单规定例外的方式对宽口径的外资实行准入前国民待遇。

美国 BIT 协定重点关注的领域包括以下几个方面。第一，业绩要求。美国通常要求东道国政府取消或者限制其旨在保护国内企业的限制性做法。2012 年 BIT 协定规定了"缔约方不得为保护本国投资者、投资或技术，进而要求投资者承诺或保证购买、使用或优先考虑国内技术。也不得阻止投资者购买、使用或优先考虑特定技术"。第二，投资、环境与劳工标准。2012 年 BIT 协定在强调多边环境协定和国际劳工组织五项基本准则的基础上，详细界定了环境法与劳工法，对环境事件或劳工事件的磋商

做出了程序规定，并要求提高公众参与度。第三，透明度原则。2012 年
BIT 协定在不少具体条款上强化了透明度要求，例如，要求缔约各方定期
就法规制定等事项进行磋商，对法规公开进行了程序性约束，等等。第
四，国有企业。2012 年 BIT 协定对国有企业被授予政府职权以条款脚注
的形式进行了界定，即 "以立法授予、政府命令、指令或其他措施将政
府职权转交给国有企业或其他自然人或法人，或者授权国有企业或其他自
然人或法人行使政府职权"。这实际上说明其他国家的国有企业如果其行
为受政府授权影响，有可能受到 BIT 协定的管辖。

从当前国际投资体制的发展趋势来看，"准入前国民待遇" 已经被越来
越多的国家接纳。日韩两国在 2002 年签订的 BIT 协定就包含了以 "负面清
单" 为基础的准入前国民待遇条款，此后在其签订的双边投资协定与区域
自由贸易协定中多次使用这类条款。包括美国在内的发达国家在国际贸易
和国际投资谈判中普遍采取 "准入前国民待遇" 和 "负面清单" 开放模式。

2. 美国 "负面清单" 的主要内容

根据美国同 20 个主要贸易伙伴达成的 FTA 协定可以看出美国在 "负
面清单" 上体现出的产业保护政策。

如表 3 - 1 所示，美国负面清单重点保护的行业分布在采掘业、金融
业和服务业。在采掘业方面，美国明确禁止外资进行石油和天然气的开
采，这既符合其长期以来的能源政策，也有利于本国的能源安全。

在金融业方面，美国对银行和保险行业的开放总体上是谨慎的，主要
表现在股权要求上，特别是对外资持有国有银行股权明确禁止。此外，对
于外国银行设立分行、成为联邦储备系统成员、建立互助储蓄银行和建立
信用卡机构都是禁止的。对外国银行设立分支机构、开展小额存款业务、
货币兑换业务、股票和证券交易业务和投资理财业务都是有限开放的。特
别值得关注的是，美国对外国银行从事公共金融服务进行了严格限制，如
禁止外国银行开展养老金投资业务等。

表 3-1　美国在 FTA 协定中重点保护的行业

行业	子行业	投资项目	禁止开放	谨慎开放	有限开放	在 FTA 协定中出现次数
采掘业		石油和天然气开采	√			20
金融业	银行业	外国银行设立分行	√			19
		外国银行设立分支机构		√		19
		外国银行成为联邦储备系统成员	√			20
		外国银行持有本国国有银行股份	√			20
		外国银行建立互助储蓄银行	√			18
		外国银行建立信用卡机构	√			18
		外国银行开展小额存款业务		√		13
		外国银行开展货币兑换业务			√	12
		外国银行开展股票和证券交易		√		12
		外国银行提供带福利性质的金融服务，如农业金融、低收入家庭房屋按揭等	√			12
		外国银行开展养老金投资业务	√			18
		外国银行开展证券咨询、投资理财服务		√		9
	保险业	外国保险公司与本国政府合作	√			20
		外国保险公司对州政府基金担保建造的船舶提供保险服务			√	18
服务业	商业服务业	商标代理			√	19
		贸易与投资领域的自然人流动		√		20
	航空运输业	在美国领空从事航空运输	√			20
		机场建设投资	√			19
		特殊航空服务	√			18
	海运服务业	渔业	√			16
		船舶海事服务	√			20
		船舶维修	√			16
		海事救援	√			20
	海关代理服务业	代理海关申报服务	√			20
	广播电视业	卫星电视传输	√			20
		数字电视传输	√			20
		广播	√			20
		有线电视线路建设	√			20
	专利服务业	代理专利申报服务		√		20
	社会服务业	法律强制执行	√			20
		失业和低收入救济	√			20
		城市下水道、供水	√			16
		社会保险和社会福利	√			20
		公共安全	√			20
		与少数民族相关的投资	√			20
		公共教育和职业培训		√		13
	能源服务业	核能供电	√			20

资料来源：根据 WTO 官方网站数据整理。http://www.wto.org/english/tratop_e/region_e/region_e.htm。

在服务业方面，美国着重保护的行业包括：商业服务业、能源服务业、航空运输业、海运服务业、海关代理服务业、广播电视业、专利服务业和社会服务业。其中，对商业服务业通过反垄断和反不正当竞争条款限制贸易开放。对能源服务业的保护只针对核能供电，提供此项服务需向美国核能管理委员会申请，禁止任何国外政府、企业和个人申请。对航空运输业规定只有美国公民可以提供国内领空范围内的航空运输服务，其服务资格还受美国运输部严格的技术限制。对海运服务业的保护方式是对悬挂美国国旗的船只提供海运服务设定严格的规定，包括所有权、船只条件、船员比例等。对广播电视业是通过股权限制和牌照所有权限制进行保护。对专利服务业要求从业者在美国专利技术办公室登记。对海关代理服务业通过本国公民要求和公司合伙人限制进行保护。对包括社会福利、教育和医疗在内的社会服务业保留根据国内相关法律限制外资进入的权利。

3. 美国制定"负面清单"遵循的主要原则

美国对服务业保护的原则是：首先，涉及国防安全的敏感行业禁止开放，如核能供电和航空运输业。其次，涉及意识形态的服务行业谨慎开放，如广播电视业。再次，对其国际竞争力发展产生长期影响的战略性行业有限开放，如专利服务业。最后，对涉及国计民生的重要行业虽然开放，但保留采取限制开放措施的权力，实则是有限开放，如社会服务业。此外，在一些需要限制开放的行业，美国通过设置技术条件、登记制度和反垄断审查等措施加以间接限制，这种隐性保护手段既可以避免"负面清单"过长，又构建了比较完整的风险防御体系，如广播电视业和商业服务业。

（三）韩国"负面清单"管理模式分析

1. 韩国"负面清单"的主要内容

根据韩国目前签订的 13 个 FTA 协定可以看出韩国在"负面清单"上体现出的产业保护政策。

　　如表 3 - 2 所示，韩国负面清单重点保护的行业分布在农业、采掘业、金融业和服务业。在农业方面，韩国禁止外资进入稻谷和大麦领域。在采掘业方面，除了明确禁止外资进行石油和天然气的开采外，韩国进一步禁止外资从事汽油的生产和运输。在金融业方面，韩国非常谨慎，除指定的咨询和其他辅助服务外，禁止外资进入银行领域；除国际海上保险、航空保险和货物保险、保险辅助、保险中介外，禁止外资进入保险领域。这实际上是变相的"正面清单"，反映出韩国对金融业的重点保护。在服务业方面，韩国着重保护的行业包括：商业服务业、铁路运输服务业、公路运输服务业、航空运输业、海运服务业、广播电视业、旅游业和环境保护服务业等，对这些行业的保护方式与美国类似。

表 3 - 2　韩国在 FTA 协定中重点保护的行业

行业	子行业	投资项目	禁止开放	谨慎开放	有限开放	在 FTA 协定中出现次数
农业		稻谷和大麦	√			12
采掘业		汽油生产及运输	√			13
		石油和天然气开采	√			13
金融业	银行业	除咨询和其他辅助服务外禁止	√		√	13
	保险业	除国际海上保险、航空保险和货物保险、保险辅助、保险中介外禁止	√		√	13
服务业	商业服务业	会计、审计服务			√	12
		地表数据收集				12
		地图制作				12
		安全调查	√			12
		资产评估			√	12
		税务服务		√		12
		建筑服务	√			12
		药品及医疗器械的物流服务	√			13
		药品、医疗器械、日常食品、二手汽车、汽油燃料、酒类的批发和零售			√	13

行业	子行业	投资项目	禁止开放	谨慎开放	有限开放	在 FTA 协定中出现次数
服务业	航空运输业	能源航空行业		√		13
		在韩国领空从事航空运输	√			13
		飞机维护和保养	√			13
		机场地面服务	√			13
		机场建设投资	√			13
		飞机租赁			√	13
	海运服务业	码头仓储	√			12
		船舶海事服务	√			12
		附带清关服务	√			11
		集装箱打包	√			12
	铁路运输服务业	铁路及火车修理维护	√			12
		铁路运输	√			12
	公路运输服务业	车辆租赁	√			12
		公路养护	√			13
		车辆维护和保养	√			12
		公路运输服务	√			12
		拖车服务	√			12
	通信服务行业	电话服务	√			13
		无线电网络	√			13
		基础设施建设服务	√			13
	广播电视业	卫星电视传输	√			13
		数字电视传输	√			13
		广播	√			13
		有线电视线路建设	√			13
	房地产业	不动产投资	√			13
	旅游业	酒店和餐馆服务	√			11
	教育服务业	高等教育	√			12
		医学类成人教育		√		12
	环境保护服务业	工业废水处理	√			12
		非工业废水处理	√			12

续表

行业	子行业	投资项目	禁止开放	谨慎开放	有限开放	在FTA协定中出现次数
服务业	环境保护服务业	工业废渣处理	√			13
		土壤恢复及地下水纯净	√			13
	自然科学研究	外国自然人、机构在韩国国内的对土地、水、空气等的自然科学研究	√			13
	能源服务业	核能投资	√			13

资料来源：笔者根据WTO官方网站数据整理，http：//www.wto.org/english/tratop_e/region_e/region_e.htm。

2. 韩美"负面清单"的比较

较之美国的负面清单，韩国更加关注以下行业。第一，金融和电信在韩国国民经济当中至关重要，韩国在所有FTA协定中均单独列出金融和电信领域章节，对其市场准入进行严格界定。第二，在金融领域，韩国变相采用"正面清单"的方式，反映出韩国对金融业的重点保护。第三，在文化娱乐领域，韩国进行了较为严格的界定，保护措施集中于国民待遇和市场准入方面，如规定在韩国参加公开演出的外国人，必须得到韩国媒体分级委员会的推荐。第四，在商业服务方面，其他商业服务业和专利及许可使用权购买是韩国服务贸易逆差的主要来源，因此韩国采取了各种措施组合加以限制，包括商业存在和市场准入，个别子行业涉及国民待遇和业绩要求等。第五，在建筑和交通运输业方面，虽然两个行业都是韩国最具国际竞争力的，但在韩国所有的FTA协定中，几乎都将建筑服务，建筑机械装备的租赁、维修、保养、出售及处置服务，以及工程设计咨询服务列入现行"负面清单"当中，对外国企业进入韩国市场做出严格的商业存在要求。这表现出韩国决意通过"负面清单"保护自己的战略性重点行业，以确保这些行业的国际竞争力。

（四）"负面清单"管理模式对我国的启示

1. 准确理解"准入前国民待遇"

准确理解"准入前国民待遇"是制定"负面清单"的基础。如果说建立上海自贸区是我国改革外商投资管理体制工作迈出的实质性一步，那么，制度改革的关键在于理顺"准入前国民待遇"所涉及的工作重点，为内外资竞争搭建公平和透明的平台。目前，国内外对国民待遇的理解并不相同，国内一个普遍的观点是"准入前国民待遇"就是减少外资审批手续，这与国际标准相差甚远。"准入前国民待遇"的关键点是在企业建立和运营之前就以本国投资者来对待，而"本国投资者"在发达国家进入一个服务行业的壁垒要小于我国，也就是说，我国目前对内还没有实现有效开放，私人资本投资服务业的自由化和便利化水平远低于发达国家。因此，"准入前国民待遇"不能等同于商事改革，上海自贸区要着重推进对内对外全方位开放，促进开放条件下竞争规则的建立和完善。此外，在美国 BIT 协定非常宽泛的投资定义下，随时可能出现新产业、新投资和金融创新，如果事先没有列入"负面清单"，一旦承诺，今后很有可能出现监管漏洞。为此，要提升"负面清单"的制定技巧，避免此类风险。

2. 尽快推动政府职能转变和行政管理能力提升

我国的服务业开放必须要与国内的配套改革结合在一起才能产生实效。"准入前国民待遇"和"负面清单"开放模式要求政府最大限度地下放审批职能、强化服务和运行监测职能。在我国服务业发展水平相对落后，各行业部门法律法规和技术标准还不够健全的条件下，上海自贸区行政当局要"放开一线，管住二线"，变事前审批为事后监管，这对政府的经济管理能力是极大的考验。

3. 我国制定"负面清单"可以遵循的原则

原则 1：循序渐进、逐步开放。我国对外资的管理措施长期以来比较繁杂，在实践当中第一次使用"负面清单"管理模式对外资的准入进行管理，在过渡阶段可能会遇到很多新的问题和矛盾，特别是相关政策的配套可能还比较滞后。因此，我们要从试验的角度来制定"负面清单"，而探索这种管理模式的过程应当是渐进式的，"负面清单"由长逐步变短。在"外资三法"暂停的三年内，自贸区经历了循序渐进、扩大开放、推进改革的进程。通过三年的探索和试验，"负面清单"也会经历一个不断完善的过程。在美国－新加坡 FTA 协定中，虽然美国列出了较短的"负面清单"，但是新加坡在协议框架内制定的"负面清单"依然较长，所保护的行业范围也大于美国，这种逐步开放的"负面清单"制定方式是我国未来可以借鉴的。

原则 2：明晰对"国民"的定义。明确对"国民"做出定义是实施"准入前国民待遇"的前提条件，给予"国民待遇"正确的客体，这不但是确立市场游戏规则的第一步，而且是准确理解"准入前国民待遇"的关键。实际上，美国通过对"国民"做出细致明确的定义，一方面，大大缩短了负面清单，体现出高超的谈判技巧和水平；另一方面，确立了市场竞争规则，特别是明确了可以享有"国民待遇"的对象。在美国－新加坡 FTA 协定中，美国通过对"国民"做出如下定义来限制提供航空运输服务的国民待遇条件：作为美国公民的自然人；或合伙人企业，并且每一位合伙人都是美国公民；或美国公司，并且美国公民持股比例不低于三分之二。

原则 3："负面清单"体现的服务业开放程度应与监管水平保持同步。我国目前经济结构正处于转型期，政府监管和调控能力都有待提高，而以"负面清单"方式做出"准入前国民待遇"固化承诺存在着一定的风险。变审批制为备案制对上海自贸区的监管水平提出了新的要求，备案管理要按照深化行政管理体制改革要求，做到简化程序、统一受理、分工协作，同时注重风险控制，与国家安全审查机制进行有效衔接。因此，商务部部长高虎城指出，要通过国家安全审查制度、反垄断审查、金融审慎监督、城市布局规划、环境和生态保护要求、劳动者权益保护、技术标准等手段构筑全面的风险防御体系。事中事后监管对于我国政府来说还处于学习阶段，国际上一些比较成熟的做法包括：第一，建立信息共享平台，区内企业的相关信息都可以在平台上汇集、共享；第二，建立综合执法体系，形成综合执法的格局；第三，建立综合评估机制，全方位评估措施效果；第四，建立反垄断和安全审查机制。

原则 4：涉及意识形态领域的行业谨慎开放。根据发达国家制定负面清单的经验，涉及意识形态领域的行业需要谨慎开放。对我国而言，与意识形态领域密切相关的领域包括广播电视、互联网相关服务、教育服务等，这些行业的开放需要慎重。在实际操作中可以通过设置技术条件和登记制度来限制开放，对广播电视业可以由广电部门采取执照所有权措施，互联网相关服务可以由工信部门采取技术标准措施，而教育服务可由教育部门采取课程设置登记制度。对意识领域的开放虽然应该谨慎，但并不意味着裹足不前。我国的广播电视、互联网相关服务和教育行业都是高度垄断的，缺乏竞争导致效率和服务水平低下，资源的扭曲增加了社会成本和寻租风险。打破垄断需要开放，这种开放既是对内和对外的同步开放，也是在有效监管下的开放，它不但可以提高上述行业的供给能力和服务质量，而且可以不断推进我国在相关领域事中事后监管的业务水平。

原则 5：涉及国计民生的行业有限开放。出于对国家经济安全的考虑，涉及国计民生的行业应该有限开放，确保国有经济在行业中的份额。对我国而言，关系国计民生的服务行业包括房地产、敏感领域的科研服务、水利建设服务等。这些行业的开放需要一定程度的限制来保证国有经济占比，在实际操作中主要可以先在"国民"中限定投资比例，再逐步减少外资比例限制，从而实现逐步开放。在取消投资比例限制后可以通过适当的方式保持对这些行业的监管，如牌照管理。

原则6：涉及国防安全的行业禁止开放。禁止投资涉及国防安全的行业是各国制定负面清单时的普遍惯例，美国2012年BIT协定中涉及国家安全的第18条有一个"自裁定"条款：缔约方有权采取其认为必要的措施来维护和平和安全利益，什么措施是必要的则由采取措施一方自己决定。涉及我国国防安全的服务行业包括航空运输、部分信息技术服务、部分专业测绘服务等，这些行业的保护可以采取直接禁止的方式，这也是国际通行的管理模式。

第二节　促进服务业扩大开放的政策体系研究

（一）区内社会管理的政策保障体系

根据《中国（上海）自由贸易试验区总体方案》[①] 的总体要求，中国（上海）自由贸易试验区（本部分简称"试验区"）肩负着我国在新时期加快政府职能转变、积极探索管理模式创新、促进贸易和投资便利化，为全面深化改革和扩大开放探索新途径、积累新经验的重要使命，其建立和发展是国家战略需要。虽然也有人将其简称为"自贸区"，但与北美自贸区等其他国家之间合作的自贸区不同。试验区位于中国国境之内，为了探索新时期改革的思路，实行特殊的改革方案，具有较强的自主性。此外，建立试验区重点目标不是推动货物贸易，而是经济发展模式的转型和政府职能的转变。

---

① 国务院：《关于印发中国（上海）自由贸易试验区总体方案的通知》（国发〔2013〕38号），2013年9月18日。

在某种程度上，政府职能之一就是进行社会管理。政府职能转变很大程度上意味着社会管理方式的改变，如我国当下开展的社会管理创新。作为时下一个时尚热门词，"社会管理创新"中的"社会管理"概念俯拾即是、众说纷纭。邓联森教授在《社会管理概念的法规范分析》① 一文中对我国现行法律规范中的社会管理概念进行了对比分析，提出我国实定法中对社会管理概念界定的最大不足是其管控性，过多强调维护社会秩序，属于静态意义的社会管理。通过分析，邓教授认为："社会管理与法律有亲缘……，社会管理创新的一个方向就是弱化管控，强化与优化服务，实现从管控型社会管理、政府独揽型社会管理向服务型社会管理、官民共治型社会管理的转变……。"事实上，在试验区内实施一些特殊改革方案正是为了在新时期探索出更多的改革路径和模式。

党的十八大报告提出"加快形成党委领导、政府负责、社会协同、公众参与、法治保障的社会管理体制，加快形成政府主导、覆盖城乡、可持续的基本公共服务体系，加快形成政社分开、权责明确、依法自治的现代社会组织体制，加快形成源头治理、动态管理、应急处置相结合的社会管理机制"。相比 2004 年党的十六届四中全会对社会管理格局提出的"四位一体"，十八大报告增加了"法治保障"，显示了中国在社会管理这个问题上依法治国的决心和在健全社会管理体制上的积极行动的态度。

作为当下探索改革的先驱，试验区在社会管理方面做出了很多有益的尝试。由注重事先审批转为注重事中事后监管。建立一口受理、综合审批和高效运作的服务模式，完善信息网络平台，实现不同部门的协同管理。建立行业信息跟踪、监管和归集的综合性评估机制，加强对试验区内企业在区外经营活动全过程的跟踪、管理和监督。建立集中统一的市场监管综合执法体系。在质量技术监督、食品药品监管、知识产权、工商、税务等

---

① 邓联森：《社会管理概念的法规范分析》，《中国法学》2012 年第 2 期，第 28 ~ 37 页。

管理领域，实现高效监管，积极鼓励社会力量参与市场监督。在现代社会结构中，国家与社会存在二元分化。而国家对社会的管理模式主要分为两种，一种是全面的刚性控制模式，如高度集权的管控模式；另一种是遵循法治原则，弹性管理社会的模式。与前者相比，法治是透明度较高、人们普遍愿意接受的管理模式①，也是大多数现代国家选择的社会治理模式。因此，为响应党的号召，解决社会管理存在的一系列问题，试验区应该强化社会管理的法治保障体系，通过法治推动社会管理创新。

1. 试验区建立社会管理法律保障体系的必要性

当下，我国社会管理中存在着一些突出问题：计划经济时期的集中管理思想仍在发挥作用、政府奉行"经济增长就是硬道理"的发展观念、政府职能转变不到位、社会组织发展迟缓以及公众利益诉求和表达难以实现等，这些问题归根到底是社会管理理念和社会管理机制的问题②。社会管理中立法也存在一些问题，如"重经济立法轻社会立法""重管制轻服务""重物轻人"等问题。这些问题事关社会稳定大局和国家的长治久安，如何通过制度建构来解决这些问题已经在学术界引起了诸多讨论。解决问题的一个重要原则就是推动各方参与，整合和协调各方利益，实现政府与社会的"共治"。纵观各种解决方案，法治无疑是解决这一问题的理想选择。

法治可以为社会管理提供强有力的支撑和保障。具体而言，法律在社会管理中的作用主要体现在以下几方面。①维护政府依法行政，确认合法行政行为的效力，并为合法行政行为提供强制执行力，使政府行政机关的各种社会管理行为更加有效，更有权威和执行力。②对政府管理行为及公

① 王邵华：《法治保障在社会管理创新中的重要作用》，《河南日报》2013年9月5日，第4版。
② 欧阳乐乐：《当代中国社会管理理念和机制创新研究》，北京交通大学硕士学位论文，2012，第14页。

权力的行使进行制约，对违法行政行为予以撤销，防止被管理者的合法权利受到侵害，实现依法管理，将权力关进制度的笼子里。③更加有力地保护公民、法人的合法权益，为其维护权益提供有效的救济途径。法律还将保护公众参与社会管理的各项权利，一旦公众权利受到侵害，以法律手段加以排除和保护。④为社会矛盾纠纷解决提供最终解决途径。社会矛盾纠纷的解决途径并非单一的，而是多元的、多层次的。首先，当事人及相关人员可以自行协商解决，称之为"自己救济"；其次，可请求民间组织、社会组织介入调解，此种方式虽有第三方介入，但属于民间性、社会性救济；再次，在上述途径难以解决时，可交由行政机关或仲裁机构进行行政调解、仲裁裁决等；最后，也是最终途径即司法程序，即一般所说的司法最终裁决权①。

结合中国当下实际，试验区的制度构建为解决社会管理问题和创新社会管理机制提供了尝试机会。试验区的制度创新成果在全国具有推广的价值，因此借助法治实现社会管理机制创新的重要性自然不言而喻。因此，作为社会管理的一个方式，法治可以通过制度固化惩恶扬善，为社会利益各方提供法律保障和问题解决程式。无论是在国家管理中，还是社会治理中，法治都具有重大价值，并发挥着重要作用。试验区社会管理的法律保障体系不仅可以确保试验区的成功，也为中国下一步社会改革进行了有益探索。

2. 试验区建立社会管理法律保障体系的可行性

首先，随着社会经济的高速发展，中国社会出现了一些新情况，例如，阶层结构出现了调整，民众权利意识和法治观念不断增强，政府管理低效率等，这些都为政府管理方式转变和创新提供了现实基础。

---

① 王邵华：《法治保障在社会管理创新中的重要作用》，《河南日报》2013 年 9 月 5 日，第 4 版。

其次，法律构建日益完善，为社会管理提供法律保障的时机业已成熟。不同于20世纪70年代改革开放的"法律匮乏期"，经历了30多年的经济高速发展，我国的法制建设也取得了长足发展和显著进步。2008年3月8日，全国人大十一届一次会议第二次全体会议在北京人民大会堂举行，时任全国人大常委会委员长吴邦国在向大会做的工作报告中宣布：中国特色社会主义法律体系已经基本形成。至此，中国大陆在"形式法制"意义上，已经形成了以宪法为核心，以法律为主干，包括行政法规、地方性法规等规范性文件在内的，由七个法律部门、三个层次法律规范构成的法律体系。这些法律的制定，一方面体现了我国法制进程的飞速发展，另一方面也彰显了国家对于法律在社会管理中作用的日益重视。

最后，法律在社会管理中的作用日益凸显。首先，法律为我国社会提供规则和程序用于和平且公正地解决社会管理过程中出现的冲突，使我国成为社会资源分配相对公平、各阶层利益比较均衡、人际关系良性协调的和谐社会。随着我国社会主义市场经济法律体系的形成，法律通过在社会管理过程中规范市场主体与市场秩序，调整各种市场关系，引导市场行为，在市场经济的运行中发挥利益权衡的重要作用。同时，法律在社会公正的维护、弱势群体的关注、社会矛盾的缓解以及社会稳定的维护等方面发挥的积极作用也是显而易见的。因此，可以肯定法律是和谐社会的公平正义之术，或者说法律在各种社会利益之间有着不可取代的权衡作用①。

因此，曾经作为保税区的试验区，本身在报关、税收等方面就拥有很多特殊优势。试验区要结合具体情况，调整相关法律规则和具体制度规定，紧紧围绕国家战略，进一步解放思想，坚持先行先试，以开放促改革、促发展，率先建立符合国际化和法治化要求的跨境投资和贸易规则体

---

① 李坤明：《法律在社会管理中的作用探析》，《党史文苑》（下半月学术版）2013年第6期，第73～75页。

系，成为我国进一步融入经济全球化的重要载体，促进中国经济升级。

3. 试验区内社会管理法律保障体系的立法工作

强化法律在社会管理中的保障作用的前提是有法可依、有章可循，因此构建完备的社会管理法律体系是为社会管理提供法律保障的前提和基础，也是世界各国有效进行社会管理创新的经验。当前，我国社会管理的相关法律制度存在一些问题，这不仅严重影响社会管理的有效开展，而且也与我国社会主义法治建设的方针相违背。社会管理的无序、政府管理社会权力肆意扩张以及部分社会管理无法可依、有法不依等问题的频繁出现急需尽快建立社会管理的创新法律体系，完善相关社会管理法律制度。此外，我国对于社会管理的规定分散在各个具体的法律规章制度当中，且社会管理涉及的领域具有变化性，将这些问题都归入一部法律之中存在极大困难，甚至是难以实现的。但可以依据这些问题进行分类，建立一套系统的社会管理法律制度体系，这是法律保障的题中之义。

第一，试验区应提升社会管理法治化理念。"观念改变着世界，一种新观念的力量就是转变我们生活和思维方式的发动机。"[1] 构建和完善试验区社会管理法律体系的关键是更新法律理念，倡导以人为本理念、控权理念和公平正义理念，将其作为试验区社会管理法律保障体系的支撑，并贯穿于社会管理执法、司法和守法的始终。同时，试验区内的社会管理法律构建还应该坚持科学原则、民主原则和弱者利益倾斜保护原则，这既是社会主义社会的本质要求，也是建设和谐社会的应有之义。

第二，试验区社会管理立法完善。社会管理法律保障体系的真正实现，不仅需要在法治理念层面及法律原则层面进行纠偏，而且需要将这些理念和原则落实到具体法律制度之中。完善社会管理法律制度是构建完善社会管理法律保障体系的关键。政府管理定位缺乏法律明确界定，

---

[1]　Richard Stengel，"The Power of Ideas," *Time*，Vol. 171，No. 12，2008，p. 6.

导致我国政府在社会管理实践中常常出现角色缺位和角色错位的问题，致使政府对社会管理出现干预不足、干预过度和干预不当三种困境。因此，结合试验区本身的实践，政府在社会管理中应该充当社会规则的制定者、公民社会的培育者、公共服务的提供者和社会秩序的维护者。强化试验区政府社会管理职能的法律规制，明确规定政府管理社会的权力、程序和责任。同时必须对试验区政府社会管理的权力进行制约，通过合法控制、合目的控制、实体规制控制、程序规则控制和监督机制控制促使政府行为和决策合理化和科学化，防止试验区政府滥用社会管理权力。推动政府由管制式管理转化到服务式管理、由全面介入式管理到有所为有所不为式管理、由封闭式管理到开放式管理。此外，试验区还发挥社会组织和公民在社会管理中的作用，将他们的行为纳入法律调整范围，具体而言：制定统一的社会组织法，依据具体社会组织进行专门立法；细化社会组织的管理法律制度，如主体资格、独立性和监督制度等；完善公民参与社会管理的法律依据，如信息公开、听证制度等。通过这些改进和完善，强化社会组织和公民参与社会管理的意愿和途径，推动社会管理的法律保障体系不断完善。

第三，试验区社会管理执法完善。试验区的社会管理法律制度落到实处的关键是社会实践中这些法律得到贯彻实施。完善社会管理法律保障体系，不仅要完善社会法律制度，而且应强化执法工作。首先，要转变社会管理执法理念，牢固树立执法为民、服务行政理念和和谐执法理念。[①] 其次，设置社会管理统一协调机构，强化试验区政府在社会管理中的作为义务。再次，完善社会管理，创新执法程序，改变执法方式。社会正义不仅是实体的正义，而且是程序的正义。要不断完善程序规范，彻底改变执法

---

① 陈俊：《完善立法执法推进社会管理创新》，载徐显明主编《法治发展与社会管理创新——中国法学会法理学研究会2011年年会论文集》，法律出版社，2012，第120页。

中存在的重实体、轻程序的思想；同时要由"管理型"执法向"服务型"执法转变，充分尊重被管理对象的合法诉求和利益要求。最后，强化对执法的内外部监督。没有监督的权力必然走向腐败，这是千古不易的真理。完善的内外部监督机制是督促政府及其授权、委托社会组织正确行使社会管理创新执法权力必要手段。在内部监督机制方面，创设行政复议委员会；① 在外部监督机制方面，加强人民代表大会、司法监督力度，积极开展公众监督，规范社会管理执法行为。

第四，试验区社会管理司法完善。首先，司法机关应结合当下司法管理中的存在的问题，在依法办案理念、以当事人为本理念、司法终结理念和制约权力理念等正确的司法理念指导下参与社会管理实践。其次，要保障司法独立，重塑司法权威。试验区应改革现行司法体制，剥离司法机关对党政的人、财、物依赖。改革法官制度，明确法官独立的法律地位，严格法官选任制度、建立法官职业保障制度等措施。最后，强化司法职责履行，积极推动能动司法。司法机关行使司法权一方面妥善解决了矛盾纠纷，起到预防和惩治相结合的作用；另一方面也行使了法律监督权督促政府履行社会管理职责。"司法的功能不仅在于纠纷的解决和矛盾的化解，更重要的是在司法过程中，秩序、公正、平等、安全、利益等法的价值得到实现。此外，为人们向善提供力量，推动社会道德的进步，也是司法裁决义不容辞的责任。"② 试验区要充分发挥司法解释的作用和功能，推进司法建议，强化司法服务，建立司法预警机制和加强司法机关自身建设，提高试验区司法人员的思想道德素质和自律意识，抑制司法腐败，提高司法机关的公信力和司法权威。

---

① 陈俊：《完善立法执法推进社会管理创新》，载徐显明主编《法治发展与社会管理创新——中国法学会法理学研究会 2011 年年会论文集》，法律出版社，2012，第 122 页。

② 蒋传光：《法治思维：创新社会管理的基本思维模式》，载徐显明主编《法治发展与社会管理创新——中国法学会法理学研究会 2011 年年会论文集》，法律出版社，2012，第 422 页。

第五，试验区社会管理守法完善。理念是行为的先导，对于社会管理守法的完善，首先必须改变守法义务观，树立守法权利观，同时要强化政府在社会管理中的守法义务，以增强民众的守法信心，带动和营造整个社会守法的良好氛围。① 其次，加强法制宣传，培养社会管理守法意识。最后，要全面塑造公民对法律的信仰，"一种没有信仰支持的法治，只有法治的外表而没有法治的灵魂"。② 现代法治真正的精神意蕴载于对法的真诚信仰。③ 因此，试验区政府不仅要着力培育公民的法律意识，更要在整个试验区内树立起法律的信仰，基于对法律的信仰，将守法行为内化为政府、社会组织及公民个人的自觉自愿的行为。

（二）试验区配套财政政策体系

利用区域优势发展外向型经济能够带动国内产业发展和促进整个社会经济发展，因此，设立经济开发区是我国社会经济发展的重大举措。具体而言，开发区是政府为了支持经济的发展，依据产业聚集理论，按照国家许可的政策，划出的从事政府鼓励发展的相关工业的、专门的地理经济区域④。凭借特殊的政策和管理方式，该区域获得了优先发展机会，同时带动了周边地区的经济社会发展。作为发展工业经济的重要载体，开发区是推动经济发展，实现工业化、现代化、城市化的动力之源。世界范围内的开发区种类繁杂，依据开发区涉的主要产业可以分为经济技术开发区、高新技术产业开发区、保税区、出口加工区等。因为试验区是在上海原先保税区基础上演变而来，所以也属于开发区之列。面对国内当下复杂多变

① 陈传法：《法治与"减法"型管理创新》，《政治与法律》2012年第4期，第19~28页。
② 程燎原：《从法制到法治》，法律出版社，1999，第301页。
③ 姚建宗：《信仰：法治的精神意蕴》，《吉林大学社会科学学报》1997年第2期，第1~12页。
④ 王宾：《我国开发区财政的理论与政策初论》，西南财经大学博士学位论文，2012，第21页。

的社会环境，试验区还承担着经济转型升级、社会和谐稳定和深化改革的历史使命，这也是试验区工作开启的重要背景。

作为宏观调控的主要工具之一，财政政策是整个国家经济政策的重要组成部分。具体而言，财政政策是指：为促进就业水平提高、减轻经济波动、防止通货膨胀、实现稳定增长而对政府支出、税收和负债水平所进行的选择，或对政府收入和支出水平所做的决策。政府支出是整个国家中各级政府支付的总和，由许多具体的支出项目构成，主要可以分为政府购买和政府支付两类；而政府收入主要包括税收。[1]

财政政策主要通过税收、补贴、赤字、国债、收入分配和转移支付等手段对经济运行进行调节，是政府进行反经济周期调节、熨平经济波动的重要工具，也是财政有效履行配置资源、公平分配和稳定经济等职能的主要手段。改革开放以来，财政政策作为国家宏观调控的重要手段[2]之一，针对各个时期国民经济发展的起伏变化，相继进行了相应的调整，在保障国民经济平稳持续发展中功不可没。而且，财政政策的调控手段和方式也发生了显著变化，逐渐放弃了以行政手段为主的直接调控，形成了适应市场经济体制的、以经济手段为主的间接调控体系。[3]

试验区配套财政政策应该着眼于本区域的经济社会发展和产业聚集需要，具有鲜明的基础性和生产性。试验区配套财政政策的活动结果是其在试验区的一系列经济活动，包括在试验区范围内的组织收支活动、调节控制活动和监督管理活动等。这些经济活动的货币表现为试验区的财政资金，具体包括财政收入和财政支出。[4] 此外，试验区配套财政政策具有促

① 高鸿业主编《西方经济学》，中国人民大学出版社，2011，第5版，第458～459页。
② 胡少维：《积极财政政策应注重结构优化和带动效应》，《上海投资》2009年第8期，第4页。
③ 运奇：《为经济发展保驾护航——三十年财政政策概要》，《中国财政》2008年第19期，第17页。
④ 王国清：《财政基础理论研究》，中国财政经济出版社，2005，第66页。

进试验区产业聚集、推动经济健康快速发展、创新经济与社会发展模式等积极作用。

梳理盘点国内外开发区政策，结合时下开发区存在的问题，依托试验区进行制度探索，对于逐步完善试验区的配套财政政策，全面深化财政改革，探索新途径、积累新经验具有重要意义。

1. 国外开发区发展与配套财政政策体系

从国际范围看，开发区发展先后经历了自由港和自由贸易区阶段（17 世纪至第二次世界大战前）、出口加工区阶段（第二次世界大战之后至 20 世纪 70 年代）、综合型和高科技型园区阶段（20 世纪 80 年代至今）。未来各国开发区仍将继续发展，在不发达国家会体现为数量的增加，在大多数发展中国家和发达国家会体现为现有开发区形式的转变和功能的提升，其中高科技产业园区的数量会逐渐增加，开发区在各国（地区）经济发展中仍将起着非常重要的作用[1]。

概括而言，当下世界各国的开发区，尤其是高科技园区，无不是获得了政府的大力支持，特别是财政政策扶持，如基础设施建设支持、税收优惠、融资扶持和政府采购。国外开发的财政经验主要包括以下几方面。①多元化的资金投入。如政府投资、民间资金、银行融资、外国投资和风险投资等，其中政府投资除直接投资外，还有间接投资。如日本的筑波科学城主要基础设施资金均来自政府直接投入。间接投资是指政府在开发区运营期间向开发区拨付财政补贴，实施奖助计划，发放低息贷款，建立政府基金等。②税收优惠。例如，韩国大德科学城免除了园区内企业前 7 年的注册税和财产税；7 年后，连续 3 年只需缴纳 50% 的注册税和财产税；园区同时还对公司税、所得税和进出口关税实行减免措施。此外，印度为支持本国软件产业的发展，对软件出口实行零关

---

① 高寒：《地方政府支持开发区的财政政策研究》，《江苏社会科学》2012 年第 5 期，第 94 页。

税、零服务税和零流通税。③创新政府支持政策。通过参与型和主导型两种角色，政府可以在很多方面推动开发区的社会经济发展，如美国联邦政府和地方政府采取担保贷款、采购优惠等优惠政策支持硅谷中小企业的发展。为了使中小企业顺利取得贷款，联邦政府可以为其担保，这是十分有效的支持措施。如果还需要资金支持，政府可以给予资助，年息通常不超过8%①。④财政管理规范。设立专门的机构来管理财政资金，如法国法兰西科学城是由协会注资办成的，协会设有财政部门管理全区的资金运用和招商引资。

2. 国内开发区发展与配套财政政策的问题

20世纪80年代，我国开始探索建立经济技术开发区。从1984年起，我国相继建立了大连、青岛等14个沿海开放城市和32个国家级经济技术开发区。这些开发区在对外出口、吸引FDI、增加就业、推进城市化等方面发挥了重要作用，同时也担负了技术创新和现代产业发展的重任，成为各个地区工业经济的重要载体、外向型经济的集聚地、创新体系的核心区和改革开放的前沿，是地方经济增长的重要"增长极"。② 截至2011年9月，全国开发区工业实现地区生产总值320692亿美元，2011年1~9月实现地区生产总值1923.36亿美元，相比2010年同时期的1350.42亿美元，增长了42.43%。③

在肯定成绩的同时，还应关注开发区在财政方面存在的一些问题。

第一，财权与事权不对称。各级政府应当有与职权相应的财权，省级

---

① 王宾：《我国开发区财政的理论与政策初论》，西南财经大学，2012届财政学博士学位论文，第110页。

② 高寒：《地方政府支持开发区的财政政策研究》，《江苏社会科学》2012年第5期，第94页。

③ 王宾：《我国开发区财政的理论与政策初论》，西南财经大学，2012届财政学博士学位论文，第83页。

开发区在建立开发区时便定位了其功能是设立独立的经济区域。随着社会的进步与发展，开发区财政已从基础建设性向综合发展性转变了，社会性财政支出在开发区财政支出的比例逐渐加大，由于开发区存在大片土地闲置或不合理利用现象，国家对土地政策进行了重大调整。虽然土地成本增加，但财政体制仍沿续开发区刚建立时期制定的模式，导致了财权与事权的不相称。

第二，财政支出结构不尽合理。财政结构的合理性取决于该开发区所处的发展阶段、经济政策目标以及财政支出中各项目间的相对增长速度。① 基于我国目前的《预算法》，许多开发区的财政预算安排比较随意、不尽科学，开发区财政支出结构不合理的现象难以避免。在隶属地财政管理体制下，开发区的财政收支全部由隶属地财政部门规划。隶属地财政部门的预算编制站在全局的角度，只能根据以往的规划来分配财政，不能及时反映开发区的发展变化。再加上我国的经济领域行政色彩比较重，开发区的财政支出由政府"一手支配"，难以避免政府更偏向于某些地区，造成财政的支出并不均衡。如何优化财政支出结构成为我国开发区财政管理体制面临的重要问题。

第三，财政支出效益仍需提高。我国财政支出结构不尽合理，财政支出效益也急需提高。我国开发区的财政支出每年逐渐增大，但是作用于开发区经济的效用并没有相应增长。历年来，我国政府行政管理支出费用过高，开发区财政也难以避免存在这一问题。开发区行政管理的支出和补助过大，隶属地开发区财政管理体制相对于隶属型的开发区财政管理体制更严重。现今，开发区管理人员为了提高自己的"政绩"，在现有的财政支出管理模式下，争先扩充人员，随意扩充规模和争取项目，

---

① 张传宏、李明亮、张平玉：《高新技术开发区财政管理问题探析》，《山东审计》2003 年第 9 期，第 16～17 页。

建设不符合开发区规划旳项目，给财政造成了很重的负担，弱化了财政的支出效益。[1]

第四，现有财政体制融资能力弱。开发区的发展需要大量的资金投入，我国开发区的发展离不开有效的财政体制来提高融资能力。由于目前我国财政体制的不完善，部分开发区面临着融资困难的问题，成为开发区发展的瓶颈，主要表现为融资渠道单一和风险偏大。具体而言，我国开发区存在的普遍缺点就是投融资主体过于单一，而不能满足融资的需求。[2]开发区的投融资是以财政投入和银行信贷为主，对土地资本运作的依赖性太大，风险投资资本和运作机制不完善。资金的引入和推出渠道不畅。由于投资主体单一，投资决策、项目经营和管理主要依赖管理委员会，而且长期垄断经营缺乏市场竞争力的推动和市场风险机制的约束，既不利于调动全社会特别是提供公共产品企业的积极性，又影响管理水平的提高。资金使用缺少严格旳法律规范，资金运作的随意性比较大，致使开发区财政投融资职能受到了限制，不利于开发区经济的发展。此外，开发区主要以中小企业为主，我国中小企业的融资体系并不完善。与大企业和国企相比，这些中小企业本身的知名度和风险评级较难被投资者所接受，面对融资压力，企业债务等非正常市场融资会增加财务风险。

第五，开发区的财政管理体制和监督体制不完善。各地开发区未形成规范的管理秩序，也没有财政运行状况的考核机制，尤其是在财政实力较差的城市，开发区的财政政策就显得相当苛刻。同时，由于我国开发区财政监管制度缺乏，预算外资金管理混乱，例如，现行的财政监督对各种基

---

[1]　陈琼瑶：《关于高新技术开发区财政管理体制改革的探讨》，《海南金融》2008 年第 5 期，第 80 ~ 86 页。

[2]　丁靖轶：《财政支持园区经济发展的对策思考》，《中国财政》2012 年第 16 期，第 68 ~ 70 页。

金等非税收收入不能发挥作用；在一部分开发区中，国有资产并没有有效管理，造成流失和浪费的现象比较严重。我国开发区的财政内部监督在现行的管理下，缺乏一套完整、规范、有效的监督机制。

3. 试验区的配套财政政策体系的完善建议

梳理我国开发区存在的财政方面的问题，借鉴国外开发区的财政经验，结合试验区自身的功能定位，本书认为应该从以下几个方面来完善试验区配套财政政策体系。

第一，强化试验区的财政扶持政策。对于试验区而言，财政扶持政策主要包括直接补贴、收入返还、设立专项基金等几个方面。①设立试验区发展专项基金，其资金主要来源于一定时期内区内新增的财政、税费收入，该基金用这些资金入股或定额补助一些企业，如一些高端服务类企业和现代制造业等。②创设财政专项基金，主要用于支持试验区内的基础设施的初期建设。③针对重要引导行业或发展定位，设立产业投资基金。④针对一些重点支持或扶持的产业，试验区应该优先批准或优先划拨资金，同时补偿试验区从事科研的高等院校等其他科研机构的房屋租金。⑤在贷款融资、土地利用和市场准入等方面大力扶持一些符合国家产业政策的项目。⑥积极引进高端人才，对试验区紧缺人才给予一定的安家资助，并建立劳务分配激励机制，促进人才引进。

第二，着力优化试验区的财政支出结构。诚如前述，我国开发区的财政支出方面存在着一些不合理之处，因此应该优化财政支出结构。随着试验区的逐步发展，区内的财政支出也会不断增加，为了避免其盲目性，必须优化支出结构。在完善试验区基础设施建设的基础上，应着眼于区内的项目建设和企业扶持。对于项目投资，试验区要坚持两点论和重点论的统一，统筹兼顾，重点发展一些带动性强、影响广的项目，如与试验区倡导的产业导向匹配的项目。此外，还要大力扶持涉及众多企业投资以及周期较长的重点项目。总之，试验区财政支出，应该主要围绕基础性产业、支柱性产业、垄断性行业、高新技术产业、风险性相对大的产业，以及行业影响力大但带动作用不强、投资大、周期长的项目。此外，试验区财政还应加大对科教文卫等公共文化设施的投入。

第三，强化试验区内财政绩效管理。基于上述对我国开发区财政支出中一些问题的论述，本书认为试验区应该采用绩效预算方法。开发区绩效预算指在成本效益分析的基础上，以目标（结果）为导向，把资源分配的增加与绩效的提高相结合的预算方法①。与我国现行的投入导向型预算管理不同，绩效预算是一种产出导向型预算，促进政府提高公共物品和服务的质量。绩效预算可以在有效控制预算投入的基础上，侧重评价政府部门组织绩效和对预算结果的评价。在绩效预算的基础上，努力构建一个试验区项目的绩效评价指标体系，这是绩效预算的核心和基础。对此，应解决好以下几个方面的问题。①试验区领导要高度重视，避免追求政绩而放弃一些对试验区长远发展意义重大的项目，同时要创建并宣传以绩效为导向的管理文化，注重公职人员的可接受性和公众的参与度。②构建并完善试验区内的绩效评价体系。因为政府行为目标多元化且难以量化，所以当下试验区应该努力探索建立财政支出绩效评价体系。同时要加强相关人员培训和设施建设，体系构建应该注意循序渐进，不断修改和完善。③保证绩效改革资金。无论是相关制度、设施构建，还是数据收集、人员培训，绩效预算改革都是一项巨大的财政支出。因此试验区要着眼于其长远发展收益，在效率和审慎原则下保证绩效改革完成。④借助绩效评价问责机制降低行政成本。试验区应将有关部门的绩效评价结果作为预算信用等级评定、部门年度目标管理考核及干部年度考核的主要参考指标，通过绩效评价和追踪问效制度，努力降低行政管理成本。此外，还应注意绩效评价与

---

① 《推行绩效预算　促进政府改革——浦东绩效预算改革问题探讨》，《地方财政研究》2008 年第 6 期，第 49 页。

预算分配的衔接，逐步运用绩效评价结果信息来安排财政资源的分配。

第四，拓展试验区融资渠道。中小企业融资难一直是困扰我国经济社会发展的一个重要问题。因此，试验区要凭借制度先行先试的优势，努力拓宽企业融资渠道和丰富融资手段。①拓宽融资渠道。如上所述，相比国外开发区的多元化融资渠道，如政府投资、民间资金、银行融资、外国投资和风险投资等，我国开发区融资渠道依照市场主体主要分为项目融资和企业融资，重要项目主要使用政府资金，资金来源面窄，渠道匮乏。试验区应坚持市场化原则，引导民间资本和外商资金投向经营性基础设施建设项目，同时创新银企合作模式和贷款融资方式；试验区要为中小企业提供贷款风险补偿基金，主要是搭建一个融资平台，包括贷款保证金、风险准备金、为试验区内中小型科技企业提供担保的担保机构费用补偿率、信用互助金、知识产权融资专项资金和贷款贴息，① 并鼓励有实力企业通过多层次资本市场融资，如发行建设债券或基金等。②丰富融资手段。试验区应积极推行内部融资、租赁融资、争取政府的专项资金支持、资产抵押（质押）贷款、政府担保贷款、放大基金效应贷款（如融资平台的贷款保证金）；② 同时，试验区还可以运用特许经营（如 BOT）、公私合营（如PPP），承包商垫资和预先收取费用等项目融资手段。

第五，健全试验区的财政监督机制。财政监督制度必须紧紧围绕财政管理体制和社会经济发展大局，不断改革完善才能适应要求，充分发挥其职能作用。试验区的财政监督机制根据监督过程划分为财政事前监督、事中监督和事后评价三个部分，实现对整个财政预算执行的全面监督。③ 事前监督强调开发区财政预算科学性，如预算编制依据的合法性、规范性、

---

① 徐进、梁鸿、徐鲁媛：《上海浦东新区科技型企业融资扶持的政策性基金运作模式分析》，《科技进步与对策》2007 年第 5 期，第 13 ~ 15 页。

② 张伟、朱宏亮：《经济技术开发区的融资模式》，《城市问题》2007 年第 2 期，第 42 ~ 44 页。

③ 张运珍：《郑州高新区财政监督研究》，郑州大学硕士毕业论文，2006，第 18 ~ 26 页。

合理性，监测预算执行结果与预算编制目标的偏离度，并分析原因。事中监督注重对试验区财政、税务等相关部门执法过程的控制，如建立收入对账制度，完善退库财政收入的管理制度等。事后监督主要关注预算执行结果，如预算执行结果的效益性与安全性，还可以及时纠正错误、追究责任，并对以后工作具有指导意义。此外，试验区应运用内部监督和外部监督强化对财政的监督作用，内部监督如完善流程和法规制度、统一管理实施等，外部监督包括社会中介监督机构以及社会信息网络媒体等。

（三）试验区配套金融政策体系

试验区是综合改革试验区，更是金融改革试验区，因此金融改革成败对于整个试验区成败具有关键性意义。与保税区不同，试验区增加了金融和外汇方面的开放，实际上是一个范围更广的"金融自贸区"。

《总体方案》针对金融领域的改革提出两个要求：加快金融制度创新和增强金融服务功能。其中，金融制度创新部分提出"在风险可控前提下，可在试验区内对人民币资本项目可兑换、金融市场利率市场化、人民币跨境使用等方面创造条件进行先行先试"；而在强化金融服务中则提出"对符合条件的民营资本和外资金融机构全面开放，支持在试验区内设立外资银行和中外合资银行"。《总体方案》除了在民营、外资设立金融机构方面放松管制以外，还明确提出"允许试验区内符合条件的中资银行开办离岸业务"，并明确了"经过两至三年的改革试验，建设具有国际水准的投资贸易便利、货币兑换自由、监管高效便捷、法制环境规范的自由贸易试验区"的总体任务。因此，自由贸易区将逐渐开始资本项目下人民币自由兑换、利率市场化的试点，并对未来全国范围内的深层次金融改革，包括民营金融机构准入、利率市场化、人民币资本项下可自由兑换等，提供良好的经验。

《总体方案》中提到的一些改革重点领域，如人民币资本项目可兑换、金融市场利率市场化、民营金融机构准入、金融监管等，也都是中国当下金融改革面临的重大问题，试验区的经验对全国的改革工作具有重大意义。鉴于篇幅，本书将主要从资本项目可兑换和利率市场化方面入手，穿插论述民营金融机构和金融监管来分析试验区金融改革的配套政策。

1. 人民币资本项目可兑换

根据国际货币基金组织的定义，资本项目可兑换是指"消除对国际收支资本和金融账户下各项交易的外汇管制，如数量限制、课税及补贴"。① 早在 1993 年，党的十四届三中全会第一次提出了"实现人民币可兑换"，② 1996 年我国实现了人民币经常项目可兑换。此后，由于亚洲金融风波，人民币资本项目可兑换的进程就被搁置了。③ 2005 年，中国在国民经济和社会发展的五年规划中写入了资本项目可兑换的内容，首次明确提出"逐步实现人民币资本项目可兑换"。相比经济高速增长和跨境资本流动快速上升，我国"十一五"期间在资本项目可兑换方面并没有取得实质性进展。在后危机时代，结合国际经济发展形势，时任国家总理温家宝在 2011 年的《政府工作报告》中再次强调了"推进人民币资本项目可兑换"。

随着试验区的开启，2013 年 9 月国务院提出试验区内资本项目可兑换可先行先试。2014 年 2 月，国家外汇管理局（以下简称外管局）上海市分局公布的《外汇管理支持试验区建设实施细则》预示着资本项目可兑换在试验区拉开了帷幕。④ 结合国际货币基金组织的定义，试验区人民币资本项目可兑换，是指人民币不仅在试验区内国际收支经常项目中可与

① Evens, Owen, Quirk, Peter J., Capital Account Convertibility: Review of Experience and Implications for IMF Policies, Occasional Paper, No. 131, IMF, 1995, p. 1.
② 周小川：《人民币资本项目可兑换的前景与路径》，《金融研究》2012 年第 1 期，第 2 页。
③ 周小川：《人民币资本项目可兑换的前景与路径》，《金融研究》2012 年第 1 期，第 4 页。
④ 孟群舒：《外汇管理细则和反洗钱细则落地，外汇业务便利度提升——自贸区启动资本项目可兑换》，《解放日报》2014 年 3 月 1 日第 1 版。

其他外币，如欧元、美元等，进行自由兑换，而且可自由地通过资本项目交易获得所需要的外汇，试验区的居民所获外汇既可在外汇市场上出售，也可自行在区内或国外持有，区内居民和非居民都可以将人民币换成外币在区内持有，满足其资产的自由需求。

（1）区内人民币资本项目可兑换的必要性

正如上海市常委、常务副市长屠光绍所言："人民币资本项目的可自由兑换是上海自贸区金融改革里最重要的，放在第一位。"[1] 首先，由于长期对资本实施"宽进严出"的政策，国际资本大量流入我国，这对于改革开放早期迅速增加我国外汇储备，推动社会经济发展和提升我国的综合国力发挥了积极作用。但是，随之而来的是资本项目多年持续大额顺差，如 2010 年，资本流入量为 2.32 万亿美元，占资本流动总量的 66%。[2] 这也反映了我国资金利用效率低，并导致了一系列问题，如通货膨胀、资产泡沫、人民币升值压力加大和"热钱"投机套利等。而 2010 年的资本流出量是 1.21 万亿美元，仅约为资本流入量的一半，占资本流动总量的 34%。这源于资本流出渠道较窄，对外直接投资和对外证券投资规模较小。不利于中国利用好两个市场实现资源的优化配置。[3]

其次，资本流入过度依赖外商直接投资，形式比较单一，而证券市场开放起步较晚，层次较低。20 世纪 90 年代之前，政府贷款是我国利用外资的主要形式。直到 1992 年，外商直接投资才首次超过对外借款。从此以后，我国的外商投资一直处于高速增长的态势，2009 年我国成为全球第一大外商直接投资国。此外，我国对证券市场一直实行严格管制，如禁止境内（外）一般机构和个人在境外（内）直接买卖证券，不允许境外

---

① 凌云峰、朱文斌：《资本项目可兑换 今年将在自贸区突破——屠光绍称细则有可能首季公布》，《上海证券报》2014 年 1 月 14 日，第 F01 版。

② 何迎新：《人民币资本项目可兑换研究》，《区域金融研究》2012 年第 5 期，第 32 页。

③ 何迎新：《人民币资本项目可兑换研究》，《区域金融研究》2012 年第 5 期，第 32 页。

机构在境内发行股票等。近年来，外汇局为了提升人民币资本项目可兑换程度，在证券领域实施了一些政策调整和制度创新，如先后推出了 QFII、QDII 和 RQII 等制度。但 QFII 无论在投资品种还是总体发展规模方面都非常有限，在规范市场、引导国际化方面并没有发挥很大作用；由于缺乏对国外市场和法律制度的充分认识，QDII 风险管理水平较低，2008 年国际金融危机时出现了大面积亏损；而 QDII 对于境外投资品种特别是一些金融衍生品一直秉持谨慎态度，尚未涉足，主要集中于赴香港"打新股"。①

最后，汇率制度缺乏灵活性，为人民币国际化带来监管风险。1994 年，我国开始实行有管理的浮动汇率制度。我国在 2005 年和 2010 年进行了两次汇率改革，由于 1997 年亚洲金融危机和 2008 年国际金融危机，两次改革的结果实际上都是与美元挂钩的固定汇率制度。1997~2005 年，美元兑人民币稳定在 8.2 元左右，而 2008~2010 年 6 月，美元兑人民币一直保持在 6.8 元左右。一方面，外贸和投资的发展依赖外汇水平的稳定，另一方面这也导致我国货币政策产生了某种程度的依附性，并承受着国际压力和摩擦。因此，汇率制度的灵活性有助于资本项目开放。

同时，随着 2010 年内地机构赴香港发行人民币债券的规模一步扩大，中国人民银行在 2011 年 8 月决定拓宽人民币回流渠道。允许香港以人民币境外合格机构投资者方式（RQFII）投资境内证券市场；支持香港企业使用人民币赴内地进行直接投资，开展外商直接投资人民币结算试点。跨境人民币资本项目业务的开展容易导致相关市场主体规避现行资本管制措施，降低资本管制的有效性。例如，境外企业将外汇资金在香港兑换成人民币后在境内进行直接投资，可以规避现行外汇资本金支付结汇制；在境内银行吸收的非居民存款不能凭空结汇且必须纳入外债规模的资本管制

---

① 何迎新：《人民币资本项目可兑换研究》，《区域金融研究》2012 年第 5 期，第 33 页。

下，非居民可将外汇资金在香港兑换成人民币后再存入境内银行，以规避现行的外债政策。结汇环节前移至香港为"热钱"流入开辟了新的渠道，加大了监管难度和宏观风险。[①]

（2）区内人民币资本项目可兑换的国外经验

从 20 世纪 70 年代中期开始，发达国家开始逐步取消资本管制，[②] 到 1995 年，所有发达国家均取消了资本管制。此后，墨西哥、韩国、土耳其、波兰、捷克等新兴市场国家也实现了资本项目可兑换，印度、巴西等新兴市场国家正在积极推动资本项目可兑换。资本项目可兑换的国际经验带给试验区以下启示。

首先，要遵循审慎和渐进原则，逐步推动试验区内的资本项目可兑换。20 世纪 70 年代，拉美一些国家在两到三年的时间内取消了大部分资本管制措施，希望能够尽快实现资本项目自由化。但是，由于国内配套的措施以及经济条件的限制，这种激进式的改革并没有给这些国家带来预期效果，资本账户开放后发生的国际支付危机使这些国家陷入了经济困境。为克服危机，各种资本管制措施被重新启用，直到 80 年代后期，这些国家才又重新放松管制。可见，过早过快开放资本项目，会导致适得其反的结果。印度自 1991 年开始启动资本项目可兑换，根据本国金融市场发展、外汇储备、金融监管水平等特定国情，采取了渐进、审慎的方式推进资本项目可兑换。从资本流动开放的类型看，按照"先流入、后流出，先长期、后短期，先开放直接投资、后开放其他领域"的顺序分步实施。从经济主体开放的类型看，采取了公司、金融机构、个人的开放顺序。这种方式能够避免跨境资本流动不稳定的冲击，有效降低经济的脆弱性，能在实施进程中不断完善国内金融市场体系和监管体系。经过 20 年的实践，

---

① 何迎新：《人民币资本项目可兑换研究》，《区域金融研究》2012 年第 5 期，第 33 页。
② 美国于 1974 年、德国于 1981 年、法国于 1989 年、意大利于 1990 年先后开启了资本项目可兑换。

印度迅速融入国际金融市场，有效抵御了多次金融危机的冲击，资本项目可兑换取得积极成效。

其次，注重配套政策措施构建和完善。国际经验表明，良好的宏观经济环境、较高的监管水平、充足的外汇储备、健全的金融市场、合理的汇率水平是资本项目可兑换的重要条件，有利于在最大程度上趋利避害，从开放中获取高收益，减少风险。新兴市场国家中最为典型的是印度。印度十分注重银行业改革，通过改革公营银行体制、建立规范的银行监管制度、放松利率管制、降低现金准备率和法定流动比率等措施，提高银行体系的效率和竞争力。印度1997年提出资本项目开放需要的条件：一是中央政府的财政赤字占GDP的比重控制在3.5%以内；二是1997~2000年3年内的通货膨胀率平均不能超过5%；三是健全国内金融体系，将银行体系的不良资产比率降至5%以下；四是外债占GDP比重降至20%~25%；五是解除储蓄存款之外的利率管制。

再次，适度资本管制有利于防范各种风险。发达国家虽然实现了资本项目完全可兑换，但在实际运作中仍保留了一些管制措施。与发达国家相比，发展中国家货币处于弱势，容易遭受投机性攻击，进而引发经济或金融危机，甚至酿成社会政治危机，因此，需要在一定时期、一定范围内进行资本管制。从发展中国家的情况看，适度的资本管制既体现在资本项目自由化过程中，也体现在完成自由化之后。智利在1985年后的资本项目自由化的第二阶段，对短期资本和外国证券投资实施过多种被认为是行之有效的监管措施。印度在推进资本项目可兑换进程中，将引资重点放在外商直接投资、证券投资等非债务性资本方面，限制债务性资本尤其是短期债务资本的流入；对合格境外机构投资者1年内汇出的股息和利息征收30%的资本增值税；采取多种措施严控外资流入房地产。阿根廷、墨西哥、哥伦比亚、印度尼西亚、马来西亚等已完成资本项目可兑换的国家，在多次金融危机后的复杂形势下都实施了资本管制。相反，泰国有深刻教训，由于没有对占比较高的短期资本流入进行有效管理，在 1997 年亚洲金融危机遭受了严重的冲击。

最后，国际经验表明，灵活的汇率制度能减轻资本流动不稳定带来的震荡或冲击，减少资本项目开放的风险。新兴市场国家由于外汇储备激增，面临货币升值的压力，实行固定汇率制度容易助长国际游资投机热情，加大资本项目开放的风险，主要表现在以下几方面。一是如果该国货币汇率保持稳定，没有出现游资所期望的大幅升值，由于汇率是固定的，即使投机失败，损失也不大。二是该国货币汇率在国际压力下被迫升值，游资会如愿以偿，携丰厚的收益撤出该国。印度自 1993 年开始实行"未事先宣布路径的管理浮动汇率制"，其特征是央行不事先承诺干预的轨迹，也不设定特定的中心汇率，但事先设定了可持续的中心汇率水平和许可的汇率波动区间，如遇大额的外汇供求不平衡，将入市干预。这种灵活的中间汇率安排给予市场汇率较大的波动空间，也使央行在进行外汇干预时拥有较大的"相机抉择"操作空间，在保证汇率由市场供求生成的同时，避免了汇率的剧烈波动。巴西在经历了多次危机后，自 1999 年开始实行浮动汇率制度。在浮动汇率制度开始时，雷亚尔（巴西流通货币）出现了大幅的贬值，此后的几年中，巴西通涨指数下降、公共债务得到有效控制，经济增速明显提高，赢得了外国投资商的信赖和国际资本的关注，资本项目开放取得了成效。

（3）区内人民币资本项目可兑换的政策建议

目前，试验区已经开启了金融改革的大幕。金融改革的一个重要部分就是人民币资本项目可兑换。但是我国实现资本项目完全开放的条件尚不成熟，需要在风险可控的前提下，综合考虑区内经济金融发展水平和监管能力等因素，按照《总体方案》的要求，逐步实现人民币资本项目可兑换。

一是从宽进严出向均衡管理转变，鼓励资金有序流出。例如，在直接投资领域，进一步改革境外直接投资外汇管理，支持国内企业"走出去"；在证券投资领域，逐步放开 QDII 境外证券投资额度、比例、品种等限制，在条件成熟时，允许境内一般机构和个人直接进行境外证券投资；在资本转移领域，允许个人资本转移；等等。

二是调整资本项目开放重点。改变对 FDI 依赖程度过高的局面，限制 FDI 进入高耗能、高污染、产能过剩行业；将开放重点放在证券投资领域，进一步提高证券投资可兑换程度，稳步推出"国际板"，允许境外企业在我国 A 股市场发行上市和交易，增强我国证券市场的影响力和辐射力，提升我国资本市场的国际竞争力，让国内投资者分享世界级大公司的利润；加快放开市场主体需求强烈、风险相对较小的项目，对风险较大的衍生品交易等项目，待条件成熟适时逐步开放。

三是以 2010 年 6 月 19 日中国人民银行宣布汇率改革为契机，进一步推进人民币汇率形成机制改革，增强人民币汇率弹性；进一步推动利率市场化改革。

四是审慎推进跨境人民币资本项目业务，加强中国人民银行和国家外汇管理局的协调配合，认真分析和甄别相关风险，避免出现较大政策风险和市场风险，最终顺利实现人民币国际化。

五是进一步加强对跨境资本流动的统计监测与分析预警，强化资本项目非现场核查和事后监管，防范跨境资金异常流动风险，依法打击"热钱"等违规资金流入。

2. 区内金融市场利率市场化

作为世界上最大的发展中国家，中国与其他发展中国家一样，对于经济金融的一些部门实施了管控，这种金融抑制一直持续到改革开放前。改革开放后，我国对金融行业进行了一些改革，促进了金融行业的发展。但这种改革并未实质性地取消金融抑制，仅是某种程度上有所放松。主要表现在：中央银行统一规定利率，对金融机构市场准入和市场退出等方面还存在行政干预，对金融市场实行严格的分业监管模式，金融体系的二元结构①明显且非银行金融机构发展严重滞后。这样的金融抑制对我国经济发展产生了一些影响：①储蓄增速下降，银行信贷规模减少，降低了实体经济的增速；②二元金融格局分割严重，影响经济的正常运行和正规金融的发展；③投资效率低下，阻碍我国经济发展结构的转型。

（1）区内金融市场利率市场化的必要性

客观而言，利率管制政策对我国新中国成立后到改革开放前期的经济发展发挥了重大作用。尤其是新中国成立初期，低利率对拉动经济发展扮演了重要角色。但是随着我国经济的快速发展和社会主义市场机制的确立，利率管制政策的弊端开始不断凸显，尤其对我国经济长期增长存在诸多隐忧。利率市场化改革的优势主要体现在以下几方面。

第一，有利于扩大储蓄倾向，促使金融活动规范化和统一化。利率自由化会带来金融工具的多样性以及金融机构之间的激烈竞争，在保障居民金融资产持有形式多样性的前提下，金融机构可以在竞争中通过提高服务质量来提高储蓄对金融资产持有者的吸引力。这不仅能提高居民的储蓄偏好，而且还能吸引其他形式的私人储蓄（如黄金、珠宝或外币等）转向金融资产，使地下金融资金流向有组织的金融市场，促使金融活动的规范化和统一化。②

第二，有利于解决中小企业融资难的问题。如果进行利率市场化，减少国家对金融的管制，充分发挥市场机制在资金配给上的作用，使利率由资金供求双方来决定，商业银行就可以根据社会资本的余缺和申请贷款企业的风险来确定不同的存贷款利率，对高风险的企业给予较高的贷款利率，对低风险的企业给予较低的贷款利率，这样不仅可以使一些中小企业得到贷款进行投资，促进我国经济的发展，也可以使银行在增加贷款对象的同时增加利润。

第三，有利于完善我国政府对经济的宏观调控职能。利率作为政府进行宏观调控的杠杆，如果不能有效地进行传导和反馈，政府就无法通过利率反馈机制来很好地获得资金市场的价格信号，也就无从有效地发挥其宏观调控的职能。而利率的市场化则有利于建立社会投资和消费的市场传导机制，使中央银行可以通过变化的利率来有效进行宏观调控，从而影响商业银行的市场行为和价格决定能力，使利率充分发挥经济杠杆的作用。我国著名金融学家黄达教授在分析货币政策的传导机制时指出：在这个传导机制发挥作用的过程中，主要环节是利率，货币供应量的调整必须首先影响利率水平，其次才能使投资乃至总支出发生变化。[1]

第四，有助于完善金融市场并促使我国市场经济与国际接轨。我国进行利率市场化改革，改变原有的利率管制政策，采用国际普遍认可的市场规则来发展我国的经济金融，这样才不会让我国在国际金融竞争中处于不利地位。[2]

根据《总体方案》的要求，结合试验区自身的金融改革桥头堡地位，试验区应积极推进利率市场化改革试点，为整个国家的下一步改革和制度探索积累经验。

（2）金融市场利率市场化改革概述和法律挑战

1993 年，我国开启了利率市场化的改革。在《中共中央关于建立社

---

① 黄达：《货币银行学》，四川人民出版社，2000，第 419 页。
② 孟来亮、李坚强：《利率市场化对金融体系稳定影响》，《时代金融》（下旬刊）2012 年第 6 期，第 109 页。

会主义市场经济体制若干问题的决定》和《国务院关于金融体制改革的决定》中，利率市场化设想最早被提出来。此后，1995 年，《中国人民银行关于"九五"时期深化利率改革的方案》提出了关于利率市场化改革的基本思路。简而言之，我国利率市场化改革大致经历了三个阶段：1996～1999 年基本完成了货币市场与债券市场利率的市场化改革；2000～2004 年基本实现了外币市场的市场化改革；2004 年至今（事实上在 1998 年就已启动，全面的改革始于 2004 年），主要是人民币存贷款利率市场化改革，尤其是 2012 年以来人民币存贷款利率市场化的进程明显加快。①

随着 2014 年 3 月份试验区放开小额外币存款利率上限，试验区利率市场化改革步入最后阶段。目前，已经实现银行间同业拆借利率完全放开、外币存款利率完全放开、银行间同业存单可依法发行和自由转让，自贸区利率市场化改革稳步推进。接下来，存款利率放开、存款保险制度推行、大额存单实现可转让等改革的推进，将逐步实现完全的利率市场化。② 这也透露了一个重要信息：央行或许正以试验区为突破口，推进利率市场化改革。此次央行在试验区放开小额外币存款利率限制是中国利率市场化进程中的既定步骤。专家预期，未来在利率市场化方面，从长期到短期，存款利率浮动空间会进一步扩大，直至完全放开。

由于我国还没有明确的法律赋予利率市场化改革应有的法律地位，一些法律法规中原有的许多规定得不到彻底修改与转变，成为阻碍我国进行利率市场化改革的法律障碍。①相关立法与市场化不适应，如国有商业银行和国有企业的股份制改革不彻底、银行内控机制不健全、缺乏利率风险

---

① 赵惠芳、赵伟：《利率市场化的国际经验与中国选择》，《华中师范大学学报》（人文社会科学版）2014 年第 53 卷第 4 期，第 33 页。

② 陈健：《上海自贸区金融法治建设亟待创新》，《上海金融报》2014 年 4 月 15 日，第 A13 版。

管理意识、分业监管导致债券市场处于分割状态，不利于资金的有效流动等。②金融监管体系不完善，如"四龙治水"①的分业监管模式存在弊端、金融监管没有将以风险为本的监管作为银行业监管的核心内容等。③核心配套法律制度缺失，如银行破产法律制度缺失、"显性"存款保险法律制度缺失②、信用法律制度不完善等。

（3）金融市场利率市场化改革国外经验

第二次世界大战后的很长一段时间，大多数国家为恢复和发展社会经济都采取了利率管制的政策。但随着各国之间经济社会交往的加深，利率市场化在 20 世纪 80 年代成为世界潮流，尤其是市场经济发达国家，在 20 世纪 70 年代左右陆续进行了利率市场化改革并取得了非常好的效果。总结市场经济发达国家利率市场化的进程，主要分为三步。第一步：起步阶段。以放开存款利率的限制为利率市场化的开端。③ 第二步：转变和探索阶段。逐步放开各种利率限制，进行金融工具和金融产品的创新，发育

---

① 我国实行的是"三会一行"的金融监管体制，主要的金融监管机构包括证监会、银监会、保监会和中国人民银行，四大金融监管机构仅对自己监管范围内的金融机构进行监管。其各自职能划分如下：证券类金融机构及其业务的监管由证监会负责；全国银行业金融机构及其业务活动的监管由银监会负责；保险类金融机构及其业务活动的监管由保监会负责；而中国人民银行则负责对货币流通、银行间外汇市场、银行间同业拆借市场、银行间债券市场及黄金市场等进行监管。

② 国际上存款保障制度分为两种：隐形存款保险制度和显性存款保险制度。隐形存款保险制度多见于发展中国家或国有商业银行占主导地位的银行体系中。如长期以来，我国实际上实行的就是用国家财政资金全额补偿金融机构个人债务的隐形存款保险制度。这引发了一些问题：通货膨胀、金融机构道德风险增加、国家财政负担日益沉重、弱化存款人的风险意识和监督意识、银行体系的脆弱性加剧。

③ 例如，法国自 1965 年 4 月起，取消了 6 年以上定期存款的利率上限，又于 1967 年 7 月起取消了 2 年期 25 万法郎以上存款的利率限制，1969 年、1976 年、1979 年对存款利率的限制进行 3 次修改，到 20 世纪 70 年代末，除了 6 个月内定期存款和 1 年内 50 万法郎以下定期存款利率规定上限外，其他存款利率已经全部放开。20 世纪 70 年代，美国的利率管制逐渐被认为无助于银行提高盈利和控制风险，于是美国当局推进了四方面的改革，其中包括放开对存款利率的限制，如 1970 年 6 月美国放松对 10 万美元以上、90 天以内的大额存单的利率管制；1973 年 5 月又取消了 1000 万美元以上、期限 5 年以上的定期存款的利率上限。英国采取的是"一步到位"式的利率市场化改革，即 1971 年一举废除利率协定。

完善金融市场，并建立存款保险制度保障利率市场化的顺利进行。第三步：全面实现利率市场化阶段。① 随着利率市场化条件的逐步完善，到了20 世纪八九十年代，各国开始进行利率的全面市场化。

总结市场经济发达国家在利率市场化方面的特点，有助于为试验区推进利率改革积累经验。第一，依托法律规则制定来培育完善的金融市场。如美国 1978 年颁布《金融机构管理和利率控制法》、1980 年颁布《存款机构放松管制和货币控制法》、1999 年颁布《金融服务现代法》等来规范美国的金融创新活动。第二，利率市场化过程中不断完善金融法律监管体系。主要体现在以下两点。①根据社会变化，修改金融监管法律并制定新的法律，形成严谨的监管法律体系。②改革金融监管体制，建立健全集中统一、动态调适、以风险监管为本的金融监管体制，确保金融安全。第三，建立了配套的核心法律制度。建立存款保险制度的核心目的是在金融自由化的背景下为金融体系的稳定提供一张安全网，防止个别银行出现的危机扩展至其他银行以至引起其他银行的恐慌和金融危机。

（4）区内金融市场利率市场化改革的建议

利率市场化改革是金融改革的重要内容，因此对利率市场化改革进行法律规范的目的与对金融改革进行法律规范的目的是一致的。我国现行金融法律的重要一条就是确立法律目标，本书认为可以将规范我国利率市场化改革的法律目标分为两类：目的性目标和工具性目标。其中目的性目标是维护金融稳定，而工具性目标是稳健的财政政策和货币政策。

法律原则是法律制度的重要组成部分，而确立我国利率市场化的基本法律原则主要来自金融监管的总原则，这是试验区进行金融改革所要遵循的原则。第一，合理适度原则。在保障金融安全稳健的目标下，充分发挥

---

① 主要包括：第一，进行金融产品和金融工具的创新；第二，发展金融市场；第三，颁布《存款保险法》，建立存款保险制度。

竞争淘汰机制和金融市场规律的作用，鼓励金融创新，鼓励和维护公平竞争，增进金融效率，努力实现金融监管范围宽窄度适中、监管手续和程序繁简适中、监管措施和力度松紧适中。第二，统一系统监管原则。为避免多头监管，集中统一金融监管职权，为避免重复、真空和套利监管，将金融监管对象、内容和监管领域作为一个整体系统监管，确保金融体系整体上的安全稳健①。第三，公开原则。有关金融监管当局将监管信息，如监管目标、范围、决策以及依据等能够公开的信息，进行全面、具体、方便、及时的公开，告知社会公众，尤其是被监管者，以保障社会公众和被监管者对监管过程和监管结果的知情权。第四，金融监管要为金融机构创造公平竞争的外部环境，鼓励、倡导和规范竞争，既要防止过度竞争和破产性竞争，又要防止垄断，从而提高金融体系的整体效率，在稳定、安全、有序的金融环境中促进金融业的高效发展。第五，风险防范和安全稳健原则。在利率市场化条件下，利率风险更加势不可当、千变万化，如果没有防范和管理的意识以及能力，必将对区内经济金融的健康发展造成巨大影响。因此，不但试验区内的商业银行等金融机构要完善内控监管体制、增强风险防范能力，金融监管机构也要对银行业金融机构进行审慎监管，将科学技术运用到监管中去，提高监管当局的监测能力，防范金融风险。

试验区的利率市场化改革已经取得了重大进展，但区内相关法律制度的完善才是改革的关键环节。

第一，核心法律修订。主要包括以下几个方面。

①修订《中华人民共和国中国人民银行法》。主要是调整和完善中国人民银行对利率调控的手段，由直接调控向间接调控转变。即中国人民银行可以确立一个市场基准利率，以该市场基准利率为导向，逐渐放开人民

①　朱大旗：《金融法》，中国人民大学出版社，2007，第127页。

币贷款利率（目前贷款利率已放开）和存款利率的管制，扩大商业银行自主决定利率的权力。

②修订和完善《商业银行法》。首先，完善《商业银行法》对我国国有商业银行进行股份制改革的规定。其次，借鉴巴塞尔银行监管委员会所制定的《利率风险管理原则》，在《商业银行法》中增加有关"商业银行利率风险管理"的内容，完善和健全商业银行的内控机制以及监管制度，着重提高其分析、预测和规范利率风险的能力。[①] 最后，完善商业银行的信息披露制度，要求商业银行定期向金融监管机构提供与利率风险有关的信息，包括银行资产负债表和表外项目的期限与币种分布等。[②]

③修订《中华人民共和国公司法》。对国有企业进行产权制度改革，尽快建立现代企业制度以及与其相适应的法人治理结构。对国有企业进行股份制改革，相关的法人治理结构包括股东大会、董事会、监事会分权制衡的组织制度，以使国有企业与非国有企业一样实行自主经营、自负盈亏，在市场竞争中实现优胜劣汰。

④修订《中华人民共和国证券法》。统一债券市场的监管，引导债券市场健康发展，使其成为利率市场化成功的有效前提。从发行环节、交易环节和托管环节三个方面进行着手，为债券市场的健康有序发展营造良好的市场环境。

第二，金融监管体系的完善。从国际经验来看，利率市场化必然会引起社会经济的波动，我国商业银行自我约束能力不强，利率市场化进程中的金融风险会更加突出。如果金融监管体系不能得到有效完善，作为利率市场化改革中微观经济主体的商业银行在这一过程中会处于十分危险的境

---

① 刘芳：《我国利率市场化改革中的金融风险防范研究》，《当代经济研究》2012 年第 4 期，第 45~50 页。

② 彭捷、谢锋：《BIS 或 OTS：我国利率风险监管的现实选择》，《金融监管》2005 年第 10 期，第 21~22 页。

地。因此，要完善和调整我国金融监管体制，具体包括以下两个方面。

①加强各金融机构之间的协调合作，并逐步过渡到建立集中统一的金融监管体制。客观上来说，我国现行的金融监管体制与金融发展混业化、集团化、全球化发展趋势有一定的差距，与国际金融监管的潮流有一定的背离，改革是必须进行的。从长远来看，我国最后还是需要建立集中统一的金融监管体制来提高监管效率，防范金融系统风险，从而更好地保护金融消费者的合法权益。但是从短期来看，由于金融改革具有复杂性，金融监管体制存在历史路径依赖，我国不宜对当前的金融监管体制作大的改变，要做的是加强监管机构之间金融监管的协调与合作，建立各机构间的信息共享机制和金融稳定的协调机制。

②确立审慎监管原则并以风险监管为主。根据金融业风险大、传染性强、社会影响面广的特点，应贯彻和实施以风险监管为本、审慎监管与合规监管并重的监管新机制，即将以风险为本的监管方式纳入金融监管法中，与传统的合规监管形成一整套强有力的监管体系。政府还可以发布以风险为本的监管指引。因此，我国政府可以对这种监管方式进行专门研究并及早提出适合我国国情的监管指引。监管指引大致包含以下内容：监管的目标与步骤、风险评估和风险控制能力评估标准、违规责任等。

第三，核心配套制度的构建。与利率市场化相配套的核心法律制度主要包括银行破产法律制度、存款保险法律制度和信用法律制度这三方面。国际经验表明，这些核心配套制度的建立对试验区利率市场化的进一步深化是十分有必要的。

①银行破产法律制度构建。根据关于法学的供给需求分析，社会存在法律市场，也存在法律需求。① 一国银行立法需求的现状正是基于一国银行业的危机现状。法律需求是制度需求的一种，银行破产立法基于银行业

---

① 赵万一、吴敏：《我国商业银行破产法律制度构建的反思》，《现代金融》2006 年第 3 期。

的现状，其目的在于通过制度的重新安排来改变银行资源的配置。我国正在进行利率市场化的改革，市场上不确定性因素繁多，会给我国的银行业带来各种各样的危机，银行破产现象是不可避免的。如果破产银行不能得到有效处理，就会影响银行最后的支付清算，一旦破产的银行数量集中，就容易造成银行业系统性危机，从而对我国金融业的稳定造成巨大影响。因此，我国有必要建立有效的银行破产法律制度来稳定金融市场、确保社会秩序以防范金融风险，进而保护存款人的利益。笔者将分两个层次来进行探讨。首先，从立法层面进行探讨。我国要建立有效的银行破产法律制度，就先要完善我国银行破产的立法模式。笔者认为我国不必建立专门的银行破产法来对银行破产进行规定，重新制定一部法律需要花费很长时间，对当下的利率市场化改革不能起到及时的保障的作用。笔者建议对我国立法模式进行改进，即在我国《商业银行法》中单独设立商业银行破产一章来对银行破产的各项制度做出具体详细的规定，使其富有较强的操作性，同时在普通破产法中规定银行破产适用《商业银行法》的规定即可。其次，从制度设计层面进行探讨。设计更加健全的银行破产法律制度，对相关制度加以详细具体的规定。第一，主体制度。明确商业银行破产申请的主体，即哪些人有资格申请银行破产。第二，程序制度。一是商业银行破产确立的条件，明确商业银行在哪种情况下破产成立，如不能清偿到期债务、信用不良等。二是破产清算的程序。另外，还可以将存款保险制度纳入破产清算程序，改善原先支付清算的顺序，保障社会大众的利益。

②存款保险法律制度的构建。存款保险制度的建立是完善我国银行业金融机构市场化退出机制、加强金融监管、防范金融风险的重要举措。结合美国为控制存款保险制度导致的银行道德风险所采取的措施，笔者认为我国存款保险制度可以从以下几方面来进行构建。第一，存款保险制度的构建要覆盖所有存款机构，并对其实施强制性保险措施。第二，设置合理的最高保险赔付限额。例如，规定保险公司只在最高限额内进行全额赔

付，对于超出的部分，存款人仍可以从存款机构清算资产中进行追偿。第三，根据风险差异实行差别化的存款保险费率。[①]

③信用法律制度完善。利率市场化能否在稳定的经济环境中健康发展，其中条件之一就是是否有好的信用法律制度做保障。加快建设企业和个人信用服务体系，建立信用监督和失信惩戒制度，形成以道德为支撑、以产权为基础、以法律为保障的社会信用制度是十分有必要的。首先，建立全国范围内有效的社会信用征信体系。在建立有效的社会信用征信体系的同时，试验区要完善信息的收集、整理、查询、管理等方面的法律法规，还需要建立统一的信息管理部门，避免多头监管带来的高成本、低效率问题。其次，要提高违反诚实信用原则的失信成本。试验区有必要制定单独、明确的失信惩罚法规，而不是将其简单地分散在其他部门法里，同时也要确保执法部门严格执法。当立法与执法完美结合时金融市场的失信行为才有可能得到有效遏制，银行等金融机构才能在利率市场化背景下有规避信用风险的保障。[②]

（四）试验区配套税收政策体系

不同于改革开放早期深圳的"政策洼地"，试验区承载着"改革窗口"的重任，主要着眼于体系制度完善和创新来探索可复制、可推广和可升级的管理经验。当下，依靠政策优惠来吸引外资已难以为继，社会经济的持续稳定发展亟需体制改革和制度创新。在保税区基础上升级的试验区承载着为我国"全面深化改革和扩大开放探索新途径、积累新经验"的历史重任。财税领域涉及诸多利益群体，财税改革的着力点是体现不同

[①]　例如，从目前世界各国（地区）的发展来看，基于风险调整的差别费率模式正逐渐被许多国家（地区）接受。美国、加拿大、法国、瑞典、中国香港、中国台湾等国家和地区已经实施风险差别费率。

[②]　蒋跃伟：《我国利率市场化改革及其风险防范的法律问题研究》，华东政法大学硕士学位论文，2012，第35页。

主体之间的权利义务关系。试验区的制度创新主要体现为通过适度的激励机制和约束体系来调整政府、私人和社会组织之间的关系。也就是说，试验区政府应该摒弃"国家管理"思维，树立"服务"理念，摒弃"家长式管理"，坚持"多中心社会治理"，坚持在金融、财税和投资领域推行制度创新，为试验区市场主体提供财税制度创新激励。

经过 30 多年的发展，中国特色社会主义法律体系已经基本形成。① 回顾建立深圳特区时的"拓荒"情景，法律制度体系极为不完善，制度层面的构建存在诸多问题，如主体不适合、程序不规范等程序性瑕疵，这就必然会导致实质上的问题，如特区当年的税收优惠就导致了区域内差异等。因此，试验区应通盘考虑四大制度创新，包括投资管理制度创新、贸易监管制度创新、金融制度创新以及综合监管制度创新。刘剑文教授认为："上海自贸区的改革不单纯是经济改革，而是包括行政改革、社会改革和法制改革等在内的综合改革，尤其是注重财税制度改革的探索，其根本目标是理顺政府与市场、国家与纳税人、中央与地方之间的关系，进而走向市场经济、法治政府与良性社会"。②

税收既是国家财政收入的主要来源，也是国家实现社会管理和公共服务职能的重要基础，③ 其对于社会经济发展的重要性不言而喻。随着改革逐步迈入深水区，制度创新逐渐取代政策优惠成为改革的主要发力点，而试验区内的税收制度创新更是试验区制度建设的主要组成部分。当下，我国正在积极推进法治建设和"理财治国"，试验区的税收制度构建理应走法治化道路，这也是试验区建设和治理走向现代化的重要基础和支撑。

---

① 2008 年 3 月 8 日，十一届全国人大一次会议第二次全体会议在人民大会堂举行，时任全国人大常委会委员长吴邦国在向大会做的工作报告中宣布："中国特色社会主义法律体系已经基本形成。"
② 刘剑文：《法治财税视野下的上海自贸区改革之展开》，《法学论坛》2014 年 5 月第 3 期，第 89 页。
③ 张守文：《税法原理》，北京大学出版社，1999，第 10 页。

1. 试验区税收政策现状

2013 年试验区的建立开启了我国贸易和投资自由化的序幕，作为影响投资贸易的重要因素，财税制度改革也备受重视。在试验区建立之初，相关部门就开始着手梳理和规范财税制度。根据国发〔2013〕38 号以及〔2013〕75 号文件的规定，试验区税收制度的创新之处主要体现在以下几方面。①统一税收税率，结束"内外有别"的税率差异。侧重制度创新的试验区取消了保税区遗留下来 15% 的企业所得税的税收优惠，凸显了依靠制度创新而不依赖政策优惠实现发展的初衷，实现了税收制度的规范和公平，避免了"政策洼地"。②推出间接减税的税收优惠，重视对企业资金使用权的让渡，而不采取传统降低税基、低税率、税收免除等方式。为有效缓解企业资金压力和个人税负压力，试验区内企业和个人所获得的境外投资收益可以分期缴纳所得税。③制定了推动贸易发展的税收优惠政策。在退税试点范围中加入了融资租赁企业，降低了其税负；为吸引国外飞行器进口，将符合条件的飞机进口纳入了增值税优惠范围；同时为了能够进一步提升"生产型"企业的发展环境，对于其进口的机器和设备实施免费优惠。④为建设国际化金融中心，积极推动境外股权投资和离岸金融业务在试验区的发展，试验区对离岸金融贸易采取较低税率，引导金融贸易快速发展。①

诚如前述，试验区突出了制度创新，强调了以制度引导来实现社会经济发展方式的转变，充分认识到了市场在资源配置中的基础作用。结合《总体方案》和改革整体情况，试验区更加重视金融领域的改革，尤其重视金融制度创新，而对于财税领域的创新支持则略显不足。①延续之前保税区和综合税区的政策，因为试验区是在保税区的基础上成立，两者是自然延续而不是相互取代。因此，主要是对从境外进出区内的货物予以保

① 王婷婷：《中国自贸区税收优惠的法律限度与改革路径》，《现代经济探讨》2014 年第 4 期，第 91 页。

税、对从区内进出境内的货物视同进出口、对区内的货物流转不征收增值税和消费税。②增加了促进贸易和投资的税收优惠政策，① 但规定的用词存在模糊性，如并没有具体明确"紧缺人才"和"高端人才"，容易导致税法适用的不确定性。不同于直接减税，上述减税措施都属于间接减税，通过让渡资金使用权来发挥税收的产业和功能导向作用，避免对税收规则的整体性造成破坏，维护了公平性和一致性。主要着眼于投资和贸易的税收政策也体现了试验区重点探索领域，即通过减轻税负来引导和推动相关企业和人才的引进与发展。③维持了早前的税率，并未对试验区企业的税率做出调整。这符合试验区的"可复制、可推广和可升级"的理念。因为降低税率很难在全国推行，且有违"要制度，不要优惠"的初衷。④试验区没有获得设立免税店的资格，这是由于其免税措施并不针对生活服务型企业，而主要针对生产企业和生产性服务业企业。此外，由于财税法律并不包括在全国人大常委会授权暂停的范围之内，因此现行财税法律的相关制度规定都在试验区内继续有效，同时一些国际税收合作、避免双重征税的协议依旧在试验区内实施。

总体而言，试验区还存在一些与公平和效率相违背的税收政策，如原有保税区内外有别的税率差异仍然存在，主体赋税不公平也依旧存在；原有保税区税收优惠既有中央层面的，也有地方级别的，增加了企业缴税负担；各种繁杂的税收政策造成的"政策洼地"也扩大了地区之间的发展差距；此外，试验区内的税收改革力度偏弱，并没有坊间期盼的"大刀阔斧"式改革。这可能由于试验区建立初期，部门之间组织协调缺失，且利益纷杂，难以在短期内形成有效快速改革方案；同时，试验区处于起

---

① 详见《国务院关于印发中国（上海）自由贸易试验区总体方案的通知》（国发〔2013〕38 号）中的七项政策内容，其中两项与促进投资有关，五项与促进贸易有关：包括资产评估增值分歧缴纳所得税、股权激励分期缴纳所得税、融资租赁出口退税试点和租赁境外购买飞机减征尽快缓解增值税等。

步阶段，一些改革举措可能仍在"摸着石头过河"中探索和酝酿。试验区面临来自国际竞争和国内改革的压力，一方面是 TPP 和 TTIP 造成的贸易转移问题；另一方面是国内以往的经济发展模式已难以为继，深化经济体制改革，充分发挥市场在资源配置中的决定作用已迫在眉睫。试验区正是着眼于破解国际国内两重困境，秉承投资贸易升级和经济发展优化的理念启动实施的。因此，试验区应展现出"敢为天下先"的改革魄力和制度创新勇气。

2. 试验区税收政策制定中存在的问题

毋庸置疑，财税政策对于试验区快速发展意义重大。如何结合试验区的改革背景，积极推进税收制度改革，实现对经济发展的助力作用是学术界和实务界亟待解决的一大问题。同其他政策一样，税收政策的制定、执行是最为重要的两个方面，对此笔者将着重进行分析阐释。

首先，立法主体问题。试验区的税收优惠主要集中在两个层面：一个是促进投资；另一个是促进贸易。由于一些原因，行政机关制定税收优惠政策在我国较为普遍，这也导致了税法效力位阶较低。由于试验区位于上海，很多政策制度的制定自然由上海市地方政府承担：一方面距离试验区地理位置近，熟悉社会经济环境；另一方面上海作为中国经济发达城市，具有探索经济改革的经济实力和基础。但十二届全国人大常委会第四次会议《全国人大常委会关于授权国务院在中国（上海）自由贸易试验区暂时调整有关法律规定的行政审批的决定》将试验区内的相关法律调整权授权给了国务院，并非上海市地方政府。根据《中华人民共和国立法法》（以下简称《立法法》）的相关规定：对于全国人大授予国务院的相关立法权，国务院只能自己行使，不能将该项权力转授予其他机关。① 因此，

---

① 陈少英、吕铖钢：《中国（上海）自由贸易试验区税收法律制度的建设与创新》，《上海商学院学报》2013 年第 14（6）期，第 12 页。

上海市地方政府能否获得试验区税收政策制定权还有待商榷。实践中，笔者提议可由上海市政府提出税收政策草案，报请国务院予以审核批准，最终的税收政策以国务院名义予以下发，避免与《立法法》冲突和税收立法权滥用。

其次，试验区税收政策实施区域问题。根据《总体方案》，试验区中的一个保税区是洋山保税港区，它并不属于上海管辖，而属于浙江省管辖。《国务院关于设立洋山保税区的批复》中提到上海市和浙江省要协调合作，妥善处理好洋山保税港区建设中的各种矛盾和问题，以及涉及财政、税收等地方经济利益分享的问题。① 由于试验区是在原有四个保税区的基础上建立起来的，如何协调好上海市政府和浙江省政府的关系，推动试验区内的四个区域的税收政策规范统一，避免税收政策实施和管辖出现利益纷争是必须予以重视的问题。笔者建议上海市政府和浙江省政府应秉承试验区发展理念，由双方共同成立税收政策制定的小组，对于区域问题和试验区整体问题予以通盘考量，在力争顾及各方利益的基础上，规范实施税收优惠政策。

3. 试验区税收政策优化建议

作为社会经济发展的枢纽，税收在社会经济发展中的作用无庸赘述。对此，党中央和国务院也早已认识到这一问题，并通过相关法律规定规范税收制度。诚如前述，试验区不应仅仅实行税收优惠，还要通过制度创新为财税体制改革积累经验，通过政府职能转变和市场机制完善来推动税收制度发展，进而实现试验区自身建设和管理的提升。笔者认为应该从以下几个方面进行努力。

第一，构建国际化、规范化税制。首先，税收制度改革涉及社会经济

---

① 陈少英、吕铖钢：《中国（上海）自由贸易试验区税收法律制度的建设与创新》，《上海商学院学报》2013 年第 14（6）期，第 12 页。

生活的方方面面，理顺税收体系，完善税收环境，构建国际化、规范化税收制度是试验区税收制度改革探索的基本前提。"营改增"、环境税等一批税收立法正在研究中，试验区可以先行先试，为其全国范围推广积累经验。其次，要看到税收优惠的负面效应，有效识别和控制税收优惠带来的恶性竞争，多考虑依靠法定程序实现费用扣除、税前列支、投资抵免、税额豁免、延期纳税、亏损结转、加速折旧、先征后返等①间接优惠制度的适用，避免因为有害税收优惠造成地区发展差异。最后，试验区内的税收优惠应在国际化背景下进行，促进税收规则的公平和透明，确保纳税人形成对税收规则的稳定预期。

第二，构建法治化税收征管。良好的税收征管环境对于企业投资决策具有吸引作用。市场经济本质是法治经济，通过法律规范税收征管有利于避免公权力和私权力的"不良互动"，实现社会经济发展良性持续有序发展。试验区作为我国改革的桥头堡，理应重视征管环节的优化升级。首先，税务机关应该转变观念，牢固树立"为纳税人服务"的理念，尊重纳税人的权利，在行政服务中，要逐步实现向纳税服务的职能转变。其次，应该重造税收征管模式，改变目前以代扣代缴为主的制度，建立以自行申报为主体、以税务代理为辅助、以税务稽查为保障的新型征管模式。最后，还应稳步推进"信息管税"，建立并完善纳税人识别号、涉税信息共享平台等制度②，提高试验区的税收征管效率。

此外，税收与金融联系紧密，两者既相互制约，又相互促进。作为以金融创新为主要立足点的试验区，应理性加强税法和金融创新之间的关系，避免金融创新导致税法约束上的空白。但试验区内的金融行业创新活

① 刘剑文：《法治财税视野下的上海自贸区改革之展开》，《法学论坛》2014年第3期，第91页。
② 刘剑文：《法治财税视野下的上海自贸区改革之展开》，《法学论坛》2014年第3期，第91页。

力十足，创新活动日新月异，这不仅加剧了金融监管的难度，而且使得现行税法受到挑战和突破。因此，新形势下应加强税收征管权和金融监管权的融合，强化税务机关的金融知识，明确金融创新的法律属性，助推税务机关尽快确定税款的征收范围，同时实现税务机关和金融监管机关共同监管金融市场风险，[①] 维护市场稳定健康发展。

第三，严控税收优惠，坚持优惠法定。如前所述，试验区还缺乏国家层面的法律支持，税收制度的法定性和透明度依然不够。因此，我国应不断加强中央层面立法，先由全国人大或人大常委会授权国务院制定《中华人民共和国自由贸易区暂行条例》，借鉴域外经验，结合我国实践中出现的问题，制定《中华人民共和国自由贸易区法》，其中税收制度可在其下单设章节予以规定。对于税收优惠制度，要从法律上明确予以界定，既要契合试验区税收优惠的统一性和透明性，又要严控税收执法的随意性。这是因为适度的税收优惠可以促进社会经济发展，有助于国家宏观调控。过于复杂的税收优惠不仅破坏了公平的市场竞争，而且随着国际税制日臻完善，税收优惠的调控空间也日趋狭窄。

第四，强化税收监督，推行"阳光税收"。孟德斯鸠曾说："一切有权力者都容易滥用权力，这是万古不易的一条经验。有权力的人民使用权力一直到遇到界限的地方才休止。"[②] 当前税收执法人员素质有待提高，执法语言与语气粗暴、强硬，而在制度上则体现为税收制度的泛滥和税收征收监督的缺失。试验区税务机关可以尝试构建信息化管理体系，强化纳税人管理，推行税收信息化管理；同时细化外部监督，如社会舆论、司法机关和国家权力机关等的监督方式和监督程序，强化制约征税权的法治精神，提高税收监督的效率和力度。

---

① 陈少英、吕铖钢：《中国（上海）自由贸易试验区税收法律制度的建设与创新》，《上海商学院学报》2013 年第 14（6）期，第 13 页。

② 孟德斯鸠：《论法的精神》，张雁深译，商务印书馆，2005，第 184 页。

　　"阳光税收"即"税收透明"，强调税收征收和适用的透明化和阳光化，使公众能够了解税款征收和使用的细节，提升纳税人对税收制度的认知，增强纳税人对税收权力的约束和对自身税收义务的关注。西方发达国家尤为重视税收的透明化和阳光化，甚至将其作为税制评价的"政治标准"。① 试验区可以尝试推行"阳光税收"，实践税收信息公开，这有利于强化纳税人的义务意识，与国际税法管理接轨。

　　第五，推动税收司法改革创新。试验区作为中国对外开放的新大门，必然会遇到很多前所未有的新问题、新矛盾。这时候就需要试验区锐意改革，大胆尝试，努力践行试验区的改革使命。外资企业的税收一直是国际化较强的问题，涉及国际税权，为解决这些问题，笔者建议设置税务法庭，甚至税务法院，这在美国、加拿大等国家都有成功实践的先例。需要提出的是：试验区应该摒弃追求"税务零纠纷"的维稳思维，自觉通过税务复议和诉讼来解决纠纷和化解矛盾，通过一个个案例来提高整个社会的税法遵从度。这就要求突破现有《税收征收管理法》中的"两个前置"② 等不合理规定，让企业可以通过司法途径来解决税务纠纷。同时要注意培育税务中介服务，如税务律师、注册税务师和注册会计师等。试验区作为高度开放的经济发展区，必然会遇到很多高难度的税务问题。构建税务诉讼制度，一方面可以探讨税务制度创新，让司法介入税务纠纷，维护纳税人的合法权益；另一方面也可以有效遏制政府不合理的税务行为，提升政府形象。

　　试验区仅仅配备了一个浦东新区法院的派出法庭，这样可能导致案件

① 〔美〕B. 盖伊彼得斯：《税收政治学——一种比较视角》，郭为桂、黄宁莺译，江苏人民出版社，2008，第5页。
② 我国《税收征收管理法》第88条规定，纳税人与税务机关在纳税上发生争议时，必须先缴纳税款或提供担保，才能提起行政复议，是为"纳税前置"。同时，规定对行政复议不服的，才可依法起诉，是为"复议前置"。"两个前置"实际上剥夺了经济条件不佳的纳税人寻求救济的机会。参见刘剑文、耿颖《建议取消税收征管法中的复议前置条款》，《中国税务报》2013年7月3日。转引自刘剑文《法治财税视野下的上海自贸区改革之展开》，《法学论坛》2014年第3期，第92页。

审理效率低下，影响试验区纠纷解决。可以考虑设立试验区法院，专门处理试验区内的贸易、投资等纠纷。同时其下设税务法庭，配备精通税法和财务知识的法官。为确保司法公正，法官应由上一级人大通过任命。此外，试验区可以借鉴美国成立纳税人小额诉讼制度的经验，及时快速处理小金额税务争议，有效保护纳税人的合法权益。

总之，税务涉及社会经济生活的方方面面，发挥财税制度的关键作用必然要求立法、执法、司法和税法监督全面推进。试验区应抓住此次深化改革的机遇，通过优化税收管理的各个环节，提升税收队伍人员的素质和效率，推动税收制度改革，实现制度创新，为撬动新一轮中国改革提供新角度和出发点。

第三节　我国服务业对外开放现状

2014 年，上海市实现外贸进出口总值 2.87 万亿元，同比增长 4.6%，比全国进出口增速高 2.3 个百分点，是 2010 年以来上海市进出口增速首次反超全国。其中，出口 1.29 万亿元，增长 1.9%；进口 1.58 万亿元，增长 6.9%。根据上海海关的统计数据，上海自贸区在 2014 年实现进出口 7623.8 亿元，同比增长 8.3%，比全市进出口总体增速高出 3.7 个百分点，占全市进出口总值的 26.6%，占比提高 0.9 个百分点，对全市进出口总值增长的贡献度达 46.7%。据统计，上海自贸区成立一年多来，外商投资逐月递增，累计新设外资企业 1784 家。现阶段每月有 190 家左右的外资企业在自贸区注册，自贸区新入驻外资企业已占新入驻企业总数的两成左右。

（一）我国服务业贸易与投资新发展

1. 服务贸易逆差出现持续扩大的趋势。

我国服务贸易长期处于逆差的境地，逆差规模在 2007 年之前始终比较稳定，如图 3 - 1 所示，我国服务贸易逆差在 2007 年之前的变化趋势比较平稳，始终保持在百亿美元以下。2007 年之后逆差出现大幅上升，由 76 亿美元扩大到 2011 年的 549 亿美元，4 年内增长 6.2 倍。2012 年前三季度服务贸易出口 1371 亿美元，较上年同期增长 6.5%；进口 2072 亿美元，较上年同期增长 19.2%；在不考虑第四季度的情况下，服务贸易逆差额已经高达 701 亿美元，比上年同期增长 75.5%，达到历史新高。

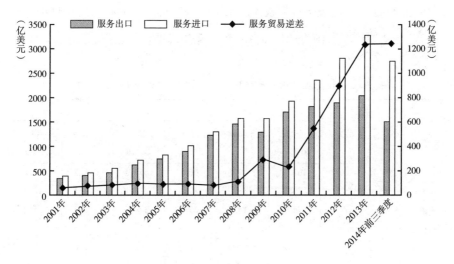

图 3 - 1 我国服务贸易逆差变化趋势（2001 ~ 2014 年前三季度）

数据来源：国家外汇管理局，http：//www.safe.gov.cn/。

从服务贸易的地区分布来看，2011 年贸易进出口额超过百亿美元的省份为上海、北京、广东、江苏、浙江、山东、天津和福建。其中，上海和北京分别以 - 346.4 亿美元和 - 65.4 亿美元成为我国服务贸易逆差最高的地区；而广东和浙江分别以 73.3 亿美元和 53 亿美元成为我国服务贸易顺差最高的地区。

2. 服务贸易出口结构有所改善，生产性服务业竞争力逐步提升

总体而言，我国服务贸易出口主要靠传统服务行业支撑，现代生产性服务部门的比重很小。如表 3 - 3 所示，服务出口以旅游、运输和其他商业

服务等主要利用自然资源的劳动密集型产业为主，三个行业在 2014 年占据了 56.7% 的出口份额。而更具现代意义的技术和知识密集型的通信服务、保险服务、金融服务、咨询、计算机信息和服务、专有权利使用费和特许费等生产性服务部门对出口的贡献很小。对比 2003 年和 2014 年的数据，可以发现专有权利使用费和特许费的出口占比由 0.2% 上升到 0.3%，保险服务由 0.7% 上升到 1.9%，计算机的信息服务由 2.4% 上升到 8.7%，咨询由 4.1% 上升到 21%，服务贸易整体的出口结构在逆差不断扩大的条件下有所改善，主要原因是我国生产性服务业国际竞争力的逐步提高。

表 3 - 3 　我国服务贸易出口结构变化情况（2003 年、2014 年）

项　目 ＼ 年份	2003			2014		
	金额（亿美元）	比上年增长（%）	占比（%）	金额（亿美元）	比上年增长（%）	占比（%）
总　计	463.7	17.8	100.0	1499.5	2.2	100.0
运输	79.1	38.2	17.0	277.9	-2.1	18.5
旅游	174.1	-14.6	37.5	379.0	6.8	25.3
通信服务	6.4	16.1	1.4	12.2	4.6	0.8
建筑服务	12.9	3.5	2.8	91.2	21.0	6.1
保险服务	3.1	49.7	0.7	28.3	0.7	1.9
金融服务	1.5	197.9	0.3	27.7	32.9	1.8
计算机和信息服务	11.0	72.7	2.4	130.5	17.5	8.7
专有权利使用费和特许费	1.1	-19.5	0.2	5.2	-25.2	0.3
咨询	18.8	46.7	4.1	315.3	9.5	21.0
广告、宣传	4.9	30.4	1.0	37.7	11.9	2.5
电影、音像	0.3	12.7	0.1	1.2	32.0	0.1
其他商业服务	150.6	71.8	32.5	193.3	-22.9	12.9

数据来源：商务部《服务贸易统计月报》。

3. 外商直接投资行业结构不合理

如表 3 -4 所示，服务业外商直接投资主要分布在房地产业、批发和零售业、租赁和商务服务业，三个行业在 2012 年占据了 73% 的外商直接投资份额。而更具现代意义的技术和知识密集型的通信、金融业、教育在全部外商直接投资中占比很小。对比 2005 年和 2013 年的数据，可以发现，科学研究、技术服务和地质勘查业的占比由 2.3% 上升到 5.4%，金融业占比由 1.5% 上升到 3.7%。在这些行业中，外资准入的限制逐步被打破，但开放范围和深度都有所限制。而信息传输、计算机服务和软件业的占比由 6.8% 下降到 5.9%，交通运输、仓储和邮政业的占比由 12.2% 下降到 6.1%，这些行业的外商投资环境并没有显著改善，外资进入的限制没有进一步降低。

表 3 - 4　服务业外商直接投资行业分布（2005～2013 年）

单位：%

年　份	2005	2006	2007	2008	2009	2010	2011	2012	2013
交通运输、仓储和邮政业	12.2	10	6.5	7.5	6.6	4.5	5.5	6.4	6.1
信息传输、计算机服务和软件业	6.8	5.4	4.8	7.3	5.8	5	4.6	4.4	5.9
批发和零售业	7	9	8.6	11.7	14	13.2	14.5	17.4	16.5
住宿和餐饮业	3.8	4.2	3.4	2.5	2.2	1.9	1.4	1.2	1.2
金融业	1.5	1.5	0.8	1.5	1.2	2.2	3.3	3.5	3.7
房地产业	36.3	41.3	55.2	49	43.6	48	46.1	43.5	42.2
租赁和商务服务业	25.1	21.2	13	13.3	15.8	14.3	14.4	15.6	14.4
科学研究、技术服务和地质勘查业	2.3	2.5	3	4	4.3	3.9	4.2	4.2	5.4
水利、环境和公共设施管理业	0.9	1	0.9	0.9	1.4	1.8	1.5	1.6	1.5
居民服务和其他服务业	1.7	2.5	2.3	1.5	4.1	4.1	3.2	1.0	2.0
教育	0.1	0.1	0.1	0.1	0	0	0	0	0.1
卫生、社会保障和社会福利业	0.3	0.1	0	0	0.1	0.2	0.1	0.1	0.1
文化、体育和娱乐业	2	1.2	1.5	0.7	0.8	0.9	1.1	1.2	0.9

数据来源：根据《中国统计年鉴》各年数据计算整理。

（二）WTO 下的服务业开放

加入 WTO 极大地促进了我国服务业开放水平的提高，我国政府相继就 149 个服务分部门的 82 个部门做出了约束承诺，承诺比例达 55%。从总体水平上看，中国的承诺水平与转型国家接近，是发展中国家中最高的。在具体承诺方面，从服务提供方式上看，中国对自然人流动和商业存在的限制较为严厉，有超过一半的部门受到约束限制，其余少于一半的部门"不做承诺"。相比而言，对跨境交付与境外消费的限制较为宽松。根据 GATS "国民待遇"原则的精神，要求协定参加方对外国企业适用不低于国内企业水平的相同政策。但基于我国的国情，服务业市场开放的国民待遇问题却存在非常复杂的情况。经济发展的复杂背景导致了在国内不同类型企业、不同类型行业之间存在着广泛的差别化政策措施，这在事实上构成服务业对外开放的巨大障碍，也就是所谓的服务业"玻璃门"和"弹簧门"问题。

对我国服务业开放水平采用 Hoekman 频度分析法对服务业市场的开放情况进行定量分析，从总体上看，我国各服务部门的承诺情况具有较大的差别。环境服务部门的对外开放程度最高，子部门均有不同程度的承诺。在市场准入下商业存在全部做出了有保留的限制，并且其具体内容为"允许外国服务提供者仅限于以合资企业形式从事环境服务，允许外资拥有多数股权"。

分销服务部门的对外开放程度仅次于环境服务部门，市场准入和国民待遇频度指标均列在 12 个服务部门中的第二位，在"无限制承诺"比重上达到 42.5%。该部门对市场准入下的境外消费、商业存在和自然人流动以及国民待遇下的境外消费、自然人流动和商业存在均做出"无限制承诺"或"有保留的承诺"，此外，对市场准入下的商业存在的"有保留承诺"综合运用了"过渡期"、"产品范围"、"地域范围"和"企业形式"等多方面的限制措施。分销服务部门与货物贸易紧密相关，我国货物贸易的迅猛发展将对"分销服务"部门的对外开放水平提出更高的要求。

金融服务和通信服务部门的对外开放程度均属于中等水平，与分销服务部门一样，这两个部门在市场准入下的有保留承诺也综合运用了多种交叉的限制开放措施，所以即使国民待遇下的"无限制承诺"很多，其实际的对外开放程度还是较低的。

建筑及相关工程服务部门的总体对外开放水平较低，该部门对市场准入和国民待遇下的商业存在均做出"有保留的承诺"。其中，市场准入下的商业存在承诺为"仅限于合资企业形式，允许外资拥有多数股权"、"中国加入 WTO 后 3 年内，允许设立外商独资企业。外商独资企业只能承揽四种类型的建筑项目"。其他服务部门的对外开放指数由高到低依次为：教育服务、旅游及旅行相关服务、商务服务、运输服务。相比之下，娱乐、文化及体育、健康及相关社会服务和其他服务部门对外开放程度较高。

（三）CEPA 和 ECFA 下的服务业开放

2004 年 1 月 1 日，《内地与香港关于建立更紧密经贸关系的安排》（以下简称 CEPA）的正式实施使内地与香港的合作进入了一个新的阶段。随着 CEPA 各项政策安排的落实，其促进内地与香港服务业合作及双边服务贸易发展的制度性作用逐步显现。近年来，内地已在 38 个服务领域向香港提供了单边准入优惠，越来越多的香港服务业者便利地进入内地，香港本身的区域性运输和仓储服务功能也由此获得进一步发挥。根据 2003年 6 月签署的 CEPA、2003 年 9 月签署的 CEPA 附件和 2003～2012 年逐年签署的 9 个补充协议，内地在法律、会计、医疗、视听、建筑、分销、金融、运输、旅游、会展和个体工商业 11 个领域对香港的服务及服务提供者渐次加深开放程度并逐步放宽市场准入条件。法律服务方面，CEPA 及其补充协议放宽了律师个人执业限制并准许事务所参与或独立在内地投资兴业。在分销服务业方面，香港服务提供者对图书、报纸、杂志、药品、农药、农膜、成品油、化肥、粮食、食糖、棉花等零售行业投资条件和出资比例不断放宽。在金融服务业方面，持续扩大开放银行、证券等核心业务，开展全方位金融合作。值得一提的是，CEPA 在金融服务领域实现了双向有条件准入，其补充协议二允许符合条件的内地创新试点类证券公司在港设立分支机构，允许符合条件的内地期货公司在港经营期货业务；补充协议四提出积极支持内地银行赴港开设分支机构；补充协议六允许符合条件的经中国证监会批准的内地证券公司在港设立分支机构；补充协议七允许符合条件的内地期货公司在港设立子公司。

2010 年 6 月 29 日，海峡两岸关系协会与海岸交流基金会领导人正式签署《海峡两岸经济合作框架协议》（简称 ECFA）。为尽快推动两岸服务贸易的发展，ECFA 以"服务贸易早期收获计划"的方式率先对两岸在附件四中所列部门的服务启动市场准入，并进一步通过附件五对服务贸易提供者加以具体界定，防止其他国家的服务提供者搭便车，从而确保优惠措施落实在两岸合格的服务提供者身上。早期收获计划中，大陆将开放 11 个部门，台湾开放 9 个部门。大陆在金融服务和计算机、研发服务、医疗服务等非金融服务方面都给予了台湾更加便利的市场准入。在金融服务领域，只要台湾银行在大陆营业两年以上并赢利一年以上就可以从事人民币业务，这与 CEPA 下给予香港的待遇是一样的。同时，大陆将以前从未对WTO 成员开放的其他商业服务项下的"研究和开发服务"向台湾打开了大门，并且又对"与健康相关的服务和社会服务"部门下的"医院服务"第一次做出开放的承诺。此外，ECFA 涉及的绝大多数非金融服务部门都允许台湾服务提供者在大陆建立全资企业，这显然又优于 WTO 成员所享受的待遇，后者只能建立合资企业。

（四）FTA 协定下的服务业开放

目前，中国与东盟、巴基斯坦、智利、新西兰、新加坡、秘鲁、哥斯达黎加、中国香港、中国澳门、中国台湾签署的区域贸易安排均涵盖服务贸易内容。

从 2007 年我国与东盟签订《服务贸易协议》到目前，中国与东盟之间服务贸易总额增长了 100 多亿美元。2010 年 1 月 1 日，中国－东盟自由贸易区正式成立，成为发展中国家间最大的自贸区，中国对东盟国家93％产品的贸易关税降至最低。东盟与中国的贸易量也于同年超过日本，成为中国第三大贸易合作伙伴。为了促进双边服务贸易进一步开放，在2011年召开的中国－东盟领导人峰会上，双方签署了《关于实施中国－东盟自贸区〈服务贸易协议〉第二批具体承诺的议定书》，在第一批具体承诺基础上又进行了更新和调整，并对服务业开放部门做出更加细致的安排。中巴双方就服务贸易协定内容和服务部门等开放问题于2008年12月全部达成一致。双方都在WTO承诺的基础上，对有关部门做出了进一步开放，同时也开放了一些新的部门。中国和智利签订自由贸易区协定后，双边贸易往来更加密切，2007年双方的贸易额为147亿美元，增长率比开展自由贸易前提高了45％，双边的贸易额比预期提前突破"百亿"美元。两国于2008年又签署了《中智自贸区服务贸易协定》，协定包括正文22项条款和两个附件。协定规定在WTO承诺基础上，我国的计算机、管理咨询、环境等23个部门和分部门，以及智利的法律、建筑设计、工程、计算机、研发、房地产、广告、管理咨询、采矿、制造业、租赁、分销、教育、环境、旅游、体育、空运等37个部门和分部门进一步向对方开放。同时我国与新加坡、秘鲁等国家也签订了自由贸易协定，协定的实施均推动了双边开放服务市场，增进优势互补，改善投资环境，提升国际竞争力，进一步加强了双边合作关系。

第四节　我国服务业进一步开放的问题与挑战

（一）服务业开放的体制和机制壁垒难以突破

制度壁垒是我国服务业进一步开放的最大阻碍，特别是在对服务业开放的监管中存在多头管理的问题：商务部门管市场准入，行业部门有行业前置审批权，消防、土地、环评等部门也涉及前置审批。这导致服务业开放的管理体制机制不顺，多头管理、分割管理，同时重审批、轻监管。

以 CEPA 为例，虽然框架下开放的领域达 50 个，但具体到每个领域，都或多或少存在着行业准入门槛。一些措施虽然在 CEPA 中已经明确，但缺乏实施细则。例如，CEPA 9 规定"允许香港服务提供者以独资、合资或合作形式在内地设立经营性培训机构"，但教育部门认为国家没有具体操作办法，无法审批，使该项目至今未能落地，目前我国教育部门仍在执行 20 世纪 90 年代出台的《中外合作办学条例》，对香港参照此文件执行，CEPA 出台后，也未更新相关政策文件；一些措施审批权限不明确，行业管理部门的上下级之间相互推诿，造成事实上的进入障碍；一些措施的准入门槛对内外资区别依然较大，限制了外资进入；等等。此外，市场调研、技术检验和分析、建筑物清洁、摄影、笔译和口译、环境、社会服务、旅游、文化娱乐、体育、航空运输、商标代理等 12 个领域并没有具体项目落地。

从审批流程来看，在 CEPA 框架下，行业审批按最终审批部门的不同可划分为三类。第一类行业由国家商务部门审批，包括广告服务、建筑专业服务、物流服务、旅游及相关服务等。这类行业需要先报地方外经贸（或商务）主管部门，由相关行业主管部门进行前置审批，再经商务主管部门审批。可见，这类行业的审批程序最为复杂。第二类行业需由相关的国家部委、机构审批，包括法律服务、保险服务、证券服务、金融服务、会计审计簿记服务等。第三类行业需经地方相关行政主管部门审批，包括会展服务、仓储服务、管理咨询服务和房地产服务，这类服务的审批最为简单。无论前置审批，还是行业主管部门审批，都在一定程度上制约了CEPA 下投资的便利性。此外，审批管理普遍存在时间较长的问题。如设立独资医院的申请，根据文件规定的程序，从地方申报到审批需 180 天，实际上远高于此时间。同时，由于审批流程复杂，且规则的透明度不高，外商很难掌握相关流程，致使一些项目落地存在困难。

（二）开放不足与过度开放并存

关于服务业开放水平的问题，我国目前依然存在严重的分歧：一方面，某些服务行业开放不足，国际竞争力偏弱，存在严重的贸易与产业发展扭曲；另一方面，某些服务行业过度开放，相关法规缺乏法律约束力，监管不足。在思想层面上，我国关于服务业开放的走向还不够明晰。在具体行业层面上，开放不足与过度开放并存的现实对服务业进一步开放的贸易政策和产业政策协调提出了新的挑战。

目前，就我国具体的服务行业来看，在金融服务、专业服务、医疗服务、计算机与信息服务等领域，对外资存在较大限制，尤其是电信、金融、教育培训、医疗保健等行业对外开放程度低，市场垄断现象较为突出。以金融业为例，国家对其市场准入限制还较多，银行业允许外资单一股东持股比例不超过20%，全部外资股东持股比例不超过25%；证券公司外资持股比例不超过1/3，2012年证监会对此进行了修订，外资持股比例调整为不超过49%；寿险公司外资持股比例不超过50%。尽管上海自贸区在金融业开放上有所突破，鼓励符合条件的外资金融机构设立外资银行，鼓励符合条件的民营资本与外资金融机构共同设立中外合资银行，但由于条文比较原则化，没有具体的设立标准，实际操作起来还有不少难度。

政府层面普遍认为商业服务业属于过度开放的行业，以上海为例，外资企业数量远超过北京、广州等城市，集聚了国内外商贸企业总部和企业运营管理中心、品牌运营中心、资金结算中心、物流中心、分拨中心、销售中心和采购中心等，还成为众多国际高端商品和服务品牌的中国地区总部或亚太地区总部。2012年，上海商业引进外资合同项目2244项，合同外资金额 51.6 亿美元，全年批发零售业使用外资 24.0 亿美元，占第三产业实际外资的近 10%。上海商业服务业的过度开放主要表现为外资大型商业企业控制流通渠道，导致中国企业只能成为商业服务业跨国公司全球产业链中的最低端环节。而在监管方面，我国目前存在相关法律法规的缺失，没有对行业开放进行必要的规范。

（三）如何将开放与监管相结合

后危机时代，世界经济多极化和全球化仍是主流趋势，随着世界经济重心东移，我国必须加快转变外贸增长方式，创新利用外资方式，从而在保持经济又好又快发展的基础上，释放国际影响力，提高国际竞争力。因此，坚定不移地实现对外开放的基本国策，更进一步对外开放，在更大范围内、更宽领域和更深层次上，扩大开放程度，提高开放型经济发展水平，依托自由贸易区的建设和发展，努力推进经济发展方式转变，大力发展现代服务业，是中国未来经济发展的必然选择。在不断深化开放的过程中处理好监管问题是服务业进一步开放面临的首要难题，上海自贸区提出了"一线放开，二线管住"的解决方案。

"一线放开"，是为了通过对外开放来倒逼各级政府的管理机制，从而打破过去遗留的、靠自身难以打破的垄断格局和行政管制壁垒。"二线管住"，就是要确保这一轮改革必须符合中国经济健康发展需要，将任何危及"国家安全、金融稳定、社会安宁"的威胁牢牢地挡在国门之外。上海市人民政府已经根据《总体方案》制定了《中国（上海）自由贸易试验区管理办法》，规定了上海自贸区的基本管理制度。主要包括：上海自贸区管委会新的体制以及统筹管理、协调上海自贸区有关行政事务的职责；上海自贸区综合执法体制；外商投资负面清单管理模式；货物状态分类监管模式；海关和检验检疫监管服务便利化措施；金融创新和风险防范机制，管理信息公开机制，一口受理机制，安全审查与反垄断审查机制，监管信息共享机制，等等。这为自贸区日常监管提供了制度保障。

（四）如何将多边开放与区域开放相结合

金融危机后，世界的贸易和投资规则加速重构，并且重构的速度和力度超过预期。美国相继发起 TPP、TTIP 和 PSA（复边服务贸易协定）。这三个双边和多边贸易谈判，未来将有可能取代 WTO 规则，成为世界主流贸易和投资框架。相比 WTO，这三个谈判更侧重于投资便利化、外资国民待遇化、降低投资壁垒等。中日韩 FTA 等区域自由贸易协定推动了我国服务业的区域开放进程。新的国际背景呼唤建立自由贸易试验区，抓住全球贸易与投资体制重构的窗口期。一方面是新的国际贸易秩序加速形成，另一方面，传统的 WTO 多边贸易体系经过这些年发展，局限性日益突出。

上海自贸区的设立就是要先行试验国际经贸新规则、新标准，积累新形势下参与双边、多边、区域合作的经验，从而为我国参与新国际经贸规则的制定提供有力支撑。而自贸区初期的侧重点也主要集中在政府权力收缩、投资领域放宽、贸易便利化等方面。

（五）如何将协议开放与自主开放相结合

我国服务业发展目前面临转型发展，自主开放的内在动力是通过开放来提升服务业国际竞争力，构建新的服务贸易结构。如何以开放倒逼改革，逐步建立"以准入后监督为主，准入前负面清单方式许可管理为辅"的投资准入管理体制是自主开放的核心问题。现有体制中最难改革的就是审批制度，进一步改革的目的就是终结审批制，要按照国际规范来突破这一难点。

中美双边投资协定是近期正在进行中的服务业协议开放谈判。我国对美谈判的一个重要意义在于，通过对美以及随后的对欧谈判，提出自己的一些有关国际投资体制的主张，从而在正在形成的国际投资体制中掌握一定的话语权。同时，以协议开放方式促进服务业自主开放对我国意义更大。因此，要将协议开放与自主开放相结合，根据我国经济自身发展的情况逐步提高承诺水平，进而提高服务业开放水平。

（六）如何将全面扩大深化开放与重点领域开放相结合

我国一方面要通过继续参与多边或区域贸易谈判，深化服务业对外开放承诺，逐步减少国民待遇限制，提升本国服务业市场竞争程度；另一方面应主动改善有关的国内规制，增强政策透明度，重点依靠国内规制体现和落实行业差别政策，维护行业市场的有序竞争与发展。

在全面扩大深化开放的基础上，我国应着重在金融服务、航运服务、商贸服务、专业服务、文化服务等重点行业加快开放步伐。特别是金融、航运、商贸行业可以相互促进、联动发展，并且在此过程中，通过以开放促改革，推进服务业实现更高层次、更宽领域、更全方位的开放。长三角地区过去主要通过产业转移进行联结的"雁阵模式"，也将相应升级至中心城市辐射外围城市，以及先行先试地区创新示范与推广的更高版本。上海自贸区试点建设，符合服务业全面扩大深化开放与重点领域开放相结合的要求，有助于推动完善全国一体的开放型经济体制。

第五节　我国服务业进一步开放的重点部门

我国在《服务贸易发展"十二五"规划纲要》中明确提出了服务贸易发展的重点领域，主要包括旅游、信息技术、建筑、运输、金融、教育、商业等服务部门。而我国近期在区域服务贸易安排中做出"扩展承诺"的部门主要为商业、医疗、运输和文娱体育等部门，做出"深化承诺"的部门为商业、环境、分销和运输四个部门。

（一）我国服务业进一步开放的原则

根据我国服务业发展阶段，进一步开放的重点部门应该符合两个条件。

（1）与货物贸易相关的生产性服务业先开放。金融、航运、商业等生产性服务行业与货物贸易紧密相关，在产业链中处于制造业的上下游。在一个高端现代服务业平台上，信息技术服务业等智力要素密集、产业关联带动效应强的功能型和知识型服务业要率先开放，这样才能着力打造一批各具特色的现代服务业。而生产性服务行业通过强化资本、劳动和技术等要素的积累，实现资源在不同产业间的重新配置，进而降低生产成本，提升生产效率，加快技术进步，有利于推动产业结构的优化调整，提高整体贸易结构。

（2）体现开放倒逼改革的行业先开放。处于改革深水区的服务行业需要通过开放来推动改革，如医疗服务业。引入外资机构一方面能让国内企业借鉴和学习优秀外企的经验和做法，有助于改变现有状态；另一方面引入竞争机制，对于推动我国医疗体制改革也将起到正面作用。

（二）服务业开放的重点行业

1. 通信服务业

"入世"后外国电信运营商的进入并没有对我国电信业形成较大的冲击，我国电信业贸易仍然不稳定，服务质量没有明显提高，尤其是国际竞争力不足，严重制约了我国电信业服务贸易的发展。更为重要的是，在世界经济一体化的过程中，全球价值链分工在服务业进一步扩展，全球产业结构的调整随着先进技术在国际间的扩散而推进，通信服务业开放有助于技术在其他关联行业的扩散。

2. 海运服务业

海运服务业是发达国家普遍有限制开放的行业部门，我国对海运服务业的开放力度在发展中国家中是最大的。目前，海运服务业开放的焦点是捎带运输。捎带运输是指一家公司使用其自有船只将货物从中国运载到海外目的地时，在中国港口将货物从该公司的一艘船转移到同属该公司所有的另一艘船上的做法。目前，我国禁止国外海运公司在国内港口进行货物的转船操作。就捎带运输本身而言，它的灵活性使航线网络得以优化，从而降低运输成本，同时提高港口的利用效率。在这一点上，美国和欧盟各港口之间自由运输集装箱的业务为各个港口增加了可观的收入并促进了相关服务业的发展。因此，捎带运输业务是我国海运服务业进一步开放的重点。

3. 航空运输服务业

航空运输服务业本身是发达国家重点限制或者禁止开放的行业，但与航空运输密切相关的二级服务行业是可以进一步开放的部门。我国目前在民航业计算机订座系统领域依然存在大量机制上的进入壁垒，2012 年颁布的《外国航空运输企业在中国境内指定的销售代理直接进入和使用外国计算机订座系统许可管理暂行规定》试图打破市场垄断，但相关政策依然难以落地。比如，目前计算机订座系统行程单打印系统的认证和授权制度，以及与国内旅行社签订的长期排他性协议，实际上阻止了国际计算机订座系统提供商进入中国民航业计算机订座系统市场的外航航段业务。在不影响航空运输安全的条件下，航空外围服务市场的开放有利于引入适度竞争，提高民用航空服务质量，是我国航空运输服务业下一步开放的重点。

4. 医疗服务业

目前，外资进入中国建立医疗机构通常采用三种形式：合作经营医疗机构、参股建设新的医疗设施、参股现有的医疗机构。加快医疗服务开放的步伐意味着外资加快流入，医疗服务市场的服务主体将呈现多元化的趋势。对于原有的服务主体而言，外资的进入必然会提高市场竞争的程度，对国内医疗机构造成竞争压力。然而，更为重要的是医疗市场开放会带来新的服务思想和先进技术，促进国内医疗服务机构不断提高医疗服务水平。此外，医疗服务系统可以利用国内国际资源，弥补我国医疗资源不足的现状，提供更加多元化和多层次化的医疗服务，更好地满足人民群众对医疗服务消费的需求。

第六节　上海自贸区服务业开放战略措施

（一）"负面清单"和"准入前国民待遇"对上海自贸区的挑战

首先，要准确理解"准入前国民待遇"。如果说建立上海自贸区是我国改革外商投资管理体制工作迈出的实质性一步，那么，制度改革的关键在于理顺"准入前国民待遇"涉及的工作重点，为内外资竞争搭建公平和透明的平台。目前，国内外对国民待遇的理解并不相同，国内普遍的观点是"准入前国民待遇"就是减少外资审批手续，这与国际标准相差甚远。"准入前国民待遇"的关键点是在外资企业建立和运营之前就被作为本国投资者来对待，而"本国投资者"在发达国家进入一个服务行业的壁垒要小于我国，也就是说，我国目前对内还没有实现有效开放，私人资本投资服务业的自由化和便利化远低于发达国家。因此，"准入前国民待遇"不能等同于商事制度改革，上海自贸区要着重推进对内对外全方位开放，促进开放条件下竞争规则的建立和完善。

其次，尽快提高负面清单制定技巧。第一，在美国 BIT 协定非常宽泛的投资定义下，随时可能出现新产业以及新的投资和金融创新，如果事先没有列入否定清单，一旦承诺，今后很有可能出现监管漏洞，为此，要提升负面清单的制定技巧，避免此类风险。第二，对于国内行业标准和行业规制能够限制外资进入的优势行业，就不必出现在负面清单列表中。第三，需要适度保护的重点行业可以采用间接措施，比如行业技术条例等。以此缩短负面清单的长度。

最后，尽快推动政府职能转变和行政管理能力提升。我国的开放必须要与国内的配套改革结合在一起才能发生实效。"准入前国民待遇"和"负面清单"开放模式要求政府最大限度地放弃审批职能、强化服务和运行监测职能。在我国服务业发展水平相对落后，各行业法律法规和技术标准还不够健全的条件下，上海自贸区行政当局要"放开一线，管住二线"，变事前审批为事后监管，这对政府发展经济、管理经济是极大的能力考验。

（二）上海自贸区服务业进一步开放的措施建议

1. 坚持对内对外统一开放

实现对内开放是建立国际化"国民待遇"的重要前提，只有实现对内开放才能在市场化竞争中积累经验，逐步建立市场化竞争规则，并进一步向外资提供"准入前国民待遇"的各种体制保障。但相比服务业的对外开放，我国服务业对内开放程度一直比较低。而服务业不能为开放而开放，其开放的最终目的是提升本国服务产业的国际竞争力。因此，服务业应始终坚持对外对内统一开放。即要按照《国务院关于加快发展服务业的若干意见》（国发〔2007〕7 号）所规定的"凡是法律法规没有明令禁入的服务业领域，都要向社会资本开放；凡是向外资开放的领域，都要向内资开放"原则处理。而上海自贸区作为新一轮服务业开放的试验区和排头兵更应该坚持对内对外统一开放的原则，让民营企业能和外资站在同一起跑线上公平竞争，培育本国企业主体。

2. 实现服务业开放的"条块结合"

从服务产品的要素构成来看，知识、技术等可变要素在最终服务产品中所占的比重不断上升，而资本、自然资源等固定要素的比重不断下降。这一特点使服务产品本身相对于实物产品具有更高的技术外溢性（Jeffrey R.，2006）。从服务的生产过程来看，生产与消费是同时发生的，但由于服务产品本身的无形性以及传输技术的不断发展，服务的生产与消费在时间与空间上逐渐可以分离。因此，不同于制造业，服务业开放的产业和区域关联性更强，如物流、运输等行业。28平方公里的面积对于服务业开放试点是显然不够的，部分重点行业试验一旦成功，必须立刻向浦东新区、上海市、长三角地区、长江流域等更大范围扩展。在区内经济整体被限制在自贸区范围内的条件下，迅速形成某些行业突破自贸区物理维度限制，与其他地区和行业联动发展的"条块结合"新模式。

3. 进一步放宽自然人流动限制

加入WTO的承诺中，我国对于四种服务贸易提供模式的承诺存在差异，在市场准入方面，境外消费承诺最高，跨境交付其次，商业存在和自然人流动均受到严格的限制和管理。上海自贸区的建立从某种意义上来说，是打破商业存在限制的一种尝试和努力，相应的配套措施中非常关键的一条是进一步放宽自然人流动的限制。其他国家自由贸易区的发展经验表明，自然人流动不但有利于服务业发展，更有利于提高整体经济的活力。比如，目前有超过120个国家的各个层次的居民在迪拜生活和工作，他们为迪拜经济发展做出了重要贡献。上海在国际化大都市的发展过程中还要以自贸区为突破口，进一步扩大自然人流动的范围，减少相关限制，为经济发展提供智力支持和保障。

4. 及时总结上海自贸区实践经验，提升我国在贸易和投资协定谈判中的协商水平

当前，我国在多边、区域和双边谈判中的出价与要价存在盲目性，对

我国服务业国际竞争力、开放承受力和发展潜力认识不清，对我国政府在服务业运行过程中的监管能力和水平认识不够，导致我国难以在协定开放中确定最优的要价和出价安排。通过建立上海自贸区，对协定中尚未触及的行业和领域先行开放，开展"准入前国民待遇"和"负面清单"等方面的开放试验，同时，对我国竞争力不足的敏感行业先行开放，积累服务业开放的监管手段和经验，为今后通过多边、区域或双边谈判，进行更具约束性的开放创造条件，使我国在今后的协定开放中更具主动性，做到对有关开放承诺对国内产业发展的影响及行政体制的改革效果心中有数，不致盲目开放。对于 FTZ 等自主开放中试验成功的做法应通过 FTA 协定等推广到全国，并换取对方国家的对等开放。对于 FTZ 等自主开放中试验不成功的做法，应在 FTA 协定等谈判中避免触及，坚守我国核心经济利益。

（三）上海自贸区服务业进一步开放可以重点突破的行业

上海自贸区改革是管理模式和开放途径的创新，对服务业开放意义重大，特别是以往难以实现实质性进展的关键性服务行业，上海自贸区无疑是一块宝贵的试验田，利用这一平台可以在未来实现重点突破的服务行业包括以下几个行业。

1. 运输服务业

长期以来，上海在国际航运中心的建设方面，虽然货物吞吐量较高，但与世界著名的国际航运中心相比仍有不小差距，尤其是在航运服务领域，如船务经纪、船舶分级与登记、船舶融资和租赁、海上保险、船舶交易、海事仲裁等方面。根据《上海市加快国际航运中心建设"十二五"规划》，到 2015 年，上海要具备国际航运中心核心功能，实现航运要素和资源集聚，港口、机场吞吐量继续位居世界前列，航运服务体系基本建成，国际航运综合试验区建设取得新突破。而《总体方案》指出，要提升国际航运服务能力，积极发展航运金融、国际船舶运输、管理和国际航运经纪等产业，推动中转集拼业务发展，先行先试外贸进出口集装箱在国内沿海港口和上海港之间的沿海捎带业务。

随着上海自贸区的建立，上海建设国际航运中心的目标将显著加快推进。相关配套服务业需求的增长，使得新形态的、更高层次的物流管理服务将显著增加，有利于企业的发展壮大。但国外优秀的跨国物流服务商也将充分与国内物流企业竞争，目前国内物流企业全球化服务的能力相对较弱，物流企业将面临巨大挑战。物流业可以通过"条块结合"的方式打破自贸区的地理限制，通过长江经济的支持将挑战转化为机遇。上海港能保持全球最大集装箱海港的地位，主要是靠长江经济带的支撑。上海自贸区将是中国最大的物流特区，其发展会直接影响长江经济带的物流业发展。注册在上海自贸区内的物流企业可以突破物理维度的限制，将提供服务的范围扩大到长江流域，甚至是整个内陆运输网络。如果将上海港的区位、人才和资金优势与长江经济带的内陆运输网络相结合，就一定可以助推我国物流业快速发展。

2. 电信业

在基础服务方面，2013 年 5 月，工信部就国内私营企业参与电信转售业务试点方案发布了最终细则。这些细则提议，在为期两年的试点方案中，应允许国内私营企业在中国开展移动虚拟网络运营商服务，同时，允许在境外股市上市的国内公司参与试点方案，但外资企业仍被禁止直接参与试点方案。实际上，在 2004～2013 年间，我国基础电信市场仍然由国内运营商主导，而未向国际运营商开放。一方面，应该尽快评估国内运营商的国际竞争力，适度保护不可能是无限期的；另一方面，长期的垄断不利于产业发展和企业竞争力的提升。可以利用建立上海自贸区的有利契机，加快制定安全可控的移动虚拟网络运营商政策，以便有更多运营商可以在国内市场提供移动服务。

在增值电信业务方面，我国自加入 WTO 以来，在开放电信业务方面始终保持谨慎态度，信息与通信技术领域的外资企业在增值服务市场的市场准入受到限制。增值服务许可证的申请流程较为复杂，而且地方具体做法受到许多法规的限制：比如，外国企业只能以设置合资公司的方式进入增值电信业务，且持股比例不能超过49%。利用此次自贸区的改革，在一定范围内扩大增值电信业务对外国企业的开放程度，扩展增值服务目录的覆盖范围，在监管能力充分的条件下，允许在出现新技术时向该目录添加新服务，允许外国企业在自贸区内设置增值电信企业，经营全国性的一些增值电信业务。让外资进入市场可以为国内市场带来更好的、动态的信息与通信技术解决方案。鼓励国内企业通过与外资企业的合作关系，接触前沿的技术，并与国际市场参与者建立合作关系，从而实现业务的全球扩张。

3. 航空运输服务业

上海作为国际化金融贸易中心，自身所具有的区位优势和地缘优势为其发展民用航空运输业提供了重要的条件。世界各主要自由贸易区无不同时成为航空运输周转中心，上海可以利用试验区所提供的发展空间，积极推动国际航空港建设，实现民用航空运输业的跨越式发展，与新加坡、迪拜等共同跻身世界级航空枢纽的行列。虽然航空运输服务本身是发达国家重点限制或者禁止开放的行业，但上海可以通过突破外围的民航业计算机订座系统业务推动民用航空服务的开放。相关部门配套措施包括：增加中国空域的入口点和出口点，通过民用空域和军用空域的灵活共用，扩大民用航空的可用航路网络等。上海应在此基础上实现机场、终端和订票系统费用对所有国内和外国航空公司一视同仁，构建公平、透明的竞争环境，建立国内外民航运输串联网络，着力推动上海成为国际化民航运输中转港。

4. 教育服务

我国长期以来对教育行业的开放持保守态度，上海试验区留给教育投资的空间短期内会比较狭窄。近年来，有不少教育人士呼吁设立教改特区，教育改革走在全国前列的上海，如果能发挥好试验区的作用，打破教育开放的诸多限制，在中外合作模式之外探索直接办分校模式，将是对教育改革的重大突破，会加快我国高等教育融入世界高等教育竞争的进程，也推动我国教育市场竞争机制建设。由于教育服务是涉及意识形态领域的敏感行业，其开放过程必将在探索中逐步前行，而试验区的建立暂时对我国现有教育行业格局不会产生重大影响。上海可以利用试验区建立的契机，以合作办学为突破口，打破教育服务市场的垄断，将试验成功的办学模式尽快向全国推广，增加高水平教育服务资源的供给。这不但可以提高人民群众的教育福利水平，而且可以改善教育资源区域分布不均的矛盾，对解决区域发展失衡将会发挥重要作用。对教育行业的监管问题则可以采取部门发放课程牌照的方式，在改革的开始阶段对学校的教学体系提出标准化的要求，满足要求的外资可以进入并逐步扩大办学范围，逐步将牌照管理转化为事后审查管理的模式。

5. 医疗服务

加快医疗服务开放的步伐意味着外资加快流入，医疗服务市场的服务主体将呈现多元化的趋势。医疗市场开放会带来新的服务思想和先进技术，促进国内医疗服务机构不断自我完善，提高医疗服务水平。可以说，试验区为中国医疗机构多元化体系的建设提供了新的机遇，关键在于以试验区为突破口，迅速将外资医院的运营模式向全国推广，建立医疗市场的透明政策环境。医疗服务业不涉及意识形态领域，竞争的引入有利于利用国内国际资源，弥补我国医疗资源不足的现状，提供更加多元化和多层次化的医疗服务，更好地满足人民群众对医疗服务消费的需求。因此，对医疗服务领域的限制应逐步放开，降低持股比例限制。由于医疗行业具有较高的技术性和专业性，必须由医疗管理部门设置统一、透明的技术水平标准，对符合技术要求的内外资医院一视同仁、统一监管。

6. 零售业

　　试验区在服务贸易和投资领域全面开放，区域经济活力增强，商旅活动将更加频繁，也将带动区域零售、住宿、餐饮和购物等旅游相关产业的发展。试验区将驱动上海加快拓展免退税市场。若接下来上海试验区范围扩大至全市，则区域零售行业有望直接受益。区域内税收优势将使商品价格具备竞争优势，有助于拉动区域内商品销售，来沪消费人数规模有望增加，为内外资零售业企业提供更广阔的竞争空间。

第 四 章

中国（上海）自由贸易试验区
金融改革评估及对策分析

第一节　金融改革创新框架

《总体方案》对深化金融领域的开放创新提出的要求和措施包括两个方面，第一是加快金融制度创新，第二是增强金融服务功能，旨在深化金融制度改革，扩大金融服务业开放，促进金融服务实体经济。

（一）深化金融改革创新

1. 金融制度改革创新的内容

《总体方案》对金融制度创新的目标和措施提出了纲领性的要求，即通过推进人民币资本项目可兑换、人民币跨境使用、利率市场化和外汇管理体制创新等，促进投资贸易便利化，服务实体经济。围绕这几个方面，央行提出了《关于金融支持中国（上海）自由贸易试验区建设的意见》（以下简称《央行意见》）。上海自贸区金融制度创新内容见表4－1。

不论是《总体方案》还是《央行意见》都提到，自贸区金融制度改革创新的目的不是为了创新而创新，而是服务实体经济，为进一步改革开放探路，服务全国，为金融改革提供可供借鉴与复制的经验。金融改革不

表 4 - 1　上海自贸区金融制度创新内容

《总体方案》	《央行意见》	
目标：加快探索资本项目可兑换和金融服务业全面开放，建成具有国际水准的投资贸易便利、货币兑换自由的自由贸易区，服务全国 具体措施：推动人民币资本项目可兑换、人民币跨境使用、利率市场化先行先试，创新外汇管理体制，形成自贸区金融改革与上海国际金融中心建设联动机制	总体原则 3 条	服务实体经济，资本项目可兑换、人民币跨境使用、利率市场化、外汇管理先行先试，成熟一项推动一项
	投融资汇兑便利（涉及资本项目开放）5 条	企业跨境直接投资便利化、个人跨境（包括证券）投资便利、开放在资本市场（证券期货、国际金融资产交易）
	扩大人民币跨境使用 4 条	包括跨境人民币结算的展业三原则、境外人民币借款、第三方支付机构跨境电子商务结算、双向人民币资金池
	推进利率市场化 4 条	自由贸易账户利率监测、外币存款利率、大额存单等内容
	深化外汇管理改革 5 条	主要内容包括发展总部经济、简化直接投资外汇登记手续、境内外租赁业务、完善结售汇、取消向境外支付担保费的核准手续
	自由贸易账户 4 条、风险监测管理 6 条	关于自由贸易账户的设立、业务、资金划转等；关于金融风险的监测与管理

是一蹴而就的，而是循序渐进的，体现在政策文件里的要求就是"成熟一项，推动一项"。改革内容主要涉及利率市场化、资本项目开放、外汇管理体制创新等内容，以及旨在推进人民币国际化的跨境人民币结算。《央行意见》把自贸区金融制度改革创新具体概括为自由贸易账户、投融资汇兑创新、利率市场化、外汇管理体制改革、扩大人民币跨境使用五个核心内容，并且对风险监测与管理提出具体的要求。五个核心内容之间的逻辑关系为：涉及资本项目开放的投融资汇兑便利创新的载体为自由贸易账户，通过自由贸易账户进行风险管理，分类别、有步骤、有管理地推动资本项目开放，利率市场化改革是我国金融改革需要突破的难点，也是资本项目开放需要的市场基础，而外汇管理体制的改革是为跨境贸易和投融资汇兑提供便利条件，也是逐步推进外汇形成体制改革的基础，其目标是在已有的人民币跨境结算的基础上，进一步为人民币跨境结算提供便利，

提升人民币国际化水平。改革的总体目标还是为贸易、投资、融资提供良好的环境，提高金融服务实体经济能力。

2. 金融制度改革的逻辑框架与创新点

（1）以自由贸易账户为载体实现贸易投融资汇兑便利化

自贸区金融制度改革创新最大的亮点是自由贸易账户的开立。根据《央行意见》，上海地区的金融机构可以设立自由贸易账户实现分账核算管理。区内开立自由贸易账户的企业或个人可以享受经常项目、直接投资和《央行意见》第三部分的投融资创新等相关业务的金融服务，非居民可以按准入前国民待遇原则享受相关金融服务。自由贸易账户为投融资自由汇兑提供了通道，为稳步推进资本项目自由兑换提供了风险管理载体。

投融资汇兑便利是金融服务实体经济的重要特征，自由贸易账户的推出为汇兑便利化提供了现实的载体和通道。自由贸易账户开设之前，一些已经推动的自由汇兑业务在实际操作中还存在一定障碍，如跨境人民币借款、资金池等业务在实践中受到很多限制，通过自由贸易账户进行则更具备可操作性。自由贸易账户使得境内、境外、区内三个市场的资源得以优化配置，企业的贸易投融资活动得到极大便利，提高效率的同时降低了资金配置成本。

汇兑便利的第一个表现是流程简化。自贸区对外投资新规出台之前，企业对外投资需要先经过相关部门审核，时间长达几个月。审核完成后，企业要先到外管局登记备案，再到银行开立账户。在自由贸易账户出台之前，跨境投融资要根据投资的性质开立不同的账户，手续烦琐。企业开立自由贸易账户后，对外投资不用再根据交易的性质开立多个账户，而是依托一个账户实现投资便利化。此外根据《央行意见》第8条，"试验区跨境直接投资，可按上海市有关规定与前置核准脱钩，直接向银行办理所涉及的跨境收付、兑换业务"。也就是说，目前通过自由贸易账户，收支和投融资前置审核脱钩，企业对外投资时先向银行提交相关资料，完成外汇登记业务，并通过 FT 账户（自由贸易账户）进行资金调拨汇划等手续，再到相关部门备案，大大简化流程，节约时间，有利于企业更好把握投资的机遇。

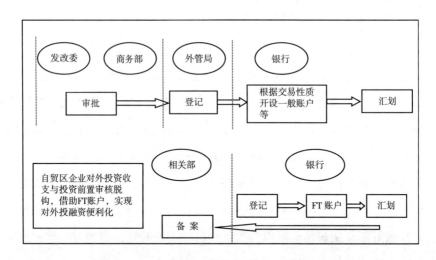

图 4 - 1　自贸区金融改革前后企业对外投资流程对比

注：本图流程根据国家有关规定整理制作。

汇兑便利的第二个表现是节约成本。通过自由贸易账户使得境内、境外、区内三个市场的资源得以优化配置，企业的贸易投融资活动得到极大便利，提高效率的同时降低了资金配置成本。根据《中国（上海）自由贸易试验区分账核算业务实施细则（试行）》和《中国（上海）自由贸易试验区分账核算业务风险审慎管理细则（试行）》（简称"两个细则"），基于分账核算单元的自由贸易账户与国际金融市场高度接轨，与境内金融市场有限渗透。自贸区内居民自由贸易账户可以和区内其他居民自由贸易账户、非居民自由贸易账户、境外账户、境内非居民账户实现自由汇兑。自由贸易账户实现了与境外市场的高度接轨，也就是所谓的一线放开。同一非金融机构自由贸易账户和其在境内其他银行开立的同名一般结算账户之间可办理以下业务项下的人民币资金划转：经常项下业务；偿还自身名下存续期超过 6 个月（不含）的上海市银行业金融机构发放的人民币贷款；新建投资、并购投资、增资等实业投资；中国人民银行上海总部规定的其他跨境交易。但是自由贸易账户和境内一般账户之间的资金划转应以人民币进行。通过这四个渠道，资金实现了和境内市场的有限渗透。

合理利用自由贸易账户，能够享受国际金融市场的利率和汇率优势。比如，对外投资，企业从境内账户汇划人民币到自由贸易账户，在自贸区内兑换成外币，然后通过自由贸易账户汇划出去。自由贸易账户办理购汇或结汇业务时，由此形成的汇兑敞口需要由同业机构自由贸易账户（金融机构分账核算单元）在区内或境外平盘对冲。境外平盘对冲起到了风险的隔离作用，同时有利于促进境外人民币汇率形成机制。由于目前交易具有同质性且交易者数量存在限制，同时没有现成的平盘交易机制，并没有形成所谓的区内利率。区内自由贸易账户结售汇汇率主要参考离岸人民币市场上的交易汇率，银行帮助客户在主要境外离岸市场询价，为客户获得最为优惠的利率。

企业还可以通过自由贸易账户进行境外融资，融资渠道更多，并且能享受境外的优惠利率。当然，境外融资的用途仅限于央行规定的四个渠道：经常项目、直接投资、偿还自身境内 6 个月以上的人民币贷款以及央行核准的其他业务。企业通过境外融资融入低成本人民币，偿还未到期的境内高利率的贷款，这能够为企业节省大量的资金成本。

（2）借助自由贸易账户稳步推进资本项目自由兑换

根据政策规定，自由贸易账户除了为已经实现自由兑换的经常项目、直接投资提供汇兑便利，还提供《央行意见》第三部分中投融资创新等相关业务的金融服务。投融资汇兑创新涉及资本项目自由兑换，但是自由贸易账户的开设并不意味着完全的自由兑换，人民币自由兑换是一个逐步推进和落实的过程，是分类别、有步骤、有管理的自由兑换。

中国从 1996 年实行经常项目可兑换之后，资本项目可兑换的推进比较缓慢。国际货币基金组织有报告研究指出，发展中国家在实现经常项目可兑换后实现资本项目可兑换平均需要 7 年的时间。我国国内经济金融情况复杂，经历了亚洲金融危机和次贷危机后，资本项目可兑换的推进是积极而谨慎的。国际学者对资本管制的效果进行了很多研究，借助定量和经验定性等不同方法，对比了发达国家、发展中国家资本管制的效果，得出发展中国家资本管制效果比发达国家效果差、市场化的管制比数量型管制有效等结论。学者对我国资本管制的效力进行了多角度的研究，虽然资本管制在长期维护我国国内经济免受外来冲击、维持国内金融市场的稳定方面发挥了重要作用，但是由于长期以来市场存在人民币升值预期、市场主体规避管制的动机强烈以及规避管制的金融工具增加，资本管制的效力在下降。根据中国人民银行统计调查司的课题研究，逃避管制的方法主要有以下三类：非法逃避管制，如低报出口、高报进口；通过经常项目逃避管制；通过其他资本账户逃避管制。资本管制的效力降低的情况下，逐步放开资本项目是最终选择。

资本项目的开放应该是谨慎的渐进过程。《央行意见》指出，金融改革的指导原则为风险可控、稳步推进，"成熟一项，推动一项"。借助自由贸易账户这一载体，有选择、有管理地推动资本项目自由兑换。根据国际货币基金组织 2011 年《汇兑安排与汇兑限制年报》，资本项目管制涉及 7 个方面 40 项。我国已经有 14 项实现了可兑换，22 项实现部分可兑换，不可兑换的项目有 4 项。我国对一些短期资本流动和外债等仍会继续实施相应的管理。对于要推动的改革也是要求"成熟一项，推动一项"。而且，国际货币基金组织要求的资本项目开放也不是所有的项目都要实现可兑换，无论是发达国家还是宣称已经实现自由兑换的发展中国家，没有任何一个国家的货币是完全自由兑换的。

国际货币基金组织一直是资本项目自由兑换的推动者，但是在国际金融危机之后，该组织对自由兑换的态度变得谨慎而务实，认为各国应该根据自己的实际情况选择资本项目可兑换的目标和路径。即使政策目标是推动资本项目的自由兑换，自由兑换也并不是完全的自由，而是有管理的自由兑换，自由兑换的目标和价值取向是为实体经济服务。以自由贸易账户为依托，推动的资本项目自由兑换也不是完全自由兑换，而是有管理的自由兑换。其管理体现在中国人民银行的意见以及自由贸易账户实施细则和审慎管理细则中。自由贸易账户的管理原则是一线宏观审慎，二线有限渗透。《央行意见》第 29 条明确了区内实施金融宏观审慎管理的原则，提出加强对试验区短期投机性资本流动的监管，直至采取临时性管制措施。中国人民银行自由贸易账户业务细则和审慎管理细则也提出了试验区分账核算业务的宏观审慎管理目标，包括全国统一的资本充足率管理、流动性管理、法定存款准备金管理等适用于自贸区的金融监管。"两个细则"也有相应的规定，首先对于二线有限渗透四个渠道做出了规定：经常项下业务；偿还自身名下且存续期超过 6 个月（不含）的上海市银行业金融机构发放的人民币贷款，偿还贷款资金必须直接划入开立在贷款银行的同名账户；新建投资、并购投资、增资等实业投资；中国人民银行上海总部规定的其他跨境交易。其次，对要求开户金融机构自由贸易账户与境内账户间的资金划转业务真实性要进行审核。最后，规定了监测和管理异常资金流动的措施，比如，延长账户资金存放期、调节资金流动频率的措施，征收特别存款准备金以调节资金流向和流量的措施，征收零息存款准备金的措施，等等。

（3）自由贸易账户提供了风险管理的工具

自由贸易账户是实现投融资汇兑便利的载体，是推动资本项目自由兑换的载体，是进行跨境资金流动风险管理、监测的工具。资本项目自由兑换最大的隐患是对跨境资本流动对国内金融体系的冲击。如何对资金流动进行监测管理是实际操作中要面对的问题。任何资金的流动必须通过账户才能实现，资金的流动会在账户上留下痕迹，可以通过设立自由贸易账户

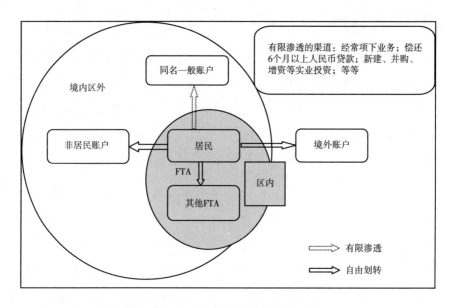

图 4 - 2　自由贸易账户资金流动示意图

实现资本项目可兑换进程中的资金流动监测和管理，自由贸易账户的开设为跨境资本流动提供了进行风险管理的工具和载体。基于"一线宏观审慎，二线有限渗透"原则的自由贸易账户体系将自贸区的投融资便利创新业务与传统业务隔离，这通过分账核算单元"标识分设、分账核算、独立出表、专项报告、自求平衡"的 20 字方针体现出来，目标是建立符合宏观审慎管理框架的本外币跨境资金流动管理体系。

所谓分开核算，不仅仅是指自由贸易账户要与一般账户分账核算，金融机构分账核算单元的金融业务同样也要纳入分账核算管理，金融机构分账核算单元向自由贸易账户提供服务形成的头寸应在区内或境外进行平盘，实现所谓的自求平衡。金融机构分账核算单元吸收的自由贸易账户外币资金余额不得存放境内金融机构，开立的用于系统内及跨系统清算的人民币清算专用账户日常管理也受余额与净额标准限制中国人民银行具有制定和调整宏观审慎调节参数的权力，即对金融机构分账核算业务境内业务之间的渗透参数进行设置和管理的权力。对自由贸易账户跨境资本异常流动的预警监测机制，规定了对资金异常流动的临时性管制措施包括调整固定工具类的参数和可变工具类的逆转性调节工具等。

（4）协调推进利率市场化、外汇管理体制改革、资本项目可兑换

资本项目可兑换不是一个孤立的问题，关于资本项目可兑换的研究与探讨中，最重要的一个问题是金融改革的次序问题，即利率市场化、汇率市场化与资本项目开放的次序。关于金融改革的次序问题，国内主要有两派观点，一派以中国人民银行的一些学者为代表，认为利率、汇率、资本项目开放没有先后顺序，三者互为条件，应该协调推进；另一派则认为金融改革的次序非常重要，应该是由内而外，先推动利率和汇率的市场化改革，在国内金融改革取得实质性进展之前过早开放资本账户的风险很大。

支持金融改革由内而外次序的观点主要基于蒙代尔的"不可能三角理论"。"不可能三角理论"是克鲁格曼在蒙代尔－弗来明模型的基础上提出来的，认为货币政策目标不可兼得，金融政策目标在固定汇率制度、资本自由流动、货币政策独立性三者之中不能同时满足，如果一国要保持独立的货币政策，资本自由流动和固定汇率制度必须放弃一个。货币政策目标的组合有三种情况。第一种是保持货币政策独立性，资本自由流动，则固定汇率制度难以维持，需要实行浮动汇率制，否则货币政策的独立性难以保证。第二种情况，在保持货币政策独立性的前提下，实行固定汇率制，为维持汇率稳定，则需要对资本流动实行管制。第三种情况，既要保持资本自由流动，又要实现汇率稳定，那么就需要放弃货币政策的独立性。反对派认为"不可能三角理论"有其局限性，它探讨的是小国开放经济的情况，其中的三种极端情况与现实情况并不相符。现实中并没有哪个国家是完全的自由浮动汇率，也没有哪个国家的资本管制是完全放开的，通常的情况是存在中间状态，则利用宏观审慎管理工具也能够缓解三元冲突。此外，美国经验表明金融改革的顺序一定要先内后

外，其金融改革的次序依次是货币国际化、资本项目兑换、汇率与利率市场化。美国的改革取得了成功，国际上其他国家相同的改革历程却得到了不同的结果。因此，根据我国的实际情况，利率、汇率改革与资本项目开放应该协调推进。

自贸区金融改革的框架提出了加快推进资本项目自由化进程，同时提出利率市场化改革与外汇管理体制改革，虽然没有直接提出汇率市场化，但外汇管理体制改革也是完善汇率形成机制的基础性工作，这也符合中国人民银行利率、汇率改革与资本项目开放三者协调推进的思路。

《央行意见》提出了推进试验区利率市场化体系建设，区内金融机构发行大额存单先行先试，小额外币存款先行先试等。深化外汇管理改革的亮点包括扩大跨国公司总部外汇资金集中运营管理试点企业范围，简化外币资金池管理，简化对外直接投资项下外汇登记手续，完善结售汇管理，等等。国家外汇管理局管涛提出，我国外汇管理体制改革的三大重点分别是外汇管理的进一步简政放权，建立跨境资本流动的宏观审慎管理框架，完善跨境资本流动统计监测体系。自贸区外汇管理体制改革做了一定的尝试和创新，极大促进了投融资便利化程度，为未来进一步深化改革做了有益探索。

（5）扩大人民币跨境使用、提升人民币国际化水平

《央行意见》对于扩大人民币跨境使用的意见体现了进一步促进金融服务实体经济和转变外汇管理体制的改革目的。上海自贸区的金融机构在展业三原则的基础上，可以凭客户指令直接办理经常项下、直接投资的跨境人民币结算业务。展业三原则的提出有两点意义，首先是根据客户指令直接办理业务，极大方便了贸易投资结算流程，促进贸易投资便利化，其次展业三原则体现出了外汇管理制度的变革，是外汇管理从规则监管向原则监管的转变。适应电子商务发展势头迅猛的形势，允许第三方支付机构参与跨境电子商务人民币结算服务，进一步拓宽了跨境资金

流动的渠道。开通区内主体境外人民币融资的渠道以及人民币双向资金池业务，使企业和个人能更好地在全球配置资金，降低资金成本，提高资金使用与管理效率，同时拓宽了离岸人民币回流渠道，有利于进一步提升人民币国际化水平。

自贸区金融改革的推进必然带来一些新的风险，跨境资本流动的加快必然会对国内金融市场产生一定的冲击，相关政策文件提出了监测与管理的措施。央行提出了宏观审慎管理要求和风险可控稳步推进的原则，要求金融机构承担反洗钱、反恐融资以及反逃税义务，以及进行信息资料的报送与申报，明确了监管机构的监管与沟通协调机制。

上海自贸区金融制度改革创新是具有内在逻辑框架的整体（见图4-3），以自由贸易账户为载体，推动资本项目自由兑换的进程，对内加快利率市场化改革与外汇管理体制改革，对内对外改革协调发展。在人民币跨境结

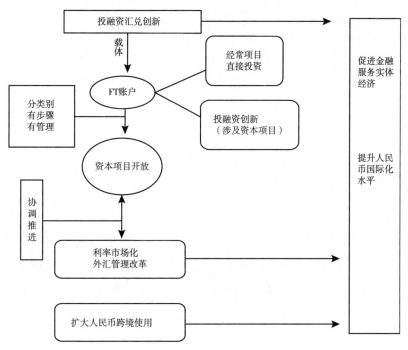

图4-3 上海自贸区金融制度改革创新逻辑框架图

算已经取得骄人成果的基础上，上海自贸区进一步尝试扩大人民币跨境结算的范围，并辅之以相应的宏观审慎监管框架与微观风险管理机制。金融改革的目的不是为了改革而改革，而是为了促进投融资贸易便利化，促进金融服务实体经济，提升人民币国际化水平。

（二）增强金融服务功能

《总体方案》把增强金融服务功能的要求措施具体为六个方面，而银监会、证监会、保监会分别出台了具体措施予以推动，主要涉及金融服务业对内对外开放、资本市场双向开放和金融市场产品创新（见表4-2）。

表4-2　关于金融业开放，增强金融服务功能的措施

《总体方案》措施	"三会"措施
推动金融服务业对符合条件的民营资本和外资金融机构全面开放,支持在上海自贸区内设立外资银行和中外合资银行 允许金融市场在上海自贸区内建立面向国际的交易平台。逐步允许境外企业参与商品期货交易。支持股权托管交易机构在上海自贸区内建立综合金融服务平台 支持开展人民币跨境再保险业务,培育发展再保险市场。鼓励金融市场产品创新	银监会:支持中外资银行和民间资本进入自贸区,非银行金融机构设立以及准入方式等8条政策措施 证监会:证券、期货投资双向开放、国际金融资产交易平台建设等深化资本市场改革开放的5条措施 保监会:完善保险市场体系,促进功能型保险机构的聚集等8条措施

1. 市场准入简化，金融主体多元化

增强金融服务功能离不开多样化的金融主体。《总体方案》提出促进金融服务领域扩大开放，营造平等的市场准入环境等政策。中国人民银行、银监会、证监会等机构都出台相关细则支持上海自贸区金融服务业的发展。银监会支持中资银行进入上海自贸区新设分支机构而且不受新增网点计划限制，支持外资银行在区内设立分支机构或者合资银行，支持民营资本在区内设立民营银行、参与合资银行或其他金融机构，并鼓励区内设立其他非银行金融机构和中资银行开展离岸业务。保监会支持保险公司在

自贸区内设立分支机构、开展人民币跨境再保险业务并鼓励区内设立外资专业健康保险机构等，以此促进自贸区金融机构的聚集。

2. 资本市场双向开放，构建国际金融交易平台

资本项目开放主要涉及三个领域：一是法人与自然人的直接投资，二是法人自然人的证券投资，三是长短期借款。直接投资项下已经基本放开，接下来资本市场开放的重点是证券市场的双向开放，证券和衍生品交易是目前资本项目继续开放的核心问题。证监会就资本市场的开放提出具体的措施，明确支持自贸区内符合条件的单位和个人按照规定双向投资于境内外证券期货，吸引国际投资者参与境内期货交易，并提出探索在区内开展国际金融资产交易等。我国已经通过 QFII、RQFII 额度的调整和沪港通等政策，有序推进资本项目可兑换的工作，自贸区资本市场开放措施将为资本项目开放提供进一步的探索空间。

《央行意见》提出"根据市场需求，探索在区内开展国际金融资产交易等"。证监会也出台了支持上海自贸区的政策。国际金融资产交易平台将为区内企业直接融资、中国企业海外投资并购、区内或境外投资开展风险对冲、境内证券机构拓展国际业务等提供服务、工具和平台。这些金融平台借助自由贸易账户的接入，会逐步向全球开放，国际投资者未来将可能在这些金融市场平台进行交易。国际金融交易平台的建立对上海自贸区资本市场开放有着重要意义。

《总体方案》为上海自贸区金融改革指明了方向和要求，一行三会的51 条具体措施明确了金融改革开放的总体框架，此后各相关机构又出台了相关政策支持自贸区金融改革。51 条措施加上 13 个细则性文件使得自贸区金融制度改革框架不断完善。

2013 年 9 月 27 日，国务院印发《总体方案》。同月 29 日上海自贸区正式挂牌成立，多项政策细则出台，这标志着上海自贸区建设已经成为一项在新形势下推进改革的重大举措和国家战略。上海自贸区的建设是党中央、国务院做出的重大决策，是深入贯彻党的十八大精神的具体体现。上海自贸区建设主要由上海市人民政府精心组织，在区内探索建立准入前国民待遇和负面清单管理模式，深化行政制度改革，加快转变政府职能，全面提升事中、事后监管水平。上海自贸区的主要任务包括：扩大服务业开放，推动金融创新，建设具有国际水准的投资贸易便利化、监管高效便捷以及法律环境规范的自由贸易试验区。此外，上海自贸区还担负着推进改革和提升开放型经济水平的"试验田"的使命，并且需具有可复制、可推广的全国辐射效应，要能在全国起示范带动、服务全国的积极作用。上海自贸区是国家开放战略的一部分，它是一个系统性、多层面的工程，不仅将影响到区域发展，还将推动我国与其他国家之间的合作发展。

第二节　金融开放创新情况及评估

（一）制度创新的部分阶段性成果

上海自贸区成立一年多，投资融资创新取得一定的成效，并形成了一些可在全国推广复制的经验，自贸区范围扩大，为一些制度提供了更大的试验平台。但是金融制度改革的一些关键环节还需要下一步实现新的突破，如利率市场化、资本项目下的自由兑换等。

上海自贸区先后推出三批金融创新案例（见表 4-4），可以看出，金融开放创新范围不断扩大，深度不断加强，对实体经济的便利性和实用性不断提高。跨境人民币使用范围进一步拓宽，企业跨境投资便利化进一步提高，融资渠道逐渐拓宽，融资成本逐步降低，风险管理渠道得到初步探索，企业的资金管理集约化、便利化增强，金融市场开放度有了一定提高，金融机构集聚效应逐渐显现。

表 4 - 3　上海自贸区运行一年来的部分成果

项目	成果数量	单位
投资企业累计	2.23	万家
从业人员	28	万人
新设企业	1.4	万家
新设外资企业（来自 70 个国家和地区）	2114	家
投资企业完成经营总收入	14450	亿元人民币
境外投资办结项目	160	个
中方对外投资额	38	亿美元
进口通关速度提高	41.3	%
出口速度提高	36	%
获批自由贸易账户业务的银行个数※	10	家
设立自由贸易账户个数	6925	个
账户存款余额	48.9	亿元人民币
投资负面清单减少	51	条
金融创新举措	51	条
金融创新案例※	18	个
全国可复制可推广的金融创新经验※	21	项

注：资料来源为自贸区管委会发布的文件及领导讲话，时间截至 2014 年 11 月底。

※根据最新资料，获批自由贸易账户业务的中资银行增加到 11 家，另有两家外资银行获批自由贸易账户业务；截至 2014 年 12 月，金融创新案例共发布 3 批，第三批金融创新案例 9 个，目前金融创新案例共 27 个；2015 年 1 月 29 日，《国务院关于推广中国（上海）自由贸易试验区可复制改革试点经验的通知》新推出 28 项上海自贸区的可复制改革试点经验，将在全国范围内推广。

表 4 - 4　上海自贸区推出的三批金融创新案例

第一批（共六类，9 个创新案例）	存款利率市场化创新：放开 300 万美元以下小额外币存款利率上限；企业融资创新：境外人民币借款；支付结算创新：第三方支付机构与商业银行合作开展跨境电子商务人民币支付结算业务，经常项下跨境人民币集中收付业务，大宗商品衍生品交易金融服务；企业资金管理创新：外汇资金集中运营管理业务，跨境人民币双向资金池业务；对外直接投资创新：股权投资企业跨境股权投资审批改备案；金融机构集聚创新：放开互联网小额贷款公司的股权比例和业务范围的限制，允许金融租赁公司设立子公司
第二批（共四类，9 个创新案例）	自由贸易账户开立和相关业务创新：自由贸易账户开立和资金划转、自由贸易账户贸易融资；进一步拓展人民币跨境使用范围：境外银团人民币借款、人民币跨境集中收付和轧差净额结算、个人经常项下跨境人民币结算业务；进一步落实外汇管理改革措施：外汇资本金意愿结汇业务、直接投资外汇登记；进一步创新融资方式：跨境并购融资业务、三方联动跨境银租保业务

续表

第三批（共四类，9 个创新案例）	金融市场平台的开放创新：上海黄金交易所国际板启动；扩大人民币跨境使用：自由贸易账户项下中小企业跨境人民币综合金融服务、居家费用跨境人民币支付、互联网企业经常项下跨境人民币集中收付；企业跨境并购融资的业务创新：股权质押跨境并购融资、境外上市公司股权收购融资；保险机构集聚和保险业务创新：保险公司设立养老产业投资管理机构、航运保险协会条款会员直接使用、跨境再保险业务

资料来源：根据上海自贸区金融工作协调推进小组办公室、上海市金融办、上海自贸区管委会等发布的金融创新案例发布会资料整理。

上海自贸区形成的经验和案例从实践上促进金融制度的创新和完善，金融改革的效应也从自贸区辐射至周边地区，有些改革经验已经在全国推广。

表 4-5　上海自贸区形成全国范围可复制、可推广的金融创新经验

改革事项	负责部门	时间
取消境外融资租赁债权审批	外管局	2014 年 2 月 10 日起
跨国公司外汇资金运营管理	外管局	2014 年 6 月 1 日起
取消对外担保行政审批	外管局	2014 年 6 月 1 日起
人民币跨境使用部分政策	中国人民银行	2014 年 6 月 11 日起
部分银行分行级以下机构和高管准入事项由事前审批改为事后报告	银监会	2014 年 6 月 23 日起
个人其他经常项下人民币结算业务	中国人民银行	2015 年 6 月 30 日前
外商投资企业外汇资本金意愿结汇	外管局	2015 年 6 月 30 日前
银行办理大宗商品衍生品柜台交易涉及的结售汇业务	外管局	2015 年 6 月 30 日前
直接投资项下外汇登记及变更登记下放银行办理	外管局	2015 年 6 月 30 日前

注：根据自贸区邮报《自贸区 21 项成果已复制推广》报道和《国务院关于推广中国（上海）自由贸易试验区可复制改革试点经验的通知》（国发〔2014〕65 号）整理。

上海自贸区由原来的 28.78 平方公里扩大至 120.72 平方公里，扩区后的自贸区在投资管理和金融创新上为金融制度创新复制推广提供了更大的压力测试平台（见图 4-4）。

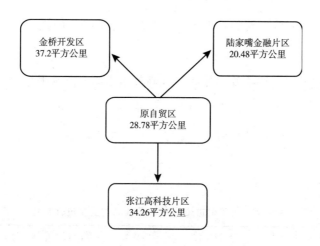

图 4 - 4 扩区后的上海自贸区示意图

（二）金融服务业开放和金融制度创新现状评估

1. 金融服务开放现状

（1）金融机构集聚效应显现，金融服务能力提升

《总体方案》关于金融机构准入提出了对民营资本和外资金融机构开放的指导性意见，银监会推出了关于支持自贸区金融发展的具体措施，推动金融服务业对符合条件的民营资本和外资金融机构全面开放。自贸区金融机构集聚效应不断显现。据上海自贸区管委会的相关数据，截至 2014 年 11 月，自贸区金融相关服务企业达 3488 家，中资银行分行达 22 家，外资银行支行达 23 家。作为上海自贸区的第一家民营银行，上海华瑞银行在 2014 年 9 月份获批后，于 2015 年 1 月正式入区经营。此外，区内还积聚了保险公司分支机构、证监会审批的金融机构再投资项目、付结算机构、类金融机构等，金融机构的集聚，使得上海自贸区金融服务业份额不断增长。根据上海自贸区管委会的产业规划方案，上海自贸区的五大主导产业为国际贸易、金融服务、航运服务、专业服务、高端制造业。在这五大产业中，金融服务业的占比还比较低，随着未来金融机构集聚效应的发

挥，借助金融制度创新的溢出效应，未来金融服务业的服务能力和产值将会有大的提高。

（2）搭建国际金融交易平台，提高资本市场开放水平

为了进一步提高资本市场的开放水平，政府和有关监管部门连续出台了促进资本市场开放的制度性文件，对资本市场建设起到了指导作用（见表4-6）。

表4-6　关于促进资本市场开放的主要制度性文件

时间	政策文件	关于资本市场开放的内容
2013年9月29日	证监会《资本市场支持促进中国（上海）自由贸易试验区若干政策措施》	深化资本市场改革，扩大对外开放，根据市场需要，探索在区内开展国际金融资产交易等
2013年12月2日	中国人民银行《关于金融支持中国（上海）自由贸易试验区建设的意见》	在稳步开放资本市场一条提出，可以"根据市场需求，探索在区内开展国际金融资产交易等"
2014年5月9日	国务院《关于进一步促进资本市场健康发展的若干意见》	扩大资本市场开放
2014年9月16日	上海市人民政府《关于本市进一步促进资本市场健康发展的实施意见》	把握上海自贸区建设重大战略机遇，不断提升上海资本市场开放水平，促进资本市场在自贸区进一步开放，加快在自贸区设立面向国际的金融交易平台

证监会支持上海自贸区的政策取得一定成效。证监会批准上海期货交易所在自贸区内建立承担国际原油期货交易平台的上海国际能源交易中心，面向国际的原油期货产品已经开发出来，待条件成熟将会推出原油期货上市交易。此外，证监会批准上海证券交易所在自贸区内筹建国际金融资产交易平台，是面向自贸区并与国际金融市场接轨的资本市场体系。国际金融资产交易平台将为区内企业直接融资、中国企业海外投资并购、区内或境外投资开展风险对冲、境内证券机构拓展国际业务等提供服务、工具和平台。国际金融资产交易平台需要推动金融产品的研发与创新。中国人民银行积

极推动上海黄金交易所在自贸区设立黄金国际交易平台，以人民币计价结算，面向自贸区和国际投资者。自贸区黄金国际交易平台对于提升我国在全球黄金市场中的定价能力，推动国际黄金转口中心建设具有重要意义。中国金融期货交易所、上海清算所等都在积极筹备提供国际金融服务。

在证监会、中国人民银行等机构积极推动国际金融交易平台建设的同时，上海市人民政府印发《关于本市进一步促进资本市场健康发展的实施意见》，明确提出"把握自贸试验区建设重大战略机遇，不断提升上海资本市场开放水平"，"配合国家金融管理部门，推动资本市场支持促进自贸试验区政策的落地实施"，"支持金融市场机构在自贸试验区内研究设立国际金融交易平台，推出面向全球投资者的产品与业务"。还提出了"支持上海期货交易所、大连商品交易所、郑州商品交易所在自贸试验区内设立商品交割仓库。支持上海银行间市场清算所、中国证券登记结算公司对自贸试验区内发行的债券开展登记托管和清算结算。支持自贸试验区内金融市场平台与境外资本市场的连接合作"。

这些金融平台借助自由贸易账户的接入，会逐步向全球开放，国际投资者未来将可能在这些新设金融市场平台进行交易。国际金融交易平台的建立对上海自贸区资本市场开放有着重要意义，但是资本市场体系建设在未来更需要多方协调与共同努力。

（三）金融制度创新成效

1. 基于自由贸易账户的投融资便利创新和自由贸易账户功能拓展方向

根据中国人民银行《关于金融支持中国（上海）自由贸易试验区建设的意见》，自由贸易账户体系建立的目标是为客户建立本、外币账户体系，自由贸易账户体系可以办理经常项下直接投资和意见第三部分的投融资汇兑业务，上海地区的金融机构获批准后，可以在自贸区为客户开立自由贸易账户。可见，获准启动自由贸易账户的不限于银行金融机构，自由贸易账户不仅仅限于本币账户，在条件成熟时账户内本、外币资金可以自由兑换。

表 4 - 7　自由贸易账户实施情况及功能拓展方向

	自由贸易账户目标框架	实施情况	自由贸易账户功能拓展方向
账户种类	在自贸区内为符合条件的机构和个人开立基于分账核算管理的本外币自由贸易账户	本币自由贸易账户开通，目前不能开设外币账户	外币账户推出后，自由贸易账户变成本外币一体化账户，本外币可以自由兑换，成为开拓境内外市场的资金运作平台
能提供自由贸易账户服务的金融机构	上海地区金融机构可按规定为区内主体开立自由贸易账户并提供相关金融服务	可以设立自由贸易账户服务的有 11 家中资银行，2 家外资银行	可提供自由贸易账户服务的金融机构试点将从银行扩展到证券、保险、信托等非银行金融机构，自由贸易账户的功能将扩展到外币、证券、保险等
自由贸易账户的业务内容	经常项下与直接投资项下的自由兑换	已经实现自由兑换的经常项下和直接投资项下跨境资金结算可以通过自由贸易账户进行	已经实现自由兑换的经常项下和直接投资项下跨境资金结算可以通过自由贸易账户进行
	便利个人跨境投资：包括证券投资在内的各类境外投资；区内完税后收入向外支付；向境外经营主体提供跨境贷款；区内境外个人境内投资专户可开展包括证券投资在内的各类境内投资	企业和个人均能开立自由贸易账户，但个人账户只能进行经常项下常规业务，与普通账户区别不大	通过渐进、有序、风险可控的方式，逐步开通个人资本项下业务。方便个人海外资金转移，双向证券投资和实物投资，个人居民具有更大的投资自由和全球配置资产的渠道
	稳步开放资本市场：区内机构进入上海地区进行证券和期货投资交易；区内企业的境外母公司境内发行人民币债券；探索在区内开展国际金融资产交易等	上海国际能源交易中心、黄金国际交易平台、上交所积极筹建国际金融资产交易平台，积极探索国际金融资产交易。目前自由贸易账户的跨境资金结算服务未含证券投资	跨境证券投资是资本项目开放过程中最为关键的一环。未来自由贸易账户功能扩展的重点是继续探索资本项下自由兑换，推动资本项目开放。继续推进各个金融资产交易平台的建立，扩大人民币计价的金融资产交易渠道，吸引离岸人民币投资积聚，扩大人民币回流渠道，提升人民币国际化水平

	自由贸易账户目标框架	实施情况	自由贸易账户功能拓展方向
自由贸易账户的业务内容	促进对外融资便利化。可按规定从境外融入本外币资金	企业可从境外借入本币资金,但是借入的本币资金使用范围有一定的限制	随着外币账户的开立,融资范围会进一步扩展
	提供多样化风险对冲手段:区内企业境外证券衍生品投资业务;FTU(同业机构自由贸易账户)提供本外币自由汇兑产生的敞口头寸区内或境外市场平盘对冲;FTU参与国际金融市场衍生工具交易;FTU境内银行间市场开展拆借或回购交易	同业自由贸易账户向客户提供自由兑换产生的敞口头寸在区内或者境外平盘	随着资本项下可兑换的推进,更多的对冲手段将会被采用

说明:"自由贸易账户目标框架"根据中国人民银行《关于金融支持中国（上海）自由贸易试验区建设的意见》、《中国（上海）自由贸易试验区分账核算业务实施细则（试行)》和《中国（上海）自由贸易试验区分账核算业务风险审慎管理细则（试行)》整理。

　　整体来看,自由贸易账户体系为实现资本项下自由兑换提供了通道和载体,按照风险可控和"成熟一项,推进一项"的原则,分步骤把所需要的各项汇兑便利创新纳入自由贸易账户体系。部分创新业务已经纳入自由贸易账户并且运行良好,下一步外币账户开立、个人资本项下投资账户等业务将稳步推进,为资本账户进一步开放进行先行先试。

　　目前,区内与境外之间资金流动的规模并没有数量控制,未来自由贸易账户业务规模会不断扩大,跨境证券投资试点逐步放开,出于风险管理考虑,需要借鉴沪港通风险控制机制进行额度管理。

　　2. 跨境人民币业务创新

　　《总体方案》在金融制度创新部分中指出,要"鼓励企业充分利用境内外两种资源、两个市场,实现跨境融资自由化。深化外债管理方式改革,促进跨境融资便利化"。为了使区内主体更好地利用境内外两种资源、两个市场,增加便利性,降低成本,提出了扩大人民币跨境使用的金融制度创新。中国人民银行在《金融支持中国（上海）自由贸易试验区建设的意见》（简称《建设意见》）中提出了"扩大人民币跨境使用"，并提出在"区内金融机构和企业可从境外借用人民币资金"，"第三方支付机构与商业银行合作开展跨境电子商务"，"开展双向人民币资金池业务"三个方面开展业务创新。中国人民银行上海总部随后发布了《关于支持中国（上海）自由贸易试验区扩大人民币跨境使用的通知》，提出了关于境外人民币融资、跨境电子商务和双向人民币资金池等业务的细则性规定。借助制度创新，跨境人民币业务实现了新的突破。据上海市金融办公布的数据，截至 2014 年 10 月底，上海自贸区跨境人民币结算总额达 2279 亿元，同比增长 2.5 倍，占上海市跨境人民币结算总额的 17%。其中，跨境人民币借款和人民币资金池业务有很大的突破。

首先，借助制度创新，跨境人民币借款实现新的突破。关于人民币境外借款，中国人民银行上海总部提出了境外借用人民币资金应用于国家宏观调控方向相符的领域，暂不得用于投资有价证券、衍生产品、委托贷款，并规定了借用规模、依托账户、计息方法和规模调整方法等。上海自贸区境外人民币借款业务从以下几个方面实现了新的突破：第一，突破外资企业在投注差范围内借入外债资金的限制，为内资企业境外融资开辟了通道，是对资本项下管制的突破；第二，采用实缴资本作为借款规模的基础，并使用不同的系数和宏观审慎政策参数作为对债务规模控制的手段，同时借助自由贸易账户实现有效的风险管理；第三，在实际操作中，跨境人民币借款不限于采用内保外贷方式，银团贷款方式为企业节省更多资金成本。据上海市金融办的数据，截至 2014 年 10 月，自贸区内共发生人民币境外借款 103 笔，金额达 190 亿元，平均年化利率低于 5%，为企业降低了 10% ~ 20% 的融资成本。

其次，跨境双向人民币资金池业务最具亮点。《建设意见》明确跨国集团公司内部可以开立人民币资金池业务，并对集团内资金上存下划方法等做出了明确规定。政策对于资金跨境额度没有具体设置，但是规定上存下划的资金仅限于"经营活动和投资活动产生的现金流"，"筹资活动产生的资金暂不得参与归集"（见图4－5）。从微观角度来讲，这项业务给企业带来内部低交易成本的便利，用集团内部资金来代替外部市场高交易成本的借款，帮企业降低融资成本，此外还可以帮助企业打通境内外资金池，在全球范围内统一调动资金，实现资金内外统筹，优化配置。从宏观角度来讲，进一步拓宽了人民币资金回流的渠道，对于人民币国际化水平提高具有重要意义。根据上海市金融办的数据，截至2014年10月底，自贸区内共有66家企业参加跨境人民币双向资金池试点，资金池收支总额达499亿元。2014年11月，中国人民银行发布《关于跨国企业集团开展跨境人民币资金集中运营业务有关事宜的通知》，人民币双向资金池业务从自贸区扩展到全国范围，实现了自贸区金融创新的可复制、可推广。

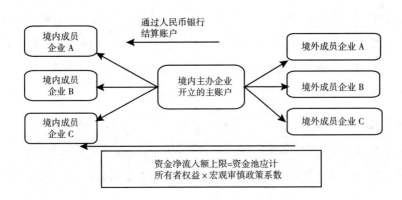

图4－5　人民币资金池业务示意图

3. 利率市场化改革先行先试

全面放开金融机构贷款利率管制一年后，利率市场化改革的关键环节——存款利率市场化在上海自贸区试点。自贸区试点放开小额外币存款利率上限并平稳运行几个月之后，小额外币存款利率上限改革复制推广到全上海市。根据中国人民银行利率市场化"先贷款后存款，先外币后本币"的步骤，外币利率市场化之后，可能会适时推行人民币存款利率市场化改革。根据中央银行金融支持自由贸易试验区建设的意见中提到的利率市场化三个目标，外币利率市场化涉及外币存款，本币市场化涉及大额存单，而利率市场化最核心的内容还是人民币存款利率市场化。外币存款利率完全放开并不意味着人民币存款利率放开在即。在实行人民币利率市场化之前要研究合适的时机，制定相应的配套机制。比如，设立自贸区利率定价自律机制，跟踪研究自贸区利率走势和均衡利率水平。

4. 外汇管理体制创新

外汇管理体制创新主要体现在外汇登记手续简化、外债管理放宽和跨国公司总部外汇资金集中运营管理放宽几个方面。2012 年 12 月，外管局在北京和上海试点开展跨国公司总部外汇资金集中运营管理。原则上同意选择符合条件的 13 家企业（上海 6 家、北京 7 家）开展跨国公司总部外汇资金集中运营管理改革试点。试点企业可以开立国内资金主账户和国际资金主账户，利用账户进行经常项目外汇管理和资本项目外汇管理，并对资本项下国际主账户和国内主账户资金划转等做了详细规定。2013 年，这项政策开始在其他省市试行，据外管局相关数据，截至 2014 年 5 月，跨国公司外汇资金集中运营管理试点已经开展了三批，遍布全国 12 个省市，参与试点企业达 73 家，共有 2247 个境内外成员单位。2014 年，自贸区开始试点放宽开展资金集中运营管理试点企业的条件。跨国公司外汇资金集中运营管理试点运行良好，从 2014 年 6 月开始在全国推广。符合条件的企业都可以向所在地外汇管理部门备案申请。2014 年 8 月，自贸区资本金意愿结汇政策试点范围扩展至全国 16 个国家经济、金融改革试验区域。

外汇管理体制在原有的框架下，逐步探索主体监管的模式，探索资本项下开放的经验，此外，对接国际的展业三原则，负面清单管理模式都是对以往政策框架的突破。

表 4-8　上海自贸区关于外汇管理体制的相关文件

实施时间	政策文件	相关政策内容
2013 年 9 月	《中国（上海）自由贸易试验区总体方案》	探索面向国际的外汇管理改革试点，建立与自由贸易试验区相适应的外汇管理体制，全面实现贸易投资便利化
2013 年 12 月	中国人民银行《关于金融支持中国（上海）自由贸易试验区建设的意见》	扩大跨国公司外汇资金集中运营管理试点企业范围；直接投资项下外汇登记下放银行；支持境内外租赁服务；完善结售汇
2014 年 2 月	国家外汇管理局上海市分局《关于印发支持中国（上海）自由贸易试验区建设外汇管理实施细则的通知》	按展业三原则办理经常项目收结汇、购付汇业务；拓宽直接投资外汇登记业务办理渠道，开展外汇资本金意愿结汇；放宽外债管理；跨国公司外汇资金集中运营管理等相关政策；便利区内大宗衍生品柜台交易的结售汇等
2014 年 6 月	外管局《跨国公司外汇资金集中运营管理规定（试行）》	允许跨国公司同时或单独开立国内、国际外汇资金主账户，集中管理境内外成员企业外汇资金，开展资金集中收付汇、轧差净额结算、运营外债、直接投资、对外放款等业务，账户可以全部或部分共享成员外债和对外放款额度，便利资金调剂
2014 年 8 月	外管局《关于在部分地区开展外商投资企业外汇资本金结汇管理方式改革试点有关问题的通知》	自贸区资本金意愿结汇政策试点范围扩展全国 16 个国家经济、金融改革试验区域，在更大范围检验改革成效

　　具体来说，上海自贸区外汇管理体制创新主要体现在以下几个方面。

　　放宽外债管理。根据外管局上海市分局《关于印发支持中国（上海）自由贸易试验区建设外汇管理实施细则的通知》的规定，"自贸区取消对外担保和向境外支付担保费行政审批"，"区内企业境外外汇放款金额上限由其所有者权益的 30% 调整至 50%"。

　　探索资本项目开放的经验。根据外管局《跨国公司外汇资金集中运营管理规定（试行）》，企业可以同时开立国际账户、国内账户，也可以只开立一个账户。如果只开通国内主账户，则一个账户既可以办理境内成员企业经常项下资金收付，代理成员企业经常项目集中收付汇和轧差净额结算业务管理，也可运营直接投资、外债、对外放款等业务。这一规定打破了原来区分经常项目和资本项目的资金集中运营管理体制，可以用一个账户实现对不同成员、不同性质资金的归集。同时，还规定"境内银行通过国际外汇资金主账户吸收的存款可在不超过 10% 的额度内境内运用"。

简化审核流程，注重事后监管。关于外汇管理改革的政策文件都提出了"了解客户""了解业务""尽职审查"等展业三原则，简化了审核流程。意愿结汇制体现了管理体制的创新。外汇管理局外汇资金集中运营管理规定国内外汇资金主账户内外汇资金和外债资金可以意愿结汇，结汇所得人民币资金划入人民币专用存款账户，并可在各成员企业经营范围内审核真实性后直接支付。2014 年 8 月，自贸区资本金意愿结汇政策试点范围扩展至全国 16 个国家经济、金融改革试验区域，在更大范围检验改革成效。意愿结汇制进一步体现了外汇管理方式的转变，采用负面清单管理模式，银行审核，外管局注重事后监管核查。

第三节　重温自贸区金融改革的背景，
确定下一步方向

找准自贸区下一步金融改革的方向，需要厘清自贸区金融改革的背景。自贸区金融改革的国际背景是新一轮经济开放的挑战，更深层次的背景是国内经济转型升级的需求。美国高调重返亚太地区，并积极筹划 TPP 和 TTIP 的发展，意在重塑和主导新的全球经济贸易规则。在启动太平洋和大西洋两翼谈判战略的同时，美国在日内瓦还启动了旨在深化服务贸易开放的 TiSA 谈判，并企图由美欧主导这个服务贸易协定谈判。面对新的挑战，中国积极参与全球治理的措施便是与国际规则接轨，从边境开放转向全球开放。具体步骤是积极回应中美双边投资协定谈判，并在上海设立自由贸易试验区对开放举措进行先行先试。在面临新的国际开放挑战的同时，国内存在资源环境约束、劳动力成本上升、产能过剩等问题，经济转型升级需要推进更深层次改革。自贸区金融改革的指导性原则是使金融改革服务经济实体的需求与中美双边投资协定谈判的需要，对涉及的内容进行先行先试，试点推广。

（一）继续推动投融资汇兑便利化试点

融资难、融资贵依然是需要解决的首要问题。跨境人民币融资、本外币双向资金池业务等虽然对于解决融资难、融资贵问题是很好的探索，并且有些业务已经开始在全国或者部分地区推广，但是怎样能够更好利用国内国际两个市场，实现资源最优配置依然是需要解决的问题。同时，个人企业跨境投资便利化程度依然有待提高、投资便利化程度提高、审批制向备案制转变、外汇登记等事项下放银行、通过自由贸易账户提供更为方便快捷的资金汇划操作平台等制度为企业对外投资提供了极大的便利。但是，个人投资限制依然较多，无法在全球配置资源。下一步的重点是把个人资本项下投资自由化纳入自由贸易账户。投融资汇兑便利措施涉及资本项目开放问题，资本项下可兑换正是自贸区下一步金融创新的重点。

（二）加快国际金融交易平台建设

国际金融交易平台的建设对于掌握大宗商品人民币定价权、满足投资者套期保值规避风险的要求和推动人民币国际化具有重要意义。尤其是2014年下半年人民币汇率波动幅度的增加、2015年美元加息等带来的人民币贬值预期，导致境外投资者持有人民币的意愿在下降，因此，需要增加人民币回流的渠道和投资的平台，提高境外投资者的人民币投资收益预期。随着上海国际黄金板，自贸区原油期货等金融资产相继推出，国际金融交易平台建设步入正轨，应该继续探索在自贸区建立完善大宗商品衍生品清算平台，为大宗商品提供人民币计价和结算服务。

（三）继续探索金融监管负面清单管理模式

负面清单管理模式是自贸区金融管理模式创新的一大特点，也是中美双边投资协定谈判的关键。美方希望最大限度缩短负面清单，加大金融领域的改革开放。面对美国的诉求，我国考虑在适合国内产业发展的基础上对接中美谈判。

金融开放创新需要辅之以金融基础设施建设的推进。在讨论自贸区金融基础建设时更应该积极探索和推动建立便捷、高效的全球人民币支付结算体系。美国和欧洲都有每天运行 20 小时以上的便捷高效的支付结算体系为全球投资者服务。如美联储的 Fedwire 系统和私有的 CHIPS 为美元的国际地位和纽约作为国际金融中心提供了有力支撑。为了和欧美竞争并对抗人民币国际化的压力，日本计划启动新 BOJ Net 结算系统，每天不间断运行 24 个小时。面对越来越激烈的竞争，在中国现代化支付系统（CNAPS）之外，我国人民币跨境支付系统 CIPS 网络建设也在稳步推进，这一系统运行将对建设人民币产品中心和增强人民币的国际竞争力提供基础支撑。上海自贸区的金融监管思路是立足于"负面清单"模式的，因此，只有在建立了完备的金融信息数据系统（以及分析系统）后，才能很好地动态监控区内金融机构（以及区外该金融机构的分支机构）的行为。监控不代表监视，因为只要区内金融机构严格遵守"负面清单"，金融监管机构无需（也无权力）对其实施任何干预或审查，在没有大的国际资本进出时完全由市场来决定其行为，但当出现大的金融动荡，如金融危机时，相关金融监管部门就会马上进行一定程度的有效干预和风险控制，只有这样才能真正做到"一线放开，二线管住"。

（四）加强自贸区金融改革与上海国际金融中心建设的联动机制

按照传统的金融中心发展道路，上海在自我完善的过程中，把中国的经济实力完全转化为其作为国际金融中心的地位还需要时间。上海可以通过在岸人民币产品中心和离岸金融中心共同驱动的方式来加快金融中心的建设，在自贸区金融改革的大背景下，借助自贸区的金融改革建立金融资产缓冲区和资金池，完善人民币回流机制。在风险可控的前提下，随着资本市场账户的开放和人民币国际地位的提高，上海国际金融中心的地位会进一步提高。

上海国际金融中心建设的目标是到 2015 年上海成为全球性人民币产品创新、交易、定价和清算中心，到 2020 年建成与我国经济实力和人民币国际地位相适应的国际金融中心。无论是支持实体经济发展，进行资源的配置，还是国际化的人民币的全球环流，都离不开金融中心这个枢纽。自贸区金融改革对于实现上海国际金融中心建设的突破性发展具有重要意义。

上海自贸区还是我国金融改革的试验田，和上海国际金融中心的建设有着必然的关系。金融中心建设需要突破的几个主要方面包括资本项目可兑换、利率市场化、人民币跨境、外汇管理体制等，这也是自贸区金融改革的核心内容。随着国家各项政策的出台，自贸区金融改革已经取得了一些实质性的进展，如自贸区金融机构的市场准入问题、利率市场化、跨境资金使用、自由贸易账户实施等，有些政策已经开始从自贸区复制和推广到全上海市，这些对于促进上海国际金融中心建设具有重要意义。

第|五|章

中国（上海）自由贸易试验区人民币离岸中心发展策略探讨

上海自贸区成立以来，金融改革开放的推进和突破一直是各方关注的焦点。2月12日，中国人民银行上海总部发布《中国（上海）自由贸易试验区分账核算业务境外融资与跨境资金流动宏观审慎管理实施细则（试行）》，赋予企业和金融机构海外融资自主权，被称作"金改3.0版"起步。可以预见，未来上海自贸区离岸金融业务将蓬勃发展，在此背景下，笔者认为，借鉴国际成功经验，应设立和发展人民币离岸业务在岸结算中心（CIBF），巩固和扩大金改成果。下面详细阐述其必要性和重要意义，并提出具体构想和发展策略。

第一节　设立人民币离岸业务在岸结算中心的必要性

（一）目前人民币国际化正处在由周边化走向区域化、由贸易结算货币走向支付货币的关键阶段

一国的经济实力和经济金融开放度是该国货币成为国际货币的基本条件。人民币国际化是一个伴随我国经济成长、金融发展和市场开放的，漫长、复杂、渐进的过程。借鉴国外经验，货币国际化需要经历三个阶段，

在地域范围上：周边化—区域化—全球化；在货币职能上：计价单位—交易媒介—价值储备；在货币形式上：结算货币—支付货币—储备货币。目前，我国是世界第二大经济体和第一大贸易国，人民币国际化正处在第一阶段走向第二阶段时期。从地域范围看，人民币在我国周边的东盟、中亚、蒙古和俄罗斯等国已广泛流通使用，基本完成了周边化，正处于区域化的起步阶段。从货币职能和形式看，2014 年中国跨境贸易人民币结算业务累计为 6.55 万亿元；根据 SWIFT（环球银行金融电信协会）统计，在全球贸易货币排名中，人民币占传统贸易金融的份额，已超越欧元位列全球第二；在全球支付货币排名中，人民币位列第五。人民币作为贸易结算货币和支付货币排名之间的落差，说明人民币国际化还处在从贸易结算货币走向支付货币阶段，距离成为与美元、欧元比肩的国际货币还有很大差距。

（二）实现人民币国际化的第二阶段目标，首要任务是发展人民币离岸金融市场

发达的离岸市场可以进一步推动本币国际化进程，使其在主要国际货币的竞争中赢得有利地位，这是因为：第一，主要国际货币必须 24 小时交易；第二，主要国际货币一定有大量第三方交易；第三，大量非居民要求在发行国境外持有该货币资产；第四，国际货币的"体外循环"可以减少对发行国货币政策的冲击；第五，离岸市场的体制优势有助于提高该货币的国际化程度。

从国际上看，各主要储备货币的国际使用主要是通过离岸市场实现的，离岸金融中心是财富集中地和金融活动交易地，世界货币存量的50%～70%通过离岸金融中心周转，世界银行资产的 1/3、私人财富的30%～40%投资于离岸金融中心。在我国还不宜全面放开资本项目的背景下，一方面把在境外形成的人民币头寸汇集到离岸市场，并与境内建立联

系形成回流机制；另一方面以人民币离岸中心为辐射源，构建人民币货币区，实现人民币区域化，意义十分重大。

（三）国际成功经验表明，设立离岸业务在岸结算中心是发展离岸金融市场的关键步骤

20 世纪六七十年代美元外流和美国金融服务业流失使美国认识到，需要进行改革以提高对欧洲美元的吸引力，确保美国金融服务业的竞争力。美联储于 1981 年通过修改法例，批准美国银行、存款机构以及境内的外国银行分支机构等，建立 IBFs（International Banking Facilities，国际银行设施），在美国本土从事国际存贷款等离岸美元业务，吸引离岸美元回归并加强管理。IBFs 作为一套向非居民提供金融服务的离岸账户系统，与在岸账户严格分离，这在当时是巨大的金融创新，开创了一国通过在岸方式设立离岸本币金融市场的先河，不但为美国金融体系发展做出了重要贡献，也为他国类似改革提供了有益经验。IBFs 促使美国离岸金融迅速发展，两年内共有超过 500 家 IBFs 成立，其中位于纽约的占一半以上，把大量"横冲直撞"的境外美元以及大量国际银行业务吸引回美国。到 20 世纪 80 年代后期，IBFs 资产占美国银行对外总资产的一半，纽约的国际金融中心地位进一步提升。

1986 年，日本参照美国经验，在东京建立 JOM（Japan Offshore Market），推动欧洲日元债券发行和欧洲日元借贷。JOM 在日元国际化进程中发挥重要作用。1990 年，日元在各国外汇储备中占比升至 8.0%，2012 年日本通过 JOM 进行的海外借贷规模占对外借贷总额的 21.4%。

当前，我国发展人民币离岸市场，可以充分借鉴美国、日本等国在本土发展离岸本币业务的经验，结合国情进行改革创新，建立一套与国际接轨的离岸人民币在岸交易体系，促进人民币输出与回流。

第二节　发展人民币离岸业务在岸结算
中心的战略意义

目前，国际上已初步形成了香港、新加坡、伦敦三个人民币离岸业务中心，国内上海、横琴、前海等地也开展了人民币离岸业务。作为货币发行国，我国的关键任务是引导离岸市场有序发展，防止离岸本币对国内货币政策、金融稳定造成冲击，同时完善离岸与在岸对接的通道和机制，促进离岸市场发展与在岸市场开放相互推动。设立人民币离岸业务在岸结算中心，正是实现这个战略意图的重要抓手，有利于我国加快离岸金融市场发展进程，并掌握人民币国际化的主导权。

（一）设立人民币离岸业务在岸结算中心，既能增强人民币汇率定价权，又能提高宏观经济政策的独立性和有效性

目前，境内人民币定价主要在上海的银行间外汇交易市场进行，受政策意图影响较明显，交易时间短且不连续；而境外人民币定价（如 NDF 市场）也有缺陷：一是缺乏相对集中的离岸交易市场；二是各国法规对外汇市场有不同要求；三是人民币与贸易或投资对手国货币缺乏直接定价机制；四是容易遭遇做市商的恶意做多或做空。对此，在境内建立一个离岸人民币的在岸交易结算中心，通过市场化机制进行人民币定价，既利于我们掌握离岸人民币的定价主导权，又保证了定价的公信力和稳定性。同时，随着人民币国际化进程的推进，一方面资本流动势必更加频繁、规模更大；另一方面我国作为经济大国，为保证有效宏观调控，需要独立而灵活的货币政策。在此背景下，根据汇率理论以及成熟市场经验，汇率不适宜成为中央银行政策目标，需要建设一个以市场供求为基础的外汇市场，以实现汇率形成的市场化。而离岸业务在岸结算中心建设有利于在货币当

局监控和管理下缓冲外部冲击，逐步建立完善相关的法律法规，从而在确保宏观经济政策独立有效的同时，稳步形成人民币市场化定价机制。

（二）设立人民币离岸业务在岸结算中心，既能有效服务实体经济，又能促进国内金融机构加快国际化步伐

近年来我国 FDI 规模稳定在每年 1100 亿美元左右，其中来自中国香港和东南亚国家的占比合计超过 85%，但人民币与港币、东南亚货币的交易却依然不是外汇交易主体，表明在投资上必然出现双重货币交易——首先是各经济体本币与美元的交易，其次是美元与人民币的交易，这无形中加大了交易成本，且在美元汇率高度波动时期提升了交易双方的汇率风险。作为银行间外汇交易市场的有益补充，建立人民币离岸业务在岸结算中心，着重于面向与实体经济需要相关联的多币种交易，有利于发现人民币与各种不同货币间的真正交易价格，降低贸易商和投资商的交易成本及汇率风险，更好为实体经济服务。同时，无论中资企业"走出去"还是外资企业"引进来"，均对国际金融服务提出巨大需求，建设人民币离岸业务在岸结算中心并发展国际银行业务，既充分满足企业需求，又为国内金融机构打开了国际业务空间。特别是当前海外投资并购与劳动密集型产业向外转移不断提速，更加需要本国金融平台与金融机构的支持。建立人民币离岸业务在岸结算中心的平台，能够加快国内金融机构的国际化步伐，进一步增强其服务实体经济转型升级的能力。

（三）设立人民币离岸业务在岸结算中心可增强服务贸易竞争力，促进经济结构调整和产业升级

一般而言，货物的同质性是导致价格竞争的主要因素；服务因其专有性差异性而易摆脱对低价竞争的依赖性。经济结构调整、发展方式转变，势必要求我国不断提高服务贸易竞争力。根据海关和外管局统计，2014 年

我国货物贸易总额4.3万亿美元，是世界最大货物贸易国；但服务贸易发展严重滞后，规模仅589亿美元，逆差达到235亿美元。增强服务贸易竞争力，一要通过自由贸易区推动跨境服务贸易，二要相应加快人民币国际化进程。这实际上是一体两面：自由贸易的发展一般与货币金融市场建设同步，且金融市场发育成熟和货币国际化程度高的自由贸易区更容易成为世界产业和贸易中心。在上海自贸区内设立人民币离岸业务在岸结算中心，成为一个深度嵌入全球金融与贸易分工价值链的桥头堡，可以引领带动我国的对外服务贸易和资本输出，促使我国向服务贸易与资本大国转变。

设立人民币离岸业务在岸结算中心，有利于支持香港人民币离岸中心突破发展瓶颈，促进内地金融市场建设。近年，随着中国综合国力的不断增强，非居民对我国金融资产的需求不断增多。中国香港作为最重要的人民币离岸中心，拥有近万亿的人民币资金，但其目前面临瓶颈期，出现了人民币存量放缓、流动性不佳等情况。究其原因，主要是香港实行瞄准美元的联系汇率制度，人民币货币区构建预期不明确，人民币投融资渠道不畅，人民币金融产品少、资产池小，回流管道和机制不健全，等等。如何活跃并有效利用巨量的人民币资金，成为香港人民币离岸市场发展迫切需要解决的问题。

通过在境内设立人民币离岸业务在岸结算中心，一方面吸引大量国内外金融机构、跨国公司、中介服务机构进驻，形成金融集聚效应，改变在香港市场上内地银行与国外银行一对多的局面，实现国内外金融机构同平台、多对多的竞争，能够更好地提供多样化的人民币金融服务；另一方面实现人民币在岸市场与离岸市场的良好对接，以良好的实体经济基础和企业现实需求，以足够的金融市场深度和广度，容纳离岸人民币资金，为香港及其他人民币离岸市场提供充足流动性，提升人民币国际持有的意愿。对香港而言，可以拓宽离岸人民币的投融资渠道，畅通回流管道与调控机制，活跃离岸人民币交易，加快形成一个良性循环的离岸人民币中心；对内地而言，可以充分利用和有效管理离岸人民币资金，掌握离岸人民币定价的主导权，促进国内金融市场建设。

第三节　发展人民币离岸业务在岸结算中心的基本构想

（一）模式选择

根据市场运作和监管模式的差别，离岸业务在岸结算中心分为四种模式。一是内外一体型，以伦敦、香港为代表，由市场自发形成，离岸和在岸金融业务高度融合、相互渗透，直接利用境内现有金融系统开展离岸金融活动，但境内金融系统的法律法规和监管规则基本上不针对离岸金融活动。二是内外分离型，以美国 IBFs、日本 JOM 等为代表，其中 IBFs 是全球第一个内外分离型的离岸金融市场，由政策推动形成，离岸和在岸业务严格分离、账户隔离，离岸业务为非居民交易创设。三是渗透型，以新加坡为代表，介于内外一体型与内外分离型之间，以分离型为基础，离岸和在岸业务相对分开、账户分立，但允许适度渗透、有条件联通。四是避税型，以开曼、百慕大等为代表，仅为记账中心，只提供交易场所不提供金融服务，以极低税收吸引金融交易。

笔者认为，现阶段我国设立人民币离岸业务在岸结算中心应按照内外分离型模式进行设计。采取哪一种模式，是由一国金融市场开放程度、风险监控水平、经济发展状况等因素决定的。从美国 IBFs 经验看，20 世纪 80 年代，尽管美国金融业已较为发达，但仍然将主要的离岸业务放在银行体系内部进行，并严格实行内外分离，这种方式作为放松金融管制、发展金融市场的重要过渡手段，为美国金融监管改革和货币政策转变提供了缓冲。20 世纪 90 年代之后，美国金融体系从以银行体系为主导转向以资本市场为主导，随着货币市场基金、资产证券化等直接融资的发展，在岸和离岸美元业务边界日益模糊，市场融合度大大提高，IBFs 功能逐渐淡化，形成渐进过渡的情况。当前，境内人民币离岸市场建设刚刚起步。鉴于我国金融市场开放程度低、监管制度不健全、资本项目未实现自由兑换、利率汇率市场化改革仍在推进，人民币离岸业务在岸结算中心作为境内离岸市场的重要载体，有必要采取内外分离型模式。这种模式最大特点在于"政府创设"和"内外分离"，既可以较好地防范金融风险，保护国内金融市场独立发展、不受境外金融波动影响，又可以打破国内金融政策和法规的制约，吸引外国金融机构和资金，发展国际金融业务，促进我国金融国际化。从长远看，随着国内金融市场进一步成熟开放和监管体系健全，人民币离岸业务在岸结算中心未来可以从内外分离型逐步向渗透型转化，使离岸资金直接为国内所用，为国内企业海外发展提供更大便利，持续提升离岸市场竞争力。

（二）基本框架和制度

1. 服务内容

人民币离岸业务在岸结算中心作为服务于离岸人民币用于非居民之间、居民与非居民之间贸易与投资的多币种结算中心，可以实现人民币与各币种间的灵活汇兑，不受额度限制，但发展初期必须依托真实贸易和投资背景，而后逐步实现资本项目离岸可兑换。其主要有以下维度：一是推动企业在对外贸易和投资中使用人民币计价和结算，打造人民币"走出去"和流回来的综合服务平台；二是开展跨境人民币业务和产品创新，建立服务实体经济、连接港澳、联通世界的跨境人民币投融资服务体系；三是引进境内外市场主体，在离岸与在岸人民币市场之间开展跨境交易，成为离岸与在岸人民币市场对接的主要枢纽；四是形成离岸人民币市场价格，成为人民币汇率形成的市场风向标，最终实现各种可流动要素通过金融安排进行无障碍配置。

2. 核心制度

建议 中国 人民 银行 批准 设立 CIBFs（China International Banking Facilities），允许境内金融机构（首批为外汇指定银行）建立 CIBFs 账户，率先在人民币离岸业务在岸结算中心（条件成熟后可扩展到其他地区）开展离岸人民币业务，吸引离岸人民币回归。CIBFs 参照美国 IBFs 设立，不是一个独立的银行体系，也不是特设的业务机构，而是金融机构专门处理离岸人民币业务的在岸资产负债账户。其基本要素如下：①境内银行等金融机构可使用其国内机构和设备，通过 CIBFs 吸收外币和境外人民币存款，不受国内法定准备金和利率上限等约束，也无需在存款保险基金投保；②贷款可以向境内发放，但必须用于境外；③ CIBFs 账户的人民币存贷款视同境外人民币，与国内人民币账户严格分开管理；④ CIBFs 的业务净收入是否缴税、缴多少税，视离岸人民币业务发展、竞争状况等而定；⑤与 IBFs 区别的是，居民也可以开设 CIBFs 账户，但必须用于外币和离岸人民币相关业务（如居民在海外资产或投资获得的收入）；⑥非居民和居民只有开设 CIBFs 账户，才能在人民币离岸业务在岸结算中心以人民币进行贸易和投资，以及人民币与各币种的结算。简而言之，就是一套专门用来在我国境内从事离岸人民币金融业务的资产负债账户及相关制度安排。

3. 定价体系

人民币离岸业务在岸结算中心依托 CIBFs，开展离岸人民币与多币种的交易结算，逐步形成离岸人民币价格，其定价可分阶段推进。第一阶段是建设多币种流通市场。仅面向实体经济交易主体，凭借真实贸易和投资进行离岸人民币和多币种自由结算，人民币价格由交易主体参考银行挂牌价格决定。第二阶段是建设银行间货币交易所。在中国人民银行支持下，以中外资商业银行等为会员或做市商，建设离岸人民币与港澳台、东南亚等经济体货币交易的现货市场，在交易所内开展银行间交易，同时开设银行面向客户的场外交易。在交易所形成并发布人民币与周边国家货币的综合性汇率指数，并由此开发人民币与周边货币的衍生品（远期、掉期、期货、期权等）交易和指数交易，确立离岸人民币的基准价格体系，与上海中国外汇交易中心的在岸人民币汇率相呼应。从更长远看，将来还可以建立统一的货币交易所，即商业银行、非银行金融机构和所有合格的实体经济部门参与的场内交易市场，无需真实贸易背景即可进行人民币与外币的现货与衍生品交易，人民币汇率形成机制更为市场化。

4. 配套措施

一是加强人民币离岸业务在岸结算中心所在区域的基础设施建设，优化投资发展环境，吸引金融机构和企业集聚。二是建立完善人民币离岸业务在岸结算中心的实体性、物理性交易设施以及与 CIBFs 账户系统相关的网络基础设施，建设高效、安全、稳定的数据系统和清算结算系统。三是引导国内外金融机构设立数据备份中心等后台机构，支持开展离岸金融数据服务。四是吸引金融、法律、会计等领域的国际化人才集聚，强化智力支撑。

发展境外离岸市场与完善境内在岸市场，是推进人民币国际化的两条腿，互相支撑、缺一不可。人民币离岸业务在岸结算中心的一个重要功能和使命就是成为离岸与在岸市场的连接通道，推动两者协调发展。要以人民币离岸业务在岸结算中心为枢纽，促进境外与境内市场联通互动，以发达的境外市场倒逼境内市场发育开放，形成监管完备、服务丰富、流动性好的境内金融市场。要适时推出一批面向境外投资者的人民币金融产品和业务，扶持发展一批国际化程度高的本土金融机构，增强境内市场对回流人民币的吸纳运用能力。要在人民币离岸业务在岸结算中心所在区域进行金融改革试点，配套开展人民币资本项目开放、汇率利率形成机制市场化、完善金融市场层次体系等有关改革探索。特别是把国际金融市场的先进制度、做法、业务等"引进来"，放到人民币离岸业务在岸结算中心这块试验田进行消化吸收和再创新，成功后再在国内推行，进一步推动境内金融市场提升市场化、法治化、国际化水平。

第四节 需要重点解决的问题及相关建议

（一）CIBFs 与境内人民币账户管理分开、流动有则、权利平等

其一，在内外分离型模式下，CIBFs 所对应的离岸账户与境内人民币账户应当物理隔离、互相分立、严格管理。①只有离岸人民币才能通过 CIBFs 在人民币离岸业务在岸结算中心进行结算，现阶段必须对应实盘即依托真实贸易和投资背景。②非居民和居民持有的离岸人民币通过 CIBFs 账户可以在人民币离岸业务在岸结算中心所在区域（将来可扩展至整个境内）进行贸易与投资，可以通过结算自由兑换为多种外币。③ CIBFs 账户资金不纳入境内货币统计，但实时监测，一旦转入境内账户则纳入货币统计。

其二，CIBFs 与境内账户的人民币资金可以单向自由流动，即离岸人民币可以随时从 CIBFs 账户转入境内账户，无需对应实盘。然而，一旦转入境内人民币账户，除非基于真实贸易和投资背景，不可逆向操作及在人民币离岸业务在岸结算中心结算，即接受现有外汇监管法规调节。

其三，遵循权利平等原则。①开设 CIBFs 的各类主体享有同等权利。非居民如持有境内人民币账户，其 CIBFs 账户与境内人民币账户之间的转换与居民享有同等待遇。②离岸人民币在人民币离岸业务在岸结算中心区域进行的贸易与投资，与境内人民币享有同等权利。

（二）加快完善离岸金融法律体系

人民币离岸业务在岸结算中心以及 CIBFs 的法律规范本质上属离岸金融法律。离岸金融法律由市场所在国制定，属于国内法的范畴。从广义上

看，一国离岸金融法律体系普遍包括或吸纳了适用于离岸金融业务的国际条约、惯例等，如以巴塞尔协议为核心的国际金融监管规则，可视为国内法和国际法的融合。当前，我国规范离岸金融业务的法律法规体系不完善，主要有中国人民银行颁布的《离岸银行业务管理办法》、外管局颁布的《离岸银行业务管理办法实施细则》。其他法律法规，如《中国人民银行法》《商业银行法》《反洗钱法》《外汇管理条例》《境内机构借用国际商业贷款管理办法》《境内机构对外担保管理办法》等也有相关规定，但存在着法律体系不健全、法律效力位阶低、法律条文分散、法律空白较多等问题。鉴于离岸金融是高度法治化、国际化的业务，必须加快推动离岸金融立法。建立离岸金融法律法规体系的重点包括以下几方面。

1. 外汇管理

目前人民币没有实现资本项目自由兑换，但在岸的外汇管制并不影响离岸人民币市场的运作。建议对境内离岸市场（包括 CIBFs 离岸人民币业务）取消外汇管制，实现 CIBFs 账户资金自由划拨和转移，保证离岸资金自由流动和汇兑。为此，应当对外汇管理条例、境内机构担保管理办法等有关规定进行相应的修改和补充。

2. 利率管理

离岸人民币存贷款业务按国际惯例采用浮动利率，主要由国际离岸金融市场的供求关系确定。我国《离岸银行业务管理办法》第 22 条已规定离岸银行业务的外汇存款、外汇贷款利率可以参照国际金融市场利率确定，但应要求离岸银行保持透明度，对适用的利率予以实时公告。

3. 经营管制

为增强我国离岸金融业务竞争力，应放松对离岸银行经营活动的管制，降低金融机构的经营成本。《离岸银行管理办法》第 23 条已规定银行吸收离岸存款免缴存款准备金，此规定应当适用于 CIBFs 账户。今后将建立的存款保险制度应对 CIBFs 业务免予办理存款保险。

4. 税收优惠

低税收是离岸金融的重要特征之一。应抓紧制定与整个国家税法体系相衔接的离岸税收法规，要保证离岸业务的税率低于国内同类业务的税率，离岸业务的税负不高于周边离岸金融市场的税负水平，确保我国开展离岸金融业务具备竞争优势。在统一的离岸金融税收法规出台前，可通过部门规章给予离岸业务一定税收优惠，例如，降低所得税率，按照国际惯例免征营业税、印花税，对 CIBFs 账户持有人免征利息预扣税，等等。

（三）加强风险控制

发展人民币离岸业务在岸结算中心最大顾虑是，随着内外金融关联程度加深，隔离机制削弱，离岸人民币交易可能对国内金融市场造成冲击。因此，人民币离岸业务在岸结算中心建设应把风险控制作为重中之重，在严格实行内外分离型模式的基础上采取以下措施。一是对银行离岸头寸和在岸头寸的相互抵补量进行限制和动态调整。离岸市场建立后，内外市场的互通互联很大程度上通过母银行与其离岸银行之间头寸相互抵补实现，内部头寸对外抵补为资金流出，反之为资金流入，限制抵补量可以在一定程度上隔离内外风险。根据《离岸银行业务管理办法实施细则》，离岸银行内外头寸抵补量不得超过上年离岸总资产月均余额的 10%。目前国内金融市场开放程度提高，可以适度提高抵补量但仍做限制，以后再根据内外市场渗透程度、形势变化和发展需求等进行动态调整。二是加强对短期资本流动的管制。短期资本流动是造成国际金融危机的重要诱因。可借鉴国际离岸市场有关经验，进一步提高人民币汇率波动幅度，并研究通过托宾税、外汇交易手续费等调节手段，抑制短期投机套利资金的出入。特殊情况下，监管部门可采取临时性管制措施。三是强化反洗钱、反恐融资、反逃税监管。推进反洗钱、反恐融资、反逃税的监测体系建设，密切关注跨境异常资金流动，建立专家型的监管和执法队伍。人民币离岸业务在岸结算中心区域的金融机构和特定非金融机构应及时、准确、完整地向国家金融监管部门报送资产负债表及相关业务信息，并根据相关规定办理国际收支统计申报。四是明确中央和地方金融监管部门权责。应赋予人民币离岸业务在岸结算中心所在地方政府更宽泛、灵活的监管权限，如将离岸银行一部分业务的准入及监管权限下放到地方监管部门。中央和地方对区域内金融机构、特定企业及相应业务按职权分工监管，加强沟通协作。五是建立人民币离岸业务在岸结算中心区域综合信息监管平台，对区内非金融机构实施监测评估和分类管理。

（四）增强人民币离岸业务在岸结算中心对离岸人民币的吸引力，提升在岸结算业务量

提升结算业务量，取决于两个方面。一是离岸人民币资金存量和业务需求足够大，这是外因，目前看已经具备较好基础。今后，要进一步增加离岸人民币的市场供给，培育境外对人民币的需求。二是人民币离岸业务在岸结算中心的结算功能、汇兑额度、交易币种、投资工具、市场机制等足够丰富，对离岸人民币有充足吸引力，这是内因。建议从以下几个方面着力。

（1）赋予人民币离岸业务在岸结算中心超越现有规定的灵活政策，特别是在资本项目兑换方面应有所突破，比如，CIBFs 账户交易不受额度限制、不受币种限制、自由划拨和转移，等等。同时，进一步放宽相关投资许可，减少对跨境产权、股权、债权等交易的限制。

（2）吸引境内外金融机构、中介服务机构、跨国公司、高科技企业、孵化器等进驻，促进区域内产业、金融、科技的融合发展，形成集聚效应，推动跨境贸易与投资以人民币结算的市场需求。

（3）进一步开放面向非居民的人民币投资市场，推动以人民币标价的金融产品的多样化发展。允许更多境外人民币通过 FDI 或 RQFII 方式，

投资境内的实体经济和资本市场。支持人民币离岸业务在岸结算中心的金融机构拓展面向非居民的人民币业务，为境外投资者提供人民币债券、基金、ETFs、信托、理财产品等多种人民币产品和投资工具，逐步推出人民币汇率远期、人民币碳期货等金融衍生品，为经常往来内地的非居民提供人民币寿险、意外险、跨境车辆险等保险产品，等等。

（4）发展以人民币计价结算的跨境要素交易平台。支持人民币离岸业务在岸结算中心所在区域设立和发展跨境交易的产权、股权、技术、金融资产、大宗商品等要素交易平台或交易所，推出人民币标价的交易产品和种类，支持以人民币交易转让境外资产和要素。

（5）逐步提升人民币离岸业务在岸结算中心服务功能，包括提供便捷的支付和结算服务，形成更加市场化、可预期的人民币汇率，将交易系统的报价、成交、清算、信息发布等功能延伸到境外，等等。

（五）人民币离岸业务在岸结算中心建设要与其他举措组合联动，促进人民币国际化、本土企业国际化和银行国际化有效结合、协同推进

1. 继续重点推动资本项目下的人民币输出

一是推动本土企业"走出去"以人民币直接对外投资（ODI），更多地发展 RQDII 和 High-tech QDII。二是允许非居民在境内通过发行债券、股票和贷款等方式融入人民币，扩大其在境内发行人民币债券（熊猫债）的规模，适时推出面向境外投资者的"国际板"股票。三是逐步培育境外人民币需求，包括推动人民币金融产品和工具在香港等离岸中心挂牌交易，推动人民币用于跨境大宗商品交易的定价，推动第三方使用，等等。四是推动人民币对外贷款，包括对发展中国家提供人民币无息贷款或援助。

2. 建立与实体经济发展相配套的跨境人民币投融资服务体系，为产业转型升级和企业"走出去"提供全方位、多样化的金融服务

一是为劳动密集型产业转移升级提供服务。推动重点国企和骨干民企通过在人民币离岸业务在岸结算中心区域建立投资公司的方式，利用人民币离岸业务在岸结算中心平台对外转移劳动密集型产业，形成产业和资本输出。与之配套，建立发展与对外直接投资相关的人民币私募股权市场。二是在人民币离岸业务在岸结算中心设立人民币境外投资基金、出口信贷基金等，支持区内企业海外经营扩张。三是促进跨境人民币融资便利化。允许人民币离岸业务在岸结算中心所在区域企业从中国香港等境外市场筹集人民币资金并主要用于海外发展；支持区内银行与港澳同业开展跨境人民币银团贷款，为大型跨国企业和转型升级项目提供信贷服务；支持区内企业开展集团内双向人民币资金池业务，为其境内外关联企业提供经常项下集中收付、跨境放款等；开展跨境人民币贸易融资试点；等等。

3. 着力推动跨境服务贸易

把粤港共建人民币离岸市场与推进粤港服务贸易自由化结合起来，在人民币离岸业务在岸结算中心所在区域建设知识产权、技术、金融等服务贸易集聚区和跨境服务贸易中心，优化服务贸易发展环境，促进跨境服务贸易便利化，推动粤港服务贸易加强合作、迅速发展。重点推动金融、保险、管理咨询、法律、会计等现代服务业加快"走出去"，以人民币进行跨境服务贸易和投资。

4. 推动国内银行加快提升国际竞争力

国内商业银行作为国内金融体系的主体，拥有最为广阔的客户基础、机构网络和人民币资产等，具备参与国际金融市场的先天优势，应当抓住契机加快国际化步伐。一是利用 CIBFs 账户致力于发展国际银行业务，在与境外银行竞争合作中提升经营服务水平和国际化程度。二是大力拓展海

外市场，尤其是在香港、新加坡、伦敦、台北等地，借助人民币的大量积累和人民币市场的形成，积极开拓境外人民币客户，扩大人民币在境外的使用。三是更好地为本土企业"走出去"服务，加快形成对主要经贸往来地区的全覆盖，构建起全方位、全能化的金融服务链条，使机构设置、金融资源布局与企业"走出去"格局相匹配。

第 六 章

中国（上海）自由贸易试验区
法律保障体系建设研究

第一节　我国外商投资法律体系背景

中国尚未制定一部完整的外商投资法，而是以单行法的形式，分别制定了《中华人民共和国中外合资经营企业法》（以下简称《中外合资经营企业法》）、《中华人民共和国中外合作经营企业法》（以下简称《中外合作经营企业法》）和《中华人民共和国外资企业法》（以下简称《外贸企业法》），在此基础上，还颁布了许多与外商投资企业法相配套的行政法规和规章，涉及外商投资企业的登记管理、资金管理、劳动管理、外汇管理、财务管理、进出口管理、技术引进、税收管理等，这些法律、法规、规章一同构成了外商投资的法律体系。

（一）我国外商投资法的历史发展

我国外商投资法的发展与对外经济交往历程直接相关。新中国成立初期，外商投资的数量十分有限，主要来自苏联和东欧社会主义国家的经济援助。这一时期有关外商投资的主要法律文件有《关于自 1956 年起对苏联等国在华工作的专家实行公费医疗制度的通知》（1955 年 12 月）、《华侨捐资兴办学校办法》（1957 年 8 月）、《工商统一税条例（草案）》（1958 年 9

月）、《关于在中国国际贸易促进委员会内设立海事仲裁委员会的决定》
（1958 年 11 月）等。其内容主要局限于外来投资援助在我国的使用方法以
及外国专家在华待遇等问题。1971 年后，随着中国在联合国合法席位的恢
复、中美建交、中日邦交正常化，中国的对外经济交往也从接受援助型走
向互惠型。1973 年国家计委发表了《关于增加设备进口、扩大经济交流请
示报告》；1978 年，中国首次与日本签订了《中国和日本长期贸易协议》和
《中日和平友好条约》，其中都包括外商投资法律的相关内容。但整体上这
一时期的外商投资法尚处于起步阶段，没有形成自己的法律体系。

中共十一届三中全会做出改革开放的重大决定后，我国于 1979 年 7
月 1 日颁布了首部外资立法《中外合资经营企业法》，并根据授权，国务
院于 1983 年颁布了《中外合资经营企业法实施条例》。1986 年我国又颁
布了《外资企业法》，并随后两次对《中外合资经营企业法实施条例》进
行了修订。1988 年我国颁布了《中外合作经营企业法》。至此，我国以
《中外合资经营企业法》、《中外合作经营企业法》和《外资企业法》为
基础的外商投资法律体系框架基本形成，这三部法律也就是大家所俗称的
"三资企业"法。

20 世纪 90 年代，为进一步吸引外资，深化改革开放进程，我国于
1990 年修订了《中外合资经营企业法》，颁布了《外资企业法实施细
则》。国务院还在 1993 年颁布了《对外合作开采陆上石油资源条例》
（2001 年和 2007 年修订）。最为重要的是，我国在 1993 年颁布了《中华
人民共和国公司法》（以下简称旧《公司法》），这使得国内公司发展很
快。为了更好地吸引外资，我国采取突破所有制性质的企业法律形态，采
用产业性质的企业法律形态做法。在 1995 年颁布了《指导外资投资方向
暂行规定》和《外商投资产业指导目录》后，陆续颁布了《关于设立外
商投资股份有限公司若干问题的暂行规定》、《关于外商投资举办投资性
公司的暂行规定》、《关于设立外商投资建筑业企业的若干规定》和《中

外合作经营企业法实施细则》，并在 1996 年开始在上海试点中外合资外贸公司，颁布了《关于设立中外合资对外贸易公司试点暂行办法》。这一阶段是我国外商投资法的蓬勃发展阶段，至此，我国的外商投资法律体系得到了丰富和发展，有中国特色的法律体系逐步形成。

进入 21 世纪，随着经济全球化浪潮的推动，特别是加入 WTO 后我国外商投资法律制度面临着重大调整。为实践"入世"时的承诺，我国一方面于 2000 年和 2001 年对《中华人民共和国外资法》、《中外合资经营企业法》和《中外合作经营企业法》做出重大修改，另一方面颁布了一系列法规规章。例如，2005 年颁布了《外国投资者对上市公司战略投资管理办法》、《外商投资租赁业管理办法》和《外国投资者并购境内企业暂行规定》等，删去许多与世贸组织协定不相容的内容，增加了相应的法律规定，由此我国的外商投资法律体系逐步实现与世界接轨。同时，随着我国从资本输入国向资本输出国的转型，我国积极对外签订投资领域双边及多边协定，国际条约成为外商投资法的重要渊源。由此，我国外商投资法律体系经历了一次重大变革，将全球化、国际化的理念引入其中。

（二）我国外商投资法律体系的结构层次

我国外商投资法没有采取统一的立法形式，结构层次较为复杂。享有外商投资立法的权限主体较多，既有中央一级的全国人大及其常委会，也有国务院及其部委，还有地方一级的省级人大及其常委会和省级人民政府。此外，民族自治地方和经济特区的人大及其政府也享有特定范围内的外商投资立法权。经过 30 多年的立法积累，我国逐步形成了法律、行政法规及部门规章、地方性法规和国际条约等多层级的法律体系。

1. 法律

我国与外商投资企业有关的基本法律主要包括《中外合资经营企业法》、《中外合作经营企业法》、《外资企业法》和《台湾同胞投资保护法》等。此外《中华人民共和国民法通则》、《中华人民共和国公司法》、《中华人民共和国合同法》、《中华人民共和国民事诉讼法》、《中华人民共和国土地管理法》、《中华人民共和国专利法》、《中华人民共和国商标法》、《中华人民共和国海关法》、《中华人民共和国仲裁法》和《中华人民共和国工会法》等法律涉及外商投资的规定也属于外商投资的法律体系。

2. 行政法规及部门规章

与外商投资相关的国务院部门规章主要有：国家发展计划委员会、国家经济贸易委员会、对外贸易经济合作部联合颁布的《指导外商投资方向规定》和《外商投资产业指导目录》，商务部《关于外商投资举办投资性公司的规定》，国家工商行政管理局《关于授权部分省、自治区、计划单列城市工商行政管理局直接核准外商投资企业登记的通知》，国家外汇管理局《关于外商投资企业资本金变动若干问题的通知》，财政部《关于外商投资企业交纳场地使用费有关问题的批复》，国务院《中外合资经营企业劳动管理规定》等。

3. 地方性法规

与外商投资企业相关的地方性法规的内容主要包括经济特区或经济技术开发区的企业登记管理、劳动工资管理、出入境人员管理、土地管理、涉外经济合同、技术引进、工商税收、对外商优惠待遇、工会、外汇调剂、抵押贷款管理等方面的规定。例如，《广东省经济特区入境出境人员管理暂行规定》、《广东省经济特区企业登记管理暂行规定》、《深圳经济特区土地管理暂行规定》、《深圳经济特区涉外经济合同规定》、《深圳经济特区技术引进暂行规定》、《北京市新技术产业开发试验区暂行条例》、武汉市人民政府《武汉市外商投资导向目录》、杭州市人民政府《关于进一步下放外商投资项目审批权限的通知》、广州市人民政府《广州市外商投诉受理办法》、青岛市人民政府《青岛市外商投资企业投诉受理及处理办法》等。

4. 国际条约

国际条约成为我国外商投资法律体系中的重要渊源，中国已与 130 个国家达成了双边投资保护协定，其中 100 个已经生效；已签署 99 个避免双重征税协定以及与港、澳的两个税收安排，其中 96 个协定以及与港、澳的安排已经生效执行；已签署自由贸易协定 12 个，其中 10 个已经实施。此外，中国还签署了世界贸易组织与投资相关的多边协议，包括《与贸易有关的投资措施协议》、《服务贸易总协议》、《与贸易有关的知识产权协议》和《争端解决规则和程序谅解协议》等，并加入了主要的投资争端解决和执行的协定与公约，如《纽约公约》和《华盛顿公约》等。这些双边或多边的协定和公约是中国外商投资法律体系中的重要组成部分，为中国吸收外资创造了良好的环境。

（三）我国外商投资法律体系面临的主要形势

随着中国投资地位的转变以及对外开放向纵深推进，中国开放型经济已经站在新的起点上，面临的国内外环境正发生深刻复杂的变化。要继续发挥法律保障在经济发展中的促进作用，亟须充分认识发展的新趋势并适时做出调整。

1. 投资地位发生转变

改革开放初期，由于国内建设投资需要大量资金而且外汇短缺，中国的对外开放是以"引进来"为重点的。在外商投资立法的构建中，中国基本处于资本输入国的地位，在维护本国经济安全和经济秩序的前提下，尽可能为外国投资者来华投资提供有效法律保障。改革开放以来，随着外资流入量的逐年大幅增加，中国发展成为世界上吸引外资量最大的发展中国家。根据商务部统计，1983 年中国实际使用外资金额为 17.69 亿美元，到 2013 年已达 1175.86 亿美元，增长了 66 倍。截至 2013 年底，中国实际使用外资累计达到 14705.02 亿美元。与此同时，随着中国经济实力的不断提升，尤其是 2000 年"走出去"作为国家战略提出以来，中国的对外投资也呈现不断增长的趋势。金融危机以后，由于发达经济体增长动力尚未形成，世界经济要实现全面复苏还需要一段时间，而中国对外投资却面临着难得的机遇，进行对外投资成为许多企业的选择。根据商务部统计，2003 年中国对外投资流量为 28.55 亿美元，到 2013 年达到 901.7 亿美元，增长了近 32 倍。截至 2012 年底，中国对外直接投资存量累计达到 5319.4 亿美元。中国不再单纯是主要的资本输入国，也成为重要的资本输出国，而这一地位改变的趋势仍在加强。有关数据显示，中国吸收外资和对外投资的差距已经从 2003 年的 506.5 亿美元下降到 2013 年的 274.16 亿美元。伴随着投资地位的变化，一方面，作为主要的资本输入国，我们更关注提高吸收外资的质量，优化培育外资结构，引导外资向促进产业升级、地区均衡的方向发展；另一方面，作为重要的资本输出国，我们更关注减少对外投资的壁垒，维护中国投资者的投资待遇和投资权利，以在全球范围内寻找更多的发展空间。事实上，在投资保护的问题上，往往存在着互惠的要求。随着周边新兴经济体加大引资政策的优惠力度，以及发达国家吸引产业回流政策陆续出台，无论是出于更为有效地利用外资的目的，还是出于保护本国对外投资利益的需求，中国外商投资立法都必须对外国投资者的利益予以更多关注，减少本国法律在投资方面的各项限制，为外商投资提供更完善的环境，进一步发挥法制建设对经济增长的促进作用。

2. 改革开放力度逐步加大

自改革开放以来，中国对外商投资一直实行审批制。这为中国外资管理工作的顺利开展起到了积极的作用。然而，经过 30 多年的发展，随着吸引外资规模的持续扩大，这种审批制也出现了一些弊端，如审批程序复杂、审批时限过长、行政成本和营商成本较高等，下放审批权限、简化核准流程成为推进开放的重要抓手。实际上，各个地方为了吸收外资，已经尝试在权限范围内实现审批制度的一些突破。以广东省为例，为贯彻落实《内地与香港关于建立更紧密经贸关系的安排》（CEPA）和服务业对港澳开放先试先行的政策，广东省已为港澳投资者投资商业领域开辟审批的"绿色通道"。目前，关于究竟应当重点监管外资企业的设立行为，还是应当重点监管外资企业的经营活动，已经成为关注的焦点，而中国也开启了解决这一问题的重要尝试。2013 年 9 月 29 日，中国（上海）自由贸易试验区正式挂牌成立，与国际投资、贸易通行规则相衔接的基本制度在上海先行先试，其中就包括外商投资管理制度的变革。十二届全国人大常委会第四次会议于 2013 年 8 月 30 日做出决定，授权国务院在中国（上海）自由贸易试验区内，对国家规定实施准入特别管理措施之外的外商投资，暂时调整"外资三法"规定的有关行政审批。这就意味着，在试验区范围内，外商投资的前置性审批制度不再适用，调整为备案制度。

外商投资管理体制在中国（上海）自由贸易试验区内实现了巨大的变革。党的十八届三中全会《中共中央关于全面深化改革若干重大问题的决定》也指出，要"探索对外商投资实行准入前国民待遇加负面清单的管理模式"，即将禁止或限制外资进入的领域列入清单，未列入的领域外资均可进入，内外资企业享受同等待遇。中国（上海）自由贸易试验区是中国创新对外开放模式的重要开始，将为新制度的全国推广积累经验。以"外资三法"为核心的中国外商投资法律体系，在中国自主开放逐步推进的形式下，必将面临系统性地调整，而这一调整也将赋予各类投资主体更多平等进入市场、参与公平竞争的机会，进一步提升中国对外开放的水平。

3. 世界经济形势日渐多极化

自国际金融危机爆发以来，世界经济复苏进程一波三折，充满了不确定性。在世贸组织多哈回合谈判裹足不前的背景下，区域经济一体化方兴未艾，自贸区建设成为世界经济发展的潮流。截至 2013 年 7 月，向世界贸易组织通报并生效的区域贸易协定共 249 个，约 70% 是近 10 年出现的。全球经济治理体系面临深刻变革，以美国为首的发达国家正全力推进新一轮经济全球化，积极促进一系列双边、多边国际投资贸易协定谈判。特别是美国和欧洲绕开世界贸易组织开展 TPP、TTIP 等"高水平"的自贸区谈判，对国际经济贸易环境影响深远，试图构建世界贸易新规则。新一轮国际贸易投资规则的核心内容是以运用负面清单管理模式为趋势的，这一模式以北美自由贸易协定（NAFTA）为代表。美国在其推行的双边投资协定中也力推 NAFTA 的负面清单模式，奥巴马政府于 2012 年 4 月 20 日公布的修订后的双边投资协定范本，就是以"负面清单"和"准入前国民待遇"为两大前提的。2013 年 7 月，在中美第五次战略与经济对话中，中国同意开始与美国进行投资协定的实质性谈判，将为包括准入环节在内的各个阶段提供国民待遇，并以"负面清单"模式为谈判基础。截至 2013 年底，美国在华累计直接投资超过 700 亿美元，而中国对美累计直接投资也近 200 亿美元。中美两国双向投资规模巨大，投资协定一旦达成，将会给两国的跨国投资打开更广阔的空间。目前，中美双边投资协定谈判正在紧锣密鼓地推进中，2014 年 1 月和 3 月就已展开了两轮磋商。然而，谈判的达成对中国来说无疑是一个重大的挑战，它将彻底改变中国改革开放 30 多年来的外资管理体制。在与外商签订投资协定的过程中，中国以"外资三法"为核心的外商投资法律体系也将面临整体性调整，亟须建立起安全、高效、公开、透明并与国际接轨的外资管理体制。

第二节　投资便利化的法律保障体系

投资便利化，或者投资自由化，指一个国家或者地区放开投资管制，使外资可以在资金进入与项目设立时享受本国国民待遇，一改过去的审批制，而实行备案制。在项目（企业）进入方面，采用负面清单管理模式。在当今世界经济形势下，不仅要求一国合理的开放投资领域，实现最大程度上的投资自由化，在此基础上，更加需要以法律的手段保障投资的便利化，降低交易成本，由此，投资便利化的法律保障体系在世界各国逐步形成，对上海自贸区乃至我国整体法律制度建设具有重要意义。

（一）投资便利化法律保障的背景

投资便利化包括市场准入、投资待遇、禁止业绩要求、争端解决和投资保护等便利化措施，① 而在 APEC 的 IFAP 中明确规定了投资便利化的工作框架和 8 项原则，这 8 项原则实际上就是投资便利化工作的主要领域：①在投资相关政策的制定和管理方面提高透明度和信息的可获得性；②增强投资环境的稳定性、财产的安全性和对投资的保护；③增强投资相关政策的可预见性和一致性；④提高投资审批程序的效率和有效性；⑤发展建设性的利益相关方关系；⑥利用新技术改善投资环境；⑦建立对投资政策的监视和评估机制；⑧加强国际合作。

由此可以看出投资便利化是一个简化、协调投资者在投资活动中所涉及的各种程序，并为双边，乃至多边及国际投资活动创造一种协调、透明和可预见环境的过程，主要涉及便利化的内容包括：简化投资办理申请，审核和批准手续；在物流、人员出入境和通信等方面予以便利；提供具有直接指导性的投资咨询服务以及便利的金融服务等。其最终追求的目标是实现资本自由流动，或者说投资自由化，而任何资本的流动都是有一定成本的，投资便利化的过程。

投资便利化的法律保障体系大致可以分为国际法、区域法和国内法三

---

① APEC：《亚太发展的新承诺》，http：//www.apec.org/apec/leaders＿＿declarations/2008.html。

个层次，国际法层次的制度主要包括 WTO 中 "与贸易有关的投资措施协定"（TRIMS 协定）、"多边投资担保机构公约 6"（MIGA 公约即汉城公约）以及 "关于解决国家与他国国民之间投资争端公约 6"（ICSID 公约即华盛顿公约）等多边投资协定。区域法层次则集中体现在区际双边或者多边投资与贸易协定之中，特别是各国对外签订的自由贸易协定以及区域经济组织关于投资的协定。在国内法层面，20 世纪 90 年代以来，全球经济一体化的发展要求贸易和投资自由化，提高外商投资待遇、加强外资保护、促进准入自由化成为各国利用外资政策的共同趋势。这一趋势影响了世界各国的外资立法，尤其是发展中国家频频修改外资法，从而放松对外资的管制，积极合理地吸引外资。投资便利化体现为批准设立的程序、争端解决等方面的法律规定。

（二）当今世界投资便利化法律保障的主要趋势

在投资便利化的法律保障体系中，发达国家以欧盟为代表。欧盟拥有世界上最高的一体化水平，欧盟条约也对投资便利化做出了最为宽泛的规定，集中体现在《罗马条约》第二章 "设业权" 和第四章 "资本自由流动" 中。

设业权不仅允许外国投资者在东道国从事临时性的商业活动，而且允许外国投资者设立各种类型的永久性商业。《罗马条约》第二章是专门对 "设业权" 的规定。第 52 条规定，在过渡期内应逐步取消对成员方国民在另一成员方领土内开业的自由的限制。该项逐步取消限制的规定应扩大适用于成员方国民在另一国领土内开设办事处、分支机构或下属机构的事项。第 58 条规定，根据成员方的法律而成立的公司，如果注册的办事处、管理中心或主要营业地在共同体内部，为了适用本章各项规定，该公司应享有同具有成员方国籍的自然人一样的待遇。可以得出，就设业权而言，欧盟国民包括根据成员方法律成立的公司和企业，而不论其所有者的国籍。这样，非欧盟公司通过在欧盟成员方内设立子公司就可以间接地享有设业权。对此，欧盟也做出了例外规定，即如果非欧盟公司纯粹为了间接享有设业权而设立子公司的话将不会享有设业权。

在《罗马条约》第 56 条、第 52～58 条、第 67～73 条当中，就涉及跨越国界的货币资本和实物资本的交换行为。该条约第 67～73 条还规定，要逐步取消对资本自由移动的限制。1993 年在对《罗马条约》进行修订时，从原则上禁止对欧盟成员方之间或欧盟成员方与第三国之间的跨国资本流动和支付施加任何限制，从而将《罗马条约》资本流动自由化原则的适用对象扩大到非欧盟成员方，为它们与欧盟之间的资本流动扫除了障碍。

自从欧盟建立内部市场并实现货币联盟后，关于设业权规定的执行和四大要素的自由流动都已经实现。设业权的扩大和设置壁垒的降低，显然就是一种投资便利化的表现。而由于任何投资的进行都必然伴随着生产要素的转移与流动，所以生产要素的自由流动化条款要求欧盟成员方法律中凡是限制或阻碍流动自由权的内容都必须取消或修改，这更是大大提高了区域内投资便利化的程度。在欧盟的投资法中，外资和内资的界限已经非常模糊，除少数限制和必要的审批程序以外，外国投资者享受与本国投资者相同的待遇，这也成为发达国家投资便利化法律保障的代表。

而在发展中国家中，以法律保障投资便利化的情况又要复杂得多。基于发展中国家的实际情况，无法做到像发达国家那样的外资国民待遇。但各国也对以法律保障投资便利化做出了不懈的努力，其中比较有代表性的有以下几个方面。

（1）精简审批机构，简化审批程序。如马来西亚对合营企业的设立实行新的一揽子成交制度。一揽子成交是指外国投资者投资申请获得批准后，设立只需通过马来西亚工业发展局和奖励执行委员会两机关的认可程序，并由两机关对投资企业进行协助的制度。1998 年《越南奖励与保障外商投资措施》进一步简化投资申请程序，设立单一申请窗口，把审批投资项目的时间缩短。①

（2）有限度地取消审批。该制度表现为相对不干预投资，这多表现在中、东欧各国新外资法中。例如，保加利亚外资法规定，外国投资的比例在有限责任公司低于 50% 或在股份有限公司低于 21% 者，无需政府批准；匈牙利对外国股权低于 20% 的合营企业取消审批。这些规定体现了对外资股权在一定比例之内的外商投资企业的进入持基本放任的态度。

（3）以登记制度代替审批。如 2000 年阿根廷政府颁布了促进投资的一揽子计划，其中规定外国公司在阿根廷的直接投资无需事先得到批准或进行注册，但为了便于对投资额进行统计，公司必须在阿根廷中央银行的国际统计司进行登记。

（4）事后通知的办法。如日本从 1980 年开始不采取审批制，但要求外国投资者必须进行申报，申报后即可获得自动认可，到了 1991 年，日本取消了外资进入事先申报的制度，1992 年外资修订法规定，除对四个部门的直接投资外，其他投资可以未经批准在国内营运，但事后须向投资管理局提供充分的实际经营报告。该办法一方面取消了外资进入的程序性障碍，另一方面有利于保证对外资在本国经营的事后监督、检查。

（5）增强外资政策、法律的透明度。APEC 非约束性投资原则协定特别提到"成员方要使所有与在其国内投资相关的法律、规定、行政管理条例和政策迅速公之于众，使之具有透明度，易于了解"。要求每个成员都应该向其他成员告知本国在贸易与投资上存在的限制，以及存在这些限制的原因。目前，一些国家在这方面做了较大努力，尤其在行业开放程度的界定方面做了明确的规定。如墨西哥 1993 年新外资法第二、第三章将投资行业分为三大类，即经营权全部保留给国家的战略领域，共 14 项；

---

① 齐欢、罗靖：《越南外资政策的演变及对越投资现状分析》，《东南亚南亚信息》2001 年第 5 期。

经营活动权全部保留给墨西哥人或有"外国人除外条款"的墨西哥公司，共6项；外国投资可按一定百分比参与的经济领域，共5项，包括39个较具体的经济活动。墨西哥又制定了该法补充性条款，规定至1995年、1999年、2004年，录像服务业、重工业、汽车零件制造业、跨国陆运将先后对外资100%开放。该法有关行业开放的条款简明清楚、易于操作。外商投资政策、法律的充分透明不仅仅是投资自由化的必要要求和必要的便利措施，而且有助于提高政策、法律的可预见性，从而有利于外商投资者的决策，提高投资的效益。

（6）改革争端解决机制。一些国家在放宽准入限制，提供便利，促进准入自由化的同时，还对外资进入给予了一定的保障、救济措施。如安哥拉外资法规定，东道国有关主管部门对拒绝准入须提出理由并且允许投资者对"拒绝"提出投诉；立陶宛1990年外资法要求有关部门应将"拒绝准入"一事以及所依据的本国相关法律、法规一并通知外国申请者，申请者接到通知后可依法提出新的申请；赞比亚外资法亦做了类似规定。这些补救措施与保障条款原则上不属于投资自由化的必然措施，但其有利于提高外商投资者对东道国投资的信心，增强了对外资进入的保证，有助于推动投资自由化进程。

（三）我国投资便利化的法律保障现状

我国并没有专门的投资法，有关投资便利化的法律规定散见于相关的法律、法规及我国所签署的国际条约中。由于我国立法层级复杂，多级立法主体都拥有不同范围之内的立法权，这导致在我国对于同一法律问题往往有着多层级的不同规定。但是从整体来说，我国外商投资法律领域主流持保守的观点，对于外来投资限制相对更多。我国投资便利化的法律保障体系尚没有形成。现有法律规定主要分为国内法与我国参与的国际条约两个部分。

在国内法部分，与投资便利化相关的法律规定较多，涉及投资准入、投资促进与投资保护、争端解决等多个方面。其中，中外合资经营企业法、中外合作经营企业法、外资企业法这三部全国性专门规定外商投资的法律中，没有对投资便利化保障的相关内容。与此相对应的，在法规、规章部分，对于外商投资大多以设置限制及增加审批程序为主；简化手续，便利投资的内容极少。造成这一立法状况的原因有三。其一，在全国性法律的层面，由于我国法律偏向于保守，对新兴理念准备不足，以至于投资便利化的理念局限于国际贸易之中，尚没有扩散到法律领域。我国投资法整体尚停留在从投资限制到投资自由的转型阶段。其二，在部门规章的层面，部分部门任务设置额外的审批程序将带来一定的部门利益，担心简化便利将导致部门利益的流失，导致部门规章多以授权设置更多更复杂的审批、认证、准入程序为主，便利、简化的规定难觅踪迹。其三，在地方性法规层面，出于吸引外资，发展地方经济的考虑，在一些经济发达的地区虽然有一些投资便利化的规定，但由于地方性法规法律效力等级较低，只能在本地区内适用，无法形成有效的法律保障体系。

在国际条约方面，投资便利化得到了一定的体现。其中比较有代表性的是 2003 年 9 月签订的《上海合作组织成员国多边经贸合作纲要》，其中明确提出推进贸易和投资的便利化，并确定了 11 个领域的 127 个具体项目，涵盖贸易投资、海关、金融、税收、交通、能源、农业、科技、电信、环保、卫生和教育等领域，提出优先在能源、通信、交通和农业等领域加强合作，推进投资的便利化，并根据分阶段原则确定了落实机制。在投资准入、投资审批、海关和人员流动等方面确定审批程序的简化，给予外商投资以便利。这一纲要标志着投资便利化正式进入我国法律规制的范畴。此后，在中国与东盟签订的双边协议以及中国对外签订的自由贸易协定中，投资便利化都得到了体现。如东盟和韩国双边投资协定已经正式签署，旨在促进投资并建立一个自由、便利、透明并具有竞争力的投资体制；逐步实现投资体制的自由化；加强投资领域的合作，便利投资并提高投资规章和法规的透明度；提供投资保护。但是，国际条约中的投资便利化法律保障仍然面临一定的限制。首先，在我国国际条约必须经过转化为国内法才能够得到直接适用。在转化为国内法之前，具体的外商并不能够因为中国行政机关违反了我国对外签订的国际条约就可以直接在中国的法院提起诉讼并得到支持，只能通过政府间的磋商手段解决。而我国对外签订的投资便利化国际条约尚没有经过转化为国内法这一程序。其次，我国签订的投资便利化国际条约大多针对具体的国家、项目或者在一定地区内适用，如自由贸易协定仅在签字国之间有效，上海经济合作组织只限于上海范围之内。其中确定的投资便利化条款缺乏普遍适用的效力，更难以形成有效的法律保障体系。

（四）上海自贸区投资便利化法律保障体系建设构想

1. 应当遵循的原则

综合参考发达国家以及发展中国家的做法，自贸区内投资便利化法律保障体系建设应当遵循以下原则。

（1）放宽投资市场准入原则。投资准入有狭义和广义之分。狭义上的投资准入是指是否允许外资进入东道国的问题，即准入权问题；而广义上的投资准入除了准入权问题外，还包括是否赋予外国投资者在东道国设业的权利，即设业权问题。为此，双方对来自对方的投资准入规定不仅包括准入权，还包括设业权。在此基础上，自贸区应不断简化对彼此投资的审批程序，降低对外商投资者的市场准入门槛。应当注意的是，由于我国不同行业的具体情况，自贸区推进投资便利化可先将一些相互直接投资领域划分为开放领域、暂时保护领域和保护领域等，以后根据相互直接投资的进展情况再逐步调整。

（2）公平公正投资待遇原则。投资待遇是指东道国给予外国投资者法律上的待遇标准，主要包括非歧视、最惠国待遇和国民待遇等。为了增强对外资的吸引力，以美国为首的西方发达国家已将国民待遇从"开业后"延伸至"开业前"。考虑到目前的经济发展水平，我国实行相互直接投资便利化还不能完全接受这种做法。在通常情况下，自贸区应将国民待遇限制在对方资本进入以后的运行阶段，而不能将其适用于市场准入阶段。但是，对于重点支持的投资合作项目，自贸区可以采取增列清单的方式，将国民待遇扩展至市场准入阶段。

（3）加强投资保护原则。通常所说的投资保护是指非商业风险的保护，征收险、汇兑险、违约险和政治暴力险是四种典型的非商业风险，其中征收险最经常出现。目前，国际上的补偿原则主要有三种，即"赫尔"原则①、适当补偿原则和不予补偿原则。在加速自贸区投资便利化过程中，对于投资的征收必须是基于公共利益的需要，征收应依照国内法律程序进行，公平公正、非歧视地对待彼此的投资；补偿原则可采用发展中国家通常使用的适当补偿原则，补偿时间不应迟延。

（4）方便利润汇回原则。一些国家限制利润汇回，主要是出于国际收支平衡以及自身利益的考虑，防止外汇大量外流。这将降低东道国对外国投资者的吸引力。截至2010年6月10日，中国的外汇储备稳居世界第一位，鉴于我国目前的外汇储备状况以及国际上绝大多数国家都能保证利润自由汇出的做法，为了加速自贸区投资便利化建设，自贸区应当保证对方投资者在履行了税收等相关义务后，将其投资所获得的利润按照当日东道国国内所适用的市场汇率自由兑换成任何一种可以自由兑换的货币，并自由汇出。

（5）有利于争端解决原则。自贸区建设处于起步阶段，发生投资争

---

① 即全部赔偿原则。这是美国原国务卿赫尔在1938年提出来的，认为实行国有化的国家有义务以"充分、即时、有效"的方式对财产被国有化的外国投资者支付全部赔偿。这一原则是以私有财产不可侵犯为基础，以保护既得权益和反对不当得利为法律依据。

端是在所难免的。根据我国国情，当双方投资者发生投资争端时，应按照如下原则加以解决：第一，投资者应坚持先行磋商的原则。第二，当投资争端通过磋商的方式在一定时间内仍不能解决时，可以向当地法院提起诉讼，也可以提交到专设仲裁庭或者为自贸区投资设置的仲裁机构。第三，简化便利诉讼或者仲裁程序，公开透明诉讼或者仲裁过程。

2. 具体法律制度建设

在具体部门法制建设方面，应进一步下放审批权力、减少审批内容、简化审批程序、缩短审批期限、规范审批行为。借鉴上述一些国家的做法可以考虑推行有选择审批制与申报、登记制相结合的做法，精简手续，强调高效。对某些特别行业或关系国家经济安全的重要行业的外资进入由有关部门负责审批，对绝大多数行业可以不经过审批，只进行申报和注册登记。同时应注意确立相应的保障救济制度，如向外国申请者说明"拒绝准入"的理由及相关法律依据，法律上应保障申请者向有关机构申诉。

在具体法律制度的建设方面，应当重点考虑投资促进中便利化部分、放松投资准入和权利限制以及提高政府投资主管部门行政管理水平三个具体部分。

（1）投资促进中投资便利化部分。投资便利化措施中最主要的就是投资促进中有关投资便利化的内容，从投资流程将其划分为投资决策前、投资决策后和投资运营阶段三个方面的投资便利化内容。投资决策前，便利化措施主要包括两方面的内容，首先是由自贸区投资促进机构向各国潜在投资主体提供相关的投资信息，其中主要包括自贸区市场供需现状，人力、资源等信息；其次是自贸区投资促进机构向等待决策的投资主体提供实地考察、投资说明和咨询等服务。投资决策后，便利化措施主要由自贸区投资促进机构协助投资主体完成投资项目的申请和审批程序，并为投资项目的切实实施提供电力水力供应选择、人员雇用等咨询服务。投资运营后的便利化措施主要是自贸区通过不断完善基础设施建设和供应链的发展来获取已存在投资者的再投资活动。自贸区可以以地方性法规的形式，对整个投资促进中的便利化做出规定。

（2）放松投资准入和权利限制。自贸区政府可以考虑出台相应的政府规章，适当放松对外资的控制，如根据自贸区的情况，放松某些急需发展产业的股权比例，以促进该产业的迅速发展；其次，就是要放宽对外来投资者权利的限制，同时减少对投资主体的行为控制，扩大投资吸引力度。

（3）提高政府投资主管部门行政管理水平，自贸区投资主管部门应当出台相应的部门规章，在对外商投资项目审批过程中要尽量简化申请和审批手续，根据国情缩小应审批项目的范围，同时适当调整审批标准，以从整体上提高投资主管部门行政管理水平和审批效率，保证审批过程和相关信息的透明度。

第三节　贸易自由化的法律保障体系

贸易自由化是世界贸易中经久不衰的话题，从人们开始对外贸易之初，到世界经济一体化程度日益加深的今天，贸易自由化一直是一个重要方面。为了推动贸易自由化的进程，世界各国都做出了不懈的努力。但贸易自由化也是一把双刃剑，自由化带来的利益与风险同时存在，这使得世界各国在贸易自由化的法律保障体系中，促进推动与限制规避的法律制度都同时存在。

（一）贸易自由化法律保障的理论背景

贸易自由化，包括商品贸易的自由化和服务的自由化。前者是指海关、检疫机关等尽可能提供简便措施，消除贸易壁垒，使商品贸易高效与便捷。后者则包括服务业的进一步开放以及专业服务领域摒弃管制，专业人员与员工能在就业、居住等方面享受国民待遇。贸易自由化推动货物、服务、资本和人才等要素跨国自由流动并主要依靠市场力量在全球范围内优化资源配置，要求排除政府对国际贸易进行不必要的干预（尤其是行业垄断）和保障个体权益与自由，从而建立统一的世界性市场经济体制。

贸易自由化的法律保障体系包括促进贸易自由化与应对贸易自由化两个方面。贸易自由化是一把双刃剑，一方面为国内出口产业提供新的海外市场；另一方面随着贸易壁垒的消除，国内某些产业将无法避免日益增加的进口竞争所带来的损害。因此，促进与限制是贸易自由化法律保障的两个重要内容。

（二）贸易自由化法律保障的主要域外经验

在世界范围内，美国在贸易自由化方面的法律保障体系最具代表性。自《1934 年互惠贸易协定法》（Reciprocal Trade Agreements Act of 1934，RTAA1934）重构美国贸易政策制定体制起，美国逐步形成了贸易自由化拓展或促进机制、贸易自由化公平保障机制、贸易自由化临时或紧急保护机制与贸易自由化补偿机制"四位一体"贸易自由化法律保障体系。在这一法律体系中，贸易自由化拓展或促进机制以"快车道"制度和"贸易促进授权"制度为主要内容；贸易自由化公平保障机制以反补贴税法和反倾销法为主要内容；贸易自由化临时或紧急保护机制以"逃避条款"和"201 条款"为主要内容；贸易自由化补偿机制以贸易调整援助制度为主要内容，形成了一个全面覆盖贸易自由化各方面的法律保障体系。这一体系具有如下特点。

1. 自由贸易与不公平贸易的二分法

美国对外贸易中历来存在自由贸易与不公平贸易的二分法（Free Trade-unfair Trade Dichotomy）传统，所以国会在进行贸易自由化立法时往往区别公平贸易行为与不公平贸易行为。国会自 1951 年开始先后制定逃避条款（Escape Clause）、201 条款、406 条款与 421 条款，逐步建立了因正常条件下的进口激增而使企业或产业受损的贸易自由化临时或紧急保护

机制以及自 1962 年开始逐渐建立并完善作为贸易自由化补偿机制的 TAA
制度。与此同时，国会对外国产品或服务以低价倾销、政府补贴或侵犯美
国知识产权等方式进入美国市场的不公平做法给予重点打击，分别制定了
反补贴税法、反倾销法与 337 条款，同时针对出口市场中的不公平贸易实
践制定了 301 条款，四者有机构成了贸易自由化公平保障机制。国会分别
在几次重要的贸易立法中对这些解决不公平贸易行为的法律进行定期修
订，以适应国际贸易形势发展的现实需要。美国 20 世纪 70、80、90 年代
的贸易政策极力推崇公平贸易理念的做法充分说明美国对外国开展不公平
贸易实践的反对和不满。这种二分法做法的合理性和科学性主要是基于以
下两个因素：第一，从价值层面看，它迎合了全球贸易自由化的演变规
律，是美国主导多边贸易体制形成和发展的工具，符合 WTO 自由和公平
的核心价值理念。第二，从技术层面看，它对公平贸易与不公平贸易条件
下产生的产业损害分别进行立法，适用不同的损害标准，有助于美国有效
应对贸易自由化过程中产生的产业损害和结构调整问题。

2. 进口救济与调整援助的双轨制

从理论上讲，可以采取以下三种方法应对进口竞争造成的产业损害和
结构调整。其一是重启贸易壁垒，将进口排斥在外；其二是对缺乏竞争力
的产业给予调整援助；其三是将上述两者结合使用。美国将两者结合使
用，逐步形成了应对进口竞争的进口救济与调整援助（贸易调整援助）
的双轨制模式。

3. TAA 路线设计的双轨制

《1962 年贸易拓展法》第三编全称为"关税调整和其他调整援助"
（Tariff Adjustment and Other Adjustment Assistance），该法创设了两种相对
独立的 TAA 程序。其一是依附于逃避条款的附属程序，即"201 路线"
（或称"间接路线"），即工人或企业在总统决定采取逃避条款所规定的救

济措施之后，可以申请调整援助。其二是独立于逃避条款的单独程序，即"TAA 路线"（或称"直接路线"），即无须以逃避条款中损害结果之肯定性裁决为前提，可以直接向美国关税委员会（美国国际贸易委员会的前身）提出援助申请，通过资格审查即可申请援助措施或援助利益。因此，美国 TAA 项目分别可以通过"201 路线"或"TAA 路线"获得，两者有机地组成了美式 TAA 制度。1962 年、1974 年与 1988 年的三部国会主要贸易立法均要求"201 路线"中的调整援助请求必须建立在美国国际贸易委员会做出的肯定性损害裁决的基础上。总统可以指示劳工部长、商务部长或农业部长，快速考虑工人、企业或农民提出的调整援助申请，但调整援助只是进口救济措施中的一种而已。依照"TAA 路线"，请求者可以直接向劳工部长、商务部长或农业部长提出援助申请，通过资格认证即可申请调整援助。

（三）我国贸易自由化法律保障现状

自 1994 年以来，中国贸易自由化的立法实践一直是由政府推动的，强制性制度变迁成为中国对外贸易法制建设的主要特色，我国贸易自由化法律保障体系的主要特点是中国政府自主对国内私人（主要指自然人、企业和行业组织）参与国际经济过程或活动进行强制立法干预，而不是由国内私人主动要求并加以推动。因此，贸易制度的建立和发展在很大程度上是"自上而下"由政府推动的，国内私人对贸易自由化的立法参与是很有限的。在中国特色社会主义市场经济体制下，由于没有类似贸易制度生成的"本土资源"，中国主要学习、借鉴美国等发达经济体的贸易制度和 WTO 规则，构建起以《对外贸易法》为主体的贸易自由化法律保障体系。但这一体系存在着实施贸易救济严重不足，缺乏促进结构调整等缺陷，所以无法有效应对贸易自由化引致的贸易摩擦、产业损害及结构调整等问题。

（1）从国内私人与中央政府之间的纵向关系角度看，由于进行法律制度借鉴或移植时缺乏对制度生成逻辑的深入研究，同时国内私人参与贸易自由化立法的程度有限，所以贸易制度的可操作性不强和有效性不足。2004 年全面修订的《中华人民共和国对外贸易法》建立了许多新颖贸易制度，如贸易壁垒调查、幼稚产业促进、服务贸易救济、贸易转移救济、规避贸易救济及与贸易有关的知识产权调查与救济措施等，但这些制度并没有被实践验证为行之有效，其中大部分制度至今尚未被付诸实践。比较典型的例子就是 2005 年经修订实施的《对外贸易壁垒调查规则》，该规则表明中国正式建立对外贸易壁垒调查制度。但至今，除了 2004 年江苏省紫菜协会请求商务部对日本进口限制措施进行贸易壁垒调查案件之外，尚无其他国内企业或行业利用该制度，保障自身的合法权益。由此可见，对外贸易壁垒调查制度在实践中并不奏效。究其原因，主要是该规则为国内企业或行业创设了某种贸易权利，而它们对此并不知情，这是政府推动型或主导型涉外经贸立法的主要缺陷。从法治层面看，可以将该制度的效率低下归因于制度生成的理论逻辑混乱及制度的性质界定不清等因素，当然在中国法治不健全的大背景下，国内私人权利意识淡薄也是一个重要原因。因此，到底如何进行贸易自由化立法以及为谁立法这一课题值得国家商务主管部门高度关注和深入研究。

（2）从中央政府部门之间的横向关系角度看，由于政府各部门之间绩效的差异和协调的不足，贸易政策、产业政策乃至发展政策的目标各不相同，政策之间相互脱离或分割，结果造成贸易自由化的配套政策或支撑政策缺失，单一的贸易政策及以《对外贸易法》为主体架构的法律体系无法有效应对中国贸易自由化进程中的贸易摩擦、产业损害、结构调整及受损产业国际竞争力的提升等问题。具有代表性的例子就是在 2013 年 5 月结束的 WTO 对华第三次贸易政策审议中，欧美等各成员针对中国经济发展政策提出了 1508 个问题。值得一提的是，2009～2011 年国家实施的

10 大工业产业调整与振兴规划没有将贸易政策与产业政策有机结合起来，因此在实践中该规划的作用和功效值得怀疑。

（3）由于中国历来没有将"政策法律化"的法治传统和宪政基础，结果贸易政策、产业政策与相应的法律制度之间互不兼容，导致法律制度的性质模糊不清，最后影响其作用和功能的发挥。为了应对 WTO 对华贸易政策评审以及履行国内相应的法律、法规应当符合 WTO 规则的入世承诺，2004 年《中华人民共和国对外贸易法》在一定程度上实现了"贸易政策法律化"，但贸易制度的强制性变迁在很大程度上是行使"主权机制"的结果。该法没有根据经济学和法理学原理，结合中国贸易自由化的具体实践，引入科学的立法模式或立法体例，将促进贸易自由化与应对贸易自由化分别进行立法，因此这些贸易制度很难付诸实践并取得成效。

（四）自贸区贸易自由化法律保障体系构建

在自贸区内进行法律保障体系的双向调整，一方面实行更为自由开放的贸易政策，另一方面努力应对贸易自由化可能带来的风险，是自贸区贸易自由化法律保障体系构建的主要旋律。为此，应当树立在市场开放中不断提升产业国际竞争力的新型"产业安全观"，构建自贸区的贸易政策并将其法律化。具体而言，自贸区贸易自由化法律保障体系的构建是在新《中华人民共和国对外贸易法》的基础之上，尝试在更加立足国情的基础之上，对贸易自由化的法律保障体系进行以下几个方面的创新。

1. 建立中国贸易救济援助制度

美国《1984 年贸易与关税法》创立了贸易救济援助制度，同时在美国国际贸易委员会设置了贸易救济援助办公室（Trade Remedy Assistance Office，TRAO），旨在为遭受损害的企业或行业申请反倾销、反补贴及保障措施救济（以下简称"二反一保"）提供咨询意见或技术支持，维护其自身的合法权益。因此，美国企业或行业对贸易救济非常了解，经常将其视为与外国同行开展竞争的重要工具。相比之下，中国国内产业和企业，特别是中小企业对"二反一保"知之甚少，权利意识淡薄，更谈不上在国际化经营过程中如何有效利用它们，捍卫自身的合法权益。因此，中国应当制定"贸易救济援助实施办法"，建立贸易救济援助制度，提高"二反一保"的使用效率，切实发挥其救济产业损害的功能和作用。当然，紧密联系产业，针对中小企业加强贸易救济措施的宣传是构建该制度必不可少的首要步骤。2007 年出台的《商务部关于产业联系机制工作的实施意见》建立了联系产业机制，强化了商务主管部门与产业、企业的联系和互动，有助于加强对产业进行贸易救济法的宣传、培训及咨询，提高行业、企业维护自身权益的能力。但是，这种联系产业机制是松散的，没有实现"制度化"，所以建立以提供"二反一保"咨询意见和技术支撑为核心内容的贸易救济援助制度不仅是必要的而且是迫切的。特别要注意的是，国家商务主管部门在构建该项制度过程中，应当让国内私人充分、全面地参与立法，为自己创设权利。当然，构建中国贸易救济援助制度应当符合 WTO 规则。

2. 构建"二元贸易诉权"机制

由于对美国贸易救济法的生成逻辑缺乏了解，以及对 WTO 体制下中国贸易救济权的研究不够深入，国内学界对贸易救济的划分存在歧见以及对对外贸易壁垒调查制度的定位产生误解。从学理层面看，这是中国实施贸易救济严重不足的主要原因之一。国内有学者将贸易救济分成进口救济与出口救济两部分，将"二反一保"视为进口救济措施。还有学者在此基础之上将对外贸易壁垒调查制度视为出口救济措施。在对美国贸易保护主义的宪政成因进行深入研究之后，本书主张进口救济一元论，不支持进口救济和出口救济二元论观点。在进口救济一元论的前提下，澄清歧见或消除误解的主要方法就是对 WTO 体制下中国贸易救济权的基本原理进行深入研究，引入诉权理论，创立"二元贸易诉权"机制（"国家贸易诉权"和"私人贸易诉权"），将 WTO 争端解决机制下成员方诉成员方的权利称之为"国家贸易诉权"。由于国内私人在 WTO 争端解决机制中不具有主体资格，无法实现对其他成员方的诉权，所以中国必须建立相应的制度中介，为"私人贸易诉权"的实现提供制度保障。因此，不应将对外贸易壁垒调查制度视为出口救济措施，应将其视为国内私人行使 WTO 争端解决体制下"私人贸易诉权"的制度桥梁及实现"贸易诉权"的有效方式。构建"二元贸易诉权"机制应该是合理的和科学的，主要优点在于：第一，有助于发挥对外贸易壁垒调查制度的应有功能和作用，实现企业或行业在 WTO 协定下的权益，把多边规则直接变成企业或行业的国际竞争力。第二，有助于中国政府与国内私人形成互动，积极利用 WTO 争端解决机制维护中国自身的合法权益，妥善处理与其他成员方之间的贸易摩擦。当然，允许国内私人深入参与"二元贸易诉权"机制的构建是至关重要的。

3. 改革保障措施制度

保障措施协定至今尚未要求成员方在实施保障措施时要求申请者提交强制性的产业调整计划，而将此问题留给成员方国内法或域内法解决。纵观美国逃避条款或 201 条款的发展和变迁，现代保障措施的发展趋势已从单纯的进口救济走向进口救济与提升产业国际竞争力并举，旨在驱使企业或产业通过调整提高自身竞争力。《中华人民共和国保障措施条例》没有将"促进产业结构调整"作为立法目的之一，因此并不要求提交强制性的产业调整计划。在当下中国加快产业结构调整的大背景下，有必要改革保障措施制度，将要求提交强制性的产业调整计划作为获得进口救济的前提条件，促进受损产业对进口竞争的积极调整。具体而言，要求将产业结构调整作为采取保障措施的书面申请的内容之一，规定企业或行业在提出救济申请的同时或至少应当要求它们在提出实施保障措施的申请后的特定时间内提交产业调整计划。此外，应当增加救济后的监督规则，重视产业调整的实际效果。如果企业或行业在获得相应的保障措施救济后未进行积极的自我调整以适应新的进口竞争，应修正或取消所给予的救济。这种改革的目的在于强调保障措施目标和功能二元论，即贸易保护和结构调整，好处在于一方面可以弥补新《中华人民共和国对外贸易法》脱离产业政策、缺乏促进结构调整的法律制度的不足，另一方面可以充分实现保障措施的目标和功能，即在强调贸易保护的同时，推动受损产业开展结构调整，提升国际竞争力。

4. 构建专向性补贴管理制度

从 2006 年对中国铜版纸提起"双反合并"调查至今，美国对中国出口产品发起的反补贴调查案件已接近 30 起，特别在 2008 年全球金融危机爆发、不断蔓延的背景下，美国商务部对华出口产品提起的"双反合并"调查案件几乎接踵而至。美国双管齐下，积极实施经典的"双轨制反补贴机制"或"双轨制反补贴措施"，灵活使用"国际反补贴措施"与"国内反补贴措施"两种程序，矛头直指中国的补贴政策，对中国的专向性补贴形成了高压态势。在反补贴调查实践中，美国商务部在对专向性补贴认定、"双重征税"及"非市场经济地位"判定等方面涉嫌违反 WTO 规则，因此中国政府先后两次将美国商务部的"不当行为"诉至 WTO 争端解决机制。可以预见，随着中美经贸关系的日益深化，特别是在奥巴马政府积极实施"国家出口行动"计划的背景下，美国对中国出口产品实施"双反合并"调查的案件会进一步增加。因此，除了不断完善"四体联动"（政府、行业组织、企业与中介机构）贸易摩擦应对机制之外，自贸区可以尝试将贸易政策与产业政策战略性结合，灵活、有效、合法地使用补贴政策及措施。为此，有必要制定在自贸区内部单行的"专向性补贴管理条例"，建立一项管理专向性补贴制度。

第四节 金融国际化的法律保障体系

在我国，由于金融市场长期受管制，与国际金融市场并不接轨。因此，所谓金融国际化，是试图在自贸区中实行国际金融市场的基本规则，然后，逐渐放开国家金融市场。而在市场机制比较成熟的国家中，并不存在金融国际化的议题，而是金融自由化的议题。所以，我们在探讨金融国际化法律保障的问题时，也包含了金融自由化的内容。

（一）金融国际化法律保障的理论背景

一般认为，金融机构国际化表现为一国的金融业在海外广设分支机构，开展金融业务，形成信息灵敏、规模适当、结构合理的金融机构网络。同时在对等的条件下，允许外国金融机构进入本国，开放本国的金融市场。而金融国际化对于自贸区来说，则是试图在自贸区内部逐步放开金融管制，集中实行国际金融市场的基本规则，而后逐步放开国家的金融市场。

在法律保障的层面，金融国际化则存在着公法与私法两方面的含义。从公法上来看，金融国际化表现为金融管制的逐步放开和金融监管的国际化；而私法的层面则集中体现为金融交易规则与国际接轨。同时，我国由于长期实行高度的金融管制，由此而产生的金融国际化法律保障问题，远比其他国家自贸区的金融法治更加复杂。

（二）当今世界金融国际化法律保障的主要趋势

由于金融国际化的法律保障本身是个多方面多维度的问题，存在主体的广泛性、客体的多样性和内容的跨国性。因此，从国际上的通行做法和主要趋势来看，金融国际化法律保障体系的立法渊源包括国际金融条约如《国际货币基金协定》、《国际复兴开发银行协定》和《国际金融公司协定》、《国际开发协会协定》等；国际金融惯例如《国际复兴开发银行贷款协议和担保协议通则》、1978 年《合同担保统一规则》、1991 年《国际保理业务惯例规则参考文件》和 1992 年《见索即付保密统一规则》；和部分国家的国内法。这是由于部分金融业和金融市场较为发达国家的国内立法在世界范围内都具有重要的影响，如英国的国内立法，其影响更加突出一些，这与伦敦作为国际金融中心的重要地位以及英国金融业的悠久历史是分不开的。

在这其中，比较重要的是被誉为支撑国际金融秩序的三大协议：《国际货币基金组织协定》、WTO《服务贸易总协定》和《巴塞尔协议》，构成了当今世界金融国际化的基础性法律文件。《国际货币基金组织协定》是联合国体系内国际货币金融方面法律制度的国际公法，其内容主要是要求各成员方相互合作采取措施，使彼此的外汇管制条例能有效实施。WTO《服务贸易总协定》为国际贸易金融方面法律制度的主要国际性协议，主要要求缔约国全体谋求与国际货币基金合作，以便在基金所主管的外汇问题和缔约国全体谋求与国际货币基金合作，同时在基金主管的外汇问题和缔约国全体所主管的数量限制或其他贸易措施方面，可以执行一个协调的政策。《巴塞尔协议》则是国际投资金融法律制度的主要国际性惯例，主要是关于跨国银行的经营问题并承认国家汇划风险为政治风险。

（三）我国金融国际化法律保障现状

中国的金融法治建设始于 20 世纪 80 年代，在 90 年代中期达到立法高潮，其中，与金融国际化直接相关的金融法律主要包括：《中华人民共和国中国人民银行法》、《中华人民共和国商业银行法》、《中华人民共和国票据法》、《中华人民共和国反洗钱法》、《中华人民共和国银行业监督管理法》、《中华人民共和国证券法》、《中华人民共和国证券投资基金法》、《中华人民共和国保险法》和《中华人民共和国信托法》。同时，与金融国际化直接相关的法律体系也在不断建设和完善之中，我国制定了《中华人民共和国公司法》、《中华人民共和国合同法》、《中华人民共和国担保法》和《中华人民共和国物权法》等法律，有些法律也进行了多次修改。国务院、各金融监管机构还制定了大量的金融法规，据不完全统计，主要的有 130 余部，这些金融法规是现行法律的具体化，对金融国际化的保障发挥着重要作用。

从我国金融法治现状来看，适应市场经济需要的金融法律体系已经初步建立，这一体系对于我国的金融国际化、保护民族利益和各金融主体的利益发挥着重要作用，是我国金融法治发展的基础。但同时我国金融国际化法律保障的现状依然不容乐观，我国现行的金融法律、法规还是比较初步的，许多方面还存在法律的空缺，许多已经制定的法律仍有不完善之处，大部分内容立法层次还比较低。如在银行法律体系中，随着我国金融国际化程度地不断加深，有关人民币的立法还不够完善，甚至许多货币法的基本理论问题还没有得到法学界的应有重视，这直接影响人民币的国际化；有关货币流通方式的立法层次还不够高，特别是有关电子货币方面的立法，至今还基本上延续空白；有关"现金"管理方面的制度，至今还基本上延续计划经济时代的制度思维；我们还没有一部基本的银行清算法律制度；银行危机处置方面的法规虽然在起草中，但还不能达到理想的水平。在证券法律体系中，我国目前的证券法仅调整在交易所上市的证券，非上市证券还不在《中华人民共和国证券法》的调整范围之内，关于柜台市场、私募基金、金融期货等方面的法律、法规还基本上属于空白。在信托法律体系中，对信托的许多具体问题还缺少专门的规范，等等。这些问题有的是全世界共同面临的新问题，就世界范围内来看也没有明确的认识，有些则是我国自身发展中的问题，但无论是哪方面的问题都从法律的层面直接影响了金融国际化的进程。

同时，我国的金融监管与国际化的要求也有一定的差距。金融执法中存在的问题还是不容忽视的。其中首先反映出的是金融监管的能力问题。目前，我国许多明显的金融违法行为并不能得到监管机构的有效监督管理，使许多违法现象不能得到有效查处而长期存在，如证券市场的内幕交易问题、操纵市场问题，以及虚假陈述问题。其次，是执法竞争问题。从我国目前的法律规定上来看，证券市场上的违法问题都必须首先经执法机关处理之后，个人才能主张自己的权利。这种安排使投资人事实上失去了主张自己权利的能力，投资人的权利是否能够得到保护，最终并不是取决于行为人是否侵害了其利益，而是取决于监管机构是否对这种侵害行为进行查处。由此，从法律保障层面来看，我国的金融法治建设和金融监管制度与能力方面，都与金融国际化的要求存在一定差距。

（四）自贸区金融国际化法律保障体系建设

自贸区的金融国际化法律保障体系建设包含多方面的内容，其中既有法律制度建设的问题，也有司法体制改革的问题；既包括具体法律内容的调整，也包含整体法律理念的转换。综合起来看，集中在以下几个方面。

1. 资本市场开放的法律问题

上海自贸区是在我国境内设立的区域性自由贸易试验区，将成为我国主动开发的市场，尤其是开放资本市场的先行者。同时，由于我国资本市场的环境、法律制度、自贸区定位与境外有较大不同，在充分借鉴境外有益经验和做法时，还需要根据我国市场的实际情况，在资本市场开放问题上加以创造性运用。首先，关于人民币资本项目开放。人民币资本项目开放契合证券公司的跨境业务，证券公司可以充分利用换汇额度开发各类产品，满足客户跨境需求，建立"资本双向桥梁"。允许证券公司在自贸区内获得换汇额度，并由证券公司发挥自身产品创设的优势将额度用活来拓展跨境业务，是证券公司利用自贸区机遇的可行手段之一，对我国证券类机构的国际化发展有着重要的意义。在换汇额度的取得上，建议将额度申请对证券公司放开。考虑到证券公司与银行不同，其并不能从事外汇兑换业务，因此可将证券公司申请换汇的额度与银行申请换汇额度做出区别。出于总体监管和风险控制的考量，可以由国务院和外管局向自贸区授予总体换汇额度，然后由各证券公司在自贸区内设立的分支机构向自贸区申请子额度。同时，也可以对注册在上海自贸区的证券经营机构授予专项的 QDII、QDII2、QFII 和 RQFII 额度。其次，关于业务重点和产品设计。在业务重点方面，应加强对自贸区内贸易类企业的服务支持能力，从融资、投资、交易等多方面为贸易类企业提供综合金融服务。同时，证券公司作为市场金融服务的主体，应积极推进自贸区企业的"走出去"战略，在企业境外投资、跨境并购等方面提供财务顾问类服务。借助自贸区的发展契机，证券公司可以积极推进跨境业务的发展，实现内外联动，从而增强我国证券公司的国际竞争力。在产品设计方面，可结合人民币自由兑换、汇率自由化、离岸贸易等试点方向，设计相关的外汇和商品期货、期权、利率互换等新产品。

2. 利率市场化的法律问题

自 1996 年起，中国人民银行发布通知取消同业拆借利率上限，我国利率市场化改革正式启动，至今已约 19 年，已经实现银行间同业拆借利率完全放开、贷款利率完全放开、外币存款利率完全放开、银行间同业存单可依法发行和自由转让，由此，自贸区利率市场化改革已经步入最后阶段，接下来的存款利率放开、存款保险制度推行、大额存单实现可转让等改革将实现完全的利率市场化。但是我国目前商业银行的非传统业务尚不发达，金融机构自身定价能力较弱，同时由于没有一套完善的金融机构退出机制，国有银行垄断现象严重，金融市场的竞争不足。因此，上海自贸区利率市场化改革仍然需要对中央银行、各金融机构以及金融机构客户三方之间的权利义务进行明确，通过规范三方主体之间的法律关系进行法律引导，稳步推进自贸区利率市场化的改革。从中央银行对各金融机构的监管和指导层面来看，中国人民银行上海总部宜通过制定政策规章的形式，要求各个金融机构完善风险管理机制，同时明确监管方向，由合规性监管逐渐向风险监管转变。同时制定利率风险应对预案，综合考虑利率市场过程中可能发生的风险，将大的利率波动评估标准以及应对策略详细列明。同时做好信息披露和账号隔离工作；在各金融机构之间的竞争规范层面，应降低市场准入标准，促进中小金融机构进入市场参与竞争，充分发挥各个金融机构的发展潜力。对于国有银行来说实现产权分明、政企分开，使国有银行完全独立存在，保证商业银行作为独立的法人主体，能够独立运营并独立以自己的财产对外承担责任。在金融机构与客户之间的利益平衡方面，则应当加速金融创新，在利率市场化的过程中，金融机构之间通过平等竞争，将使得商业银行传统金融业务利润大打折扣，商业银行在这一过程中也必将寻求其他赢利途径，保证其正常运作和持续的发展。同时也应当优化自贸区的金融市场环境，完善金融纠纷解决方式。

3. 司法体制的改革

对于自贸区金融国际化的过程来说，一个有效的司法体制是非常重要的。在全球范围内，除个别单一的离岸金融中心之外，综合性的国际金融中心都有非常强大的司法体制来支持。同时，绝大多数金融中心位于普通法地区中，如伦敦、纽约、香港、新加坡。从这方面来看，上海似乎缺乏这样的先天条件，法官并没有金融法律规制创制的权力。国外研究显示，普通法传统的国家拥有更为发达的资本市场，具体表现为价值更高的资本市场，更多的人均上市企业数目，更高的 IPO 系数以及支付更多的红利。[1] 对于这一现象，有学者认为在普通法体系下，法院判决可以作为正式的法律渊源，这种灵活、适应性强的法律渊源比刚性的法律渊源更能适应环境变化并迅速回应经济环境对合约的需要，从而保护投资者并促进金融发展。[2] 为此，我们有必要从普通法的经验中汲取一些可以学习的东

---

[1] Rafeal La Porta, Florencio Lopz, Andrei Shleifer and Robert W. Vishey, "Law and Finance", *Journal of Political Economy*, 1998 (9).

[2] Richard Posner, *Economic Analysis of the Law*, Little Brown, 1985 (11).

西，比如在司法制度的建设上，要留更大的空间给地方法院，留更大的空间给审理第一线金融争议案件的法官。但这一想法与现实中国的司法体制改革又存在着一定程度的矛盾。目前的司法体制改革强调更多的垂直管理，强调司法的中央属性，弱化地方属性，但这对于自贸区的司法制度建设却不大恰当，容易抹杀司法在金融中心形成过程中可能提供的积极因素。对自贸区的基层或者中级法院来说，经常受理一些金融市场各类创新活动所引发的种种法律争议，容易了解金融法律发展的现实情况，应当让他们在金融法律规制的创制上发挥更多的主动性。相反，如果打造一个更加集权化、行政化，强调更多中央管理的司法体制则会抑制很多潜在的积极因素。①

4. 反洗钱制度的建立

随着上海自贸区试点改革的推进，央行放开了人民币跨境支付，允许自贸区内机构进行跨境人民币借款。外币存款利率放开以后，自贸区内的外币跨区流动在所难免，在风险管理上可能出现大规模的存款搬家，大规模为套利而出现的跨境资金流动。利用外币活期账号进行洗钱或者套利，已经成为各国洗钱的一个常见方式。上海市政府对自贸区设定了一条金融监管的底线，即自贸区绝不能成为洗钱地区。做好反洗钱工作有利于为自贸区培育国际化和法治化的市场环境，对自贸区的平稳健康发展具有重要意义。具体可以从以下几个方面入手。第一，考虑确立对国际洗钱犯罪的普遍管辖权。基于反洗钱领域的特殊性，国际刑法学者提出了域外管辖权的管辖方式，即一国可以对洗钱发生在国外的上游犯罪，也视同国内的洗钱犯罪，进而享有刑事管辖权。《联合国禁毒公约》即授权各国对毒品洗钱犯罪享有普遍的管辖权。第二，扩大洗钱犯罪上游犯罪的范围。我国近年来已经出现了对偷税、诈骗等犯罪所得

---

① 黄韬：《公共政策法院：中国金融法制变迁的司法维度》，法律出版社，2013年10月。

进行清洗的现象，但是由于我国《中华人民共和国刑法》将洗钱罪的上游罪限定于毒品犯罪、黑社会性质犯罪等六种犯罪，因而不能有效地防治清洗其他种类的上游犯罪所得。而从各国反洗钱立法来看，将上游犯罪拓宽至所有严重刑事犯罪已经是大势所趋。同时我国已加入的《联合国打击跨国有组织犯罪公约》规定"各缔约国应寻求将洗钱罪的规定适用于最为广泛的上游犯罪"，由此，扩大洗钱上游犯罪至所有的严重犯罪，也是我国所承担的国际义务所决定的。

| 第 | 七 | 章 |

中国（上海）自由贸易试验区
管理模式与政策体系研究

第一节　上海自贸区政府职能转变研究

中国（上海）自由贸易试验区自 2013 年 10 月成立以来，在推动加快政府职能转变方面进行了诸多尝试：上海自贸区积极探索建立与国际高标准投资和贸易规则体系相适应的行政管理体系；推进政府管理由注重事先审批转为注重事中、事后监管；提高行政透明度，完善投资者权益有效保障机制，实现各类投资主体的公平竞争。其中，审批制度的改革尤其是重中之重。

（一）政府职能转变的必要性

随着中国经济发展步入新阶段，如何界定政府与市场之间的关系成为下一轮改革的核心。与计划经济时期相比，市场经济中的政府应该逐步减少对经济的过度干预，充当市场"守夜人"的角色，提升行政管理的效率，营造公平有序的市场环境，让市场自身发挥更大的作用。

1. 现阶段的政府职能

政府行政体制的核心内容是政府职能，它揭示了政府"应该做什么，不应该做什么"。确定政府职能的关键是要厘清政府与市场的关系。确切来说，掌握权力资源的政府与运转经济资源的市场之间协调一致是合理确定政府职能的根本。党的十八大提出，要"深化行政审批制度改革继续简政放权推动政府职能向创造良好发展环境、提供优质公共服务、维护社会公平正义转变"。

与计划经济时期的全能型政府不同，随着社会主义市场经济的不断完善，政府应该把经济活动交给市场进行调节。政府职能由原来的"通过指令性计划和行政手段进行经济和社会管理"转变为"为市场主体服务，为企业生产经营创造良好发展环境"。具体来说，现阶段的政府职能主要包括两个方面：一是把经济决策权归还给市场主体，让市场主体分散决策并独立承担经济后果和社会影响；二是政府专注于市场环境和秩序的维护，为各类市场主体提供自由竞争和公平交易的市场环境。

2. 政府职能转变的核心

自国务院 2001 年成立行政审批改革工作领导小组以来，行政审批制度改革成为政府管理体制改革的核心，其实质是要求政府逐步放松行政管制。截至目前，中央政府牵头推进的审批改革已经进行了 7 轮，共计取消和调整审批项目 2589 项。但是，大部分改革采用合并、取消和改变管理方式的形式，相关改革举措并没有真正撼动行政审批的既有格局和利益，实践中仍然存在多头审批、手续繁杂和重审批轻监督等问题。因此，政府职能转变的核心是从根本上推进行政审批改革，以审批改革倒逼政府管理体制的改革。

目前，行政审批一般包含批准、否定和备案三种行为。当前的审批制度存在以下几点弊端：一是审批事项多、时间长；二是容易滋生腐败；三是偏重事前审批，忽略了事后监管。尽管通过几次改革，已经极大地简化了审批程序，但现有审批事项仍然十分庞大，很多可以通过市场、企业和个人自行调节的事项仍在通过审批制度来实现。此外，审批制容易产生暗箱操作行为，审批权利导致腐败的同时增加了企业负担，更扰乱了社会经济秩序。

（二）上海自贸区已取得的改革突破

上海自贸区是新形势下推进改革开放的重大举措，其成立的核心目的是通过经济改革实现贸易自由化。在行政领域，"贸易自由"就是要全面释放竞争经济领域中政府设立的审批"屏障"，改革政府的管理方式，加快政府职能的转变，按照国际化和法治化的要求，积极探索建立与国际高标准投资和贸易规则体系相适应的行政管理体系，推进政府管理由注重事先审批转为注重事中、事后监管。因此，自贸区改革的一项重要任务就是：通过行政审批制度的改革与创新推动政府职能的转变。目前，上海自贸区内实施的商事登记制度改革、加强事中事后监管等改革试验是自贸区成立一年多来被广泛认可的"成绩"，已有多项在全国范围内得到推广。

1. 核准制改为备案制

上海自贸区总体方案提出，对负面清单之外的领域，按照内外资一致的原则，将外商投资项目由核准制改为备案制（国务院规定对国内投资项目保留核准的除外），由上海市负责办理；将外商投资企业合同章程审批改为由上海市负责备案管理，备案后按国家有关规定办理相关手续。

核准制转为备案制极大地缩短了企业完成注册的时间。实行备案制之前，企业至少需要29个工作日才能拿到营业执照、机构代码和经营登记证，而现在一般只需要4个工作日即可完成注册手续。并且除了负面清单列表上的行业外，外资设立中国公司可以直接去工商局备案，不再需要发改委和外经贸主管部门进行审批，国外企业享有国民待遇。此外，上海自贸区内的公司注册试行"一站受理"，即企业无须辗转于工商、质检和税务等多个部门，只需将准备好的材料递交到工商部门即可。

2. 正面清单改为负面清单

改革开放以来，我国对外资企业的设立一直采用正面清单管理制度，即外商投资必须遵循《外商投资产业指导目录》的规定，按照鼓励类、限制类和禁止类进行行业分类。上海自贸区推行的负面清单制度，从根本上和制度上实现了简政放权，不仅是政府管理体制改革的重大进步，而且是上海自贸区与国际规则接轨的一大标杆，具有向全国推广的意义。但是由于上海自贸区发布的负面清单与之前颁布的《外商投资产业指导目录》相似度过高，这引起各界人士对现行负面清单的质疑。

3. 事前审批转变为事中、事后监管制度

加快政府职能的转变是上海自贸区的第一大任务，其核心是改革行政审批制度。目前，以政府职能转变为导向的事中事后监管制度已经基本形成，自贸区内实施的商事登记制度改革、加强事中事后监管等改革试验已有多项在全国范围内得到推广。由于自贸区内备案制的实施，自贸区对注册企业并不设置门槛，而是以"宽进"为主。这就对管理部门的事中和事后监管提出了挑战。目前自贸区已经形成了包括安全审查制度、反垄断审查制度、健全社会信用体系、信息共享和综合执法制度、社会力量参与市场监督制度在内的 6 大项事中事后监管制度。

4. 商事登记制度改革

随着自贸区内备案制的推行，商事登记制度也进行了改革，上海自贸区将注册资本实缴制改为认缴制，将先证后照登记制改为先照后证登记制，企业年检制度改为年度报告公示制。这一政府职能的转变已经被国家工商总局确定，并在全国范围内推进商事登记制度改革。

（三）上海自贸区未来改革的方向

政府职能转变的关键，就是探索如何厘清政府与市场的边界，如何提

高政府服务的透明度和便捷性等。这不仅是上海自贸区需要解决的问题，也是我国经济发展转型升级面临的问题。上海自贸区正在变成一场新的制度改革的起点，可能为全国性的改革破局带来巨大的示范效应。除了与国际接轨外，上海自贸区还承担着国内改革的重任，如负面清单管理模式可以起到倒逼行政管理改革的作用，这与国务院近年来积极推进行政职能改革，不断取消和下放行政审批权力的方向是一致的。

1. 改事前审批为事中事后监督

上海建设自贸区管理体制改革的重要方向是终结审批制，逐步建立"以准入后监督为主，准入前负面清单方式许可管理为辅"的投资准入管理体制。现行的投资审批制度是造成资源错配、宏观调控边际效应下滑和腐败等问题的主要因素，已成为中国经济发展道路上的"拦路石"。上海自贸区选择对这个痼疾"动刀子"，体现了政府提出的改革要"敢于涉险滩、敢啃硬骨头"的精神。

我国对外资实行审批和备案的投资管理体制，与国际通行的外资国民待遇标准有一点差距。自贸区改革的终极目标是彻底取消不必要的审批制度，完善备案制度。以海关监管为例，目前货物进出关从35个审批事项减少到14个，但是仍有继续减少的空间，并且很多收费环节也还可以减少。此外，投资环节和金融领域，也仍有减少审批的空间。行政审批可以通过市场调节和自由竞争来实现，政府只需要制定完善的准入标准和条件，对于符合条件的企业通过备案来实现准入。

2. 明确监管职责

明确监管职责，关系到自贸区管理部门的价值取向和监管效果。审批制下，"审批—监管—责任"三者合一。备案制下，如何界定监管职责，成为完善事中事后监管制度的核心。自贸区管理部门在充分发挥好自身的作用和宽进严管的前提下，需要明确界定各部门的监管职能和责任，杜绝

"监管真空"，实现监管职责的全覆盖，并推动由主体监管向行为监管、由事前审批向全过程监管转变，全面规范经济和社会的发展秩序。对于"交叉监管"区域，各部门需要理顺监管职责关系，使监管职责横向到边、纵向到底，清晰明确，权责一致，监管到位。

3. 健全监管规则

健全的监管规则，不仅是政府有效履行监管职责的前提，也是政府管理体制转型的基础。目前，自贸区内存在监管标准不完善、监管法律不健全和监管主体行为不规范等问题。未来，需要明确监管标准和制度规范，弥补标准规则的缺失，建立健全统一、合理、系统的监管标准体系，在引导市场和社会主体的活动的同时规范政府部门的监管行为。首先，对于市场主体，应逐步形成一体化的监管标准，如设立明确的市场准入标准、生产经营活动标准和结果评价标准等。其次，对于政府部门的监管行为，应制定标准化的行为规范，如明确监管权限、监管行为的实施、监管责任等，防止滥用职权。最后，应完善相关法律法规，针对自贸区内的特殊情况，在修改、调整、细化规则的同时，增强规则的操作性和规范监管行为，明晰责任，运用法治思维和法治方式履行监管职能，加快形成权责明确、公平公正、透明高效、法治保障的监管格局。

4. 改革监管机制

监管机制制约着政府监管功能的有效发挥，影响着监管新体制的活力释放。现行的监管体制纵向切割严重，部门间各自为战，缺乏配合协作，没有达到整体管理效果。改革的目标，首先是完善和规范部门间的监管协作联动机制，在职责明确、分工合理的基础上，按照监管事项进行分类，确定协作机制和方式，增强部门间的互动联动，提高监管整体效能。其次是引入市场监督机制，发挥第三方机构在市场监督中的重要作用。最后是发动社会力量共同监管，调动社会团体和个人参与市场监管，激励公众和媒体参与监督，全面引导市场和社会主体依法开展活动，共同创造和维护法治市场、法治社会。

5. 建立责任机制

审批改革不仅要简政放权和创新前置审批方式，而且要落实好事中、事后监管责任和分工。随着行政审批的终结，政府需要调整管理环节，即管理的重心转移到事中和事后环节。政府管理跳出繁杂的事前审批，并不意味着政府可以撒手。相反，政府管理要更加贴近市场、贴近厂商，要提供更加细致、周到的事中和事后服务，从而需要政府管理方式由被动审批转向主动服务。我们的政府应当真正实现从"重审批"向"重监管"的转变。对于已经通过备案制度或自由进入市场的企业或个人，应严格按监管条件和标准进行管理，一旦发现不符合监管标准的企业或行为，应当予以严厉的处罚，直至将其彻底赶出市场，从而建立起公平进入、有序竞争的市场秩序。

6. 负面清单改革

（1）负面清单与《外商投资产业指导目录》的区别

总体来说，现行负面清单与《外商投资产业指导目录》相比，实质内容区别并不大。通过对比两份文件，可以看出负面清单对各行业的限制和禁止内容基本涵盖了《外商投资产业指导目录》中的限制和禁止部分。其中，采矿业解除了对钨、钼、锡、锑勘查和开采的禁止；化学原料及化学制品制造业也放开了对感光材料生产、硼镁铁矿石加工以及无机盐生产的限制；有色金属冶炼及压延加工业不再禁止外商投资放射性矿产的冶炼和加工；专用设备制造业中，禁止外商投资武器弹药制造的禁令也取消了；工业品及其他制造业的禁止项目取消了对外商投资致癌、致畸、致突变产品和持久性有机污染物产品生产的限制；交通运输、仓储和邮政业中，不再限制外商投资公路旅客运输公司和电信公司，同时也放开了对邮政公司、信件的国内快递业务的禁止；批发和零售业中，不再限制直销、邮购、网上销售，大型农产品批发市场建设、经营，船舶代理和外轮理货，成品油批发及加油站的建设、经营；金融业中对证券公司的限制也有所放松，取消了之前限制从事 A 股承销、B 股和 H 股以及政府和公司债券的承销和交易、外资比例不超过 1/3 的规定；科学研究、技术服务和地质勘查业中，基因诊断与治疗技术开发和应用对外资开放；文化、体育和娱乐业中，不再限制外商投资演出经纪机构和娱乐场所经营，也不再禁止外商投资各级广播电台（站）、电视台（站）、广播电视频道（率）、广播电视传输覆盖网（发射台、转播台、广播电视卫星、卫星上行站、卫星收转站、微波站、监测台、有线广播电视传输覆盖网）。

同时，负面清单又在《外商投资产业指导目录》的基础上加入了更多的限制和禁止条款。例如，农、林、牧、渔业中，负面清单规定投资中药材种植、养殖须合资、合作；投资农作物种子企业须合资、合作，投资粮、棉、油作物种子企业的注册资本不低于 200 万美元，且中方投资比例应大于 50%，其他农作物种子企业的注册资本不低于 50 万美元。这两项限制并没有出现在之前颁布的《外商投资产业指导目录》中。

（2）清单应重分类轻长度

一份负面清单最重要的不是清单本身的长短，而是应该看其分类的标准。一份长清单不一定就代表开放程度不高，如果按照大类来分，清单肯定会短，但实际开放的空间就小。这就好比一幢楼房，按照大类划分清单就相当于对大门进行监管，如果大门被管住了，整幢楼房就进不去了；如果按照中类划分，相当于对楼层进行监管，未被限制的楼层仍然可以进入；如果按照小类进行划分，则相当于对房间进行监管，开放的空间实际更大。现在出台的这份负面清单是参照国民经济的大门类来进行分类的，其分类远比《外商投资产业指导目录》细致，涵盖 18 个经济行业门类，涉及 89 个大类、419 个中类和 1069 个小类，编制特别管理措施 190 项。这份清单实际上只监管了 17.8% 的产业小类，开放率高达 82.2%，其中，制造业限制小类占比约 11.6%，服务业限制小类占比约 23%。细化分类必将会成为未来负面清单调整的方向，今后的负面清单可能会对个别目前只做了原则性表述的门类进行进一步细化或者展开，将来开放的程度会越来越高。

（3）负面清单的未来走向

目前发布的负面清单中，禁止类规定比较明确，但在限制类规定方面留下了很大的解释空间，未来可以进一步明晰化这份负面清单。此外，现行负面清单中对服务业的限制过多，虽然在自贸区总体方案中开放了 18 个服务业门类，但《外商投资产业指导目录》中限制类 35 项、鼓励类中股权限制措施 12 项，依然基本如约出现在了负面清单中。未来的发展趋势是利用负面清单来达到服务贸易的自由化，其核心是全面给予外资国民待遇，即任何国家要将给本国企业的所有好处同样给外资企业，特别是取消合资企业外资控股限定。按照这个趋势，未来的负面清单必须进一步放宽限制，比如"外资在中国投资银行保险业，单个企业不能超过 20% 的股权"这样的约束可能就会取消。此外，对于那些没有出现在目录中的某些产业和管制措施却出现在了负面清单中的禁止行业，也应该考虑进一步解禁，比如"禁止投资因特网数据中心业务"、"禁止投资文物拍卖"、"禁止投资盐的批发"、和"禁止直接或间接从事和参与游戏运营服务"等。

但是，需要注意的是，对负面清单的开放应该循序渐进、逐步放松，并且开放程度应该与监管水平保持同步，注重风险控制。根据发达国家的负面清单经验，涉及意识形态领域的行业需要谨慎开放，如广播电视、互联网相关服务、教育服务等。处于对国家经济安全的考虑，涉及国计民生和国防安全的行业也应该有限开放，确保国有经济的控制地位，如房地产、特殊领域的科研服务、水利建设服务、航空运输、部分信息技术、部分专业测绘服务等。

第二节　上海自贸区配套税收政策体系研究

上海自贸区作为中国新一轮改革的桥头堡，肩负着重要历史使命，关系着改革的成败。上海自贸区的成立，不仅要推动中国对外开放向更广阔的领域拓展、更深度的层次探究，而且要探索准入前国民待遇加负面清单的管理模式，更重要的是要建立与自贸区功能和定位相匹配的税收政策体系。上海自贸区税制改革的实质是营造一个良好的税收环境，探索发现"可复制、可推广"的税收政策，而不是单纯地减少税种或降低税率。

（一）上海自贸区现行税收政策体系

综观上海自贸区现行的税收政策，包括 7 项已明确实施的政策和 3 项待探索研究的政策。明确实施的政策中，2 项以促进投资为目的，另外 5 项以促进贸易为目的，涉及的税种涵盖企业所得税、个人所得税、增值税、消费税和关税，既有征税方面的优惠，也有退税方面的优惠。待探索研究的政策中，2 项与促进境外投资有关，剩余 1 项关系到税收监管服务模式的改革。

1. 促进投资的税收政策

促进投资的税收政策主要包括股权激励个人所得税递延和资产评估增值所得税递延。个人所得税递延是指：将当期应纳所得税推迟为分 5 年缴纳，以帮助解决在权责发生制的税收制度下，投资重组或股权激励时企业或个人股东的现金压力。具体执行包括以下两种情况：第一，对注册在自贸区内的企业或个人股东，因非货币性资产对外投资等资产重组行为而产生资产评估增值部分，可在不超过 5 年期限内，分期缴纳所得税，享受递延纳税待遇。第二，对自贸区内企业以股份或出资比例等股权形式给予企业高端人才和紧缺人才奖励，实行已在中关村等地区试点的股权激励个人所得税分期纳税政策，对自贸区内企业高端人才和紧缺人才获得的股权形式奖励，可分期缴纳个人所得税，最长不得超过 5 年。资产评估增值所得税递延是指：对自贸区内的企业或个人股东，因非货币性资产对外投资等资产重组行为而产生的资产评估增值部分，可在不超过 5 年期限内，分期缴纳所得税。该政策解决了很多企业在投资重组中遇到的税收难题，尤其是解决了投资重组中企业没有现金流收入却要按照税法的规定缴纳大额所得税的问题。

2. 促进贸易的税收政策

促进贸易的税收政策主要涉及部分融资租赁项目税收优惠以及原有综合保税区延伸的税收优惠政策。融资租赁税收优惠有利于减轻自贸区内企业融资租赁税收负担，促进跨境融资租赁业务发展。以融资租赁出口退税和进口环节增值税优惠为例：自贸区内注册成立的融资租赁企业或金融租赁公司在自贸区内设立的项目子公司纳入融资租赁出口退税试点范围；对自贸区内注册的国内租赁公司或租赁公司设立的项目子公司，经国家有关部门批准从境外购买空载重量在 25 吨以上并租赁给国内航空公司使用的飞机，可享受进口环节增值税低税率优惠政策。保税区延伸政策包括对设在自贸区内企业生产、加工并销往内地的货物照章征收进口环节增值税、消费税，对内销货物按其对应进口料件或按实际报验状态征收关税；对自贸区内生产和生产性服务业企业进口所需的机器、设备等货物予以免税，但生活性服务业等企业进口的货物以及法律、行政法规和相关规定明确不予免税的货物除外。

3. 简洁的税收征收模式

与传统的税收征收模式相比，自贸区的征税模式具有以下几个新特点：第一，先进区，后报关。自贸区内允许企业先凭货物仓单信息提货进区，再按照规定时限办理海关申报手续，降低通关时间和成本。第二，区内自行运输。符合条件的区内企业可以在自贸区内的 4 个海关特殊监管区域通过信息化系统数据比对，实行自行运输，不再使用海关的监管车辆，降低企业物流成本。第三，加工贸易工单式核销。对使用企业资源计划系统的加工、生产、制造企业实施联网管理，以企业每日自动发送的工单数据为基础进行核销，为研发、维修等新型业态的监管提供信息。第四，批次进出，集中申报。区内允许企业货物分批次进出，在规定时间内集中申报。第五，简化通关作业随附单证，统一备案清单。对单一进出境备案清单及二线不涉税的进出口报关单取消随附单证的要求，将备案清单格式统一为 30 项申报要素，实现规范简捷申报。第六，内销选择性征税，集中汇总纳税。对经由自贸区内企业进行生产和加工并经"二线"销往国内市场的货物，企业可根据其对应进口料件或者实际报验状态选择缴纳进口关税，在有效担保前提下，允许企业在规定的纳税周期内，对已放行货物向海关自主集中缴付税款。第七，智能化卡口验放管理。升级改造自贸区卡口设施，简化卡口的操作环节，实现自动对比、自动判别、自动验放，缩短车辆过卡时间。

（二）现行税收政策解析

自贸区内现行的税收政策以营造良好的税收环境为目标，把自贸区作为开展税收制度改革的试点，在一定范围内逐步调整相关的税收政策，并与国内其他税收制度改革相衔接，着力形成促进投资和贸易的政策环境，探索形成与自贸区功能相匹配的税收政策体系。

1. 保留沿用保税区政策

自贸区实施方案中的税收政策，基本上保留和沿用了保税区的政策，例如，货物贸易税收政策、出口退税政策、保税加工政策和即征即退政策。根据方案规定的政策，货物可以在保税区与境外之间自由出入，免征关税和进口环节税；区内企业进口自用设备、办公用品、生产用原材料、零部件等免征关税、进口环节增值税；进口产品进境备案，内销产品进关完税；对注册在洋山保税港区内的企业从事国际航运、货物运输、仓储、装卸搬运、国际航运保险业务取得的收入，免征营业税。出口退税方面，在外高桥保税区国内货物装船离岸出口可办理退税；在洋山保税港区、外高桥保税物流园区、浦东机场综合保税区货物入区视同出口，可办理退税；从国内其他港口启运经洋山保税港区中转的货物，在离开启运地时，可办理退税。保税加工政策方面，对境外运入区内的企业加工出口所需的原材料、零部件、元器件、包装物件、转口货物以及区内存储货物实行保税。加工产品内销按照进口原材料、零部件征收关税和进口环节增值税。即征即退政策方面，对注册在洋山港区的航运企业从事海上航运、仓储、物流等服务取得的收入免征营业税；服务业"营改增"后，凡注册在洋山保税港区内的试点纳税人，对提供国内货运、仓储、装卸等服务和安置残疾人的企业，实行增值税即征即退优惠政策。

上述政策几乎已在国内其他区域内（主要指保税区）试行，并收到了显著的效果，上海自贸区之所以沿用这些政策，契合了其作为政策试验田应该遵守的稳健原则和经验可全国范围内复制推广的原则，但是，由于各项政策的受惠主体和税种之间缺乏联系，政策分割严重，集群效应没有得以显现。

2. 指导意义大于实际意义

目前执行的税收政策灵活性很高，从内容上看更注重指导性，后续的政策方向和力度可以通过颁布细节来调整和规范。以促进贸易的进口环节增值税优惠为例，现行政策的力度可通过发布后续的细则来根据情况适时调整，比如，旨在促进贸易的进口环节增值税优惠政策，允许自贸区内注册的国内租赁公司或其项目子公司在进口民航飞机时享受增值税减征，但是，这一政策并没有公布具体的优惠幅度，这就给政府进行政策调控留下了很大的空间。

三项待探索研究的政策也为进一步规范自贸区税制体系埋下了政策伏

笔。以两项促进对外投资的政策为例，该政策以鼓励国内企业和金融机构向境外高新技术企业投资为目的，这是对我国吸引外资政策的战略互补，中国企业作为投资方将获得更大的技术溢出效应。

最后，现行政策的受益企业涵盖面较窄。以促进投资的资产评估增值所得税递延政策为例，该政策目前仅适用于投资方是注册在自贸区内的企业或个人股东，且受资方是境外企业的某些特定资产的重组行为。如果未来的受益主体能扩展到自贸区外的股东对自贸区内的企业进行投资，或扩展到新企业设立等其他对外投资行为，则该政策的影响力会得到进一步扩大。

3. 整体规划不明确

现行税制政策的整体规划尚不明确，未来的改革方向并不明晰，官方也没有展示政策推进的时间表。未来政策的不确定性，使得许多企业对自贸区持观望态度，尤其是一些大型跨国公司。以选择性征收关税政策为例，对于自贸区内的企业进口原料进行加工贸易的，可选择按照原材料或是按照制成品缴纳关税，但是，现在政策并没有赋予企业选择从量或从价税制的权利。如果未来政策进一步放开，对生产企业来说是一个重大利好；如果进一步开放在短期内还无法实现，企业就会在上海自贸区、珠海横琴新区以及福建平潭综合试验区进行比较选择或观望。

（三）未来的税制改革方向

如前所述，上海自贸区现行的税收政策主要来源于原有保税区的政策。自贸区作为新一轮改革开放的试点，承担着投资、金融和服务三大领域开放的任务，不仅需要税收政策制度的延续和继承，而且需要进行税收政策制度的全面创新。自贸区未来的税制改革应遵循以下几点：第一，根据自身功能和定位的需要，积极探索适应新时期的税收政策；第二，政策要符合税制改革方向，可以采取先行先试的办法，确保政策的可复制和可推广性；第三，吸收和借鉴国际经验，政策应符合国际惯例；第四，保障国家的税收权益，避免税基被侵蚀导致税收流失；第五，政策偏向促进境外投资和离岸服务。

1. 境外股权投资税收政策

境外股权投资税收政策是未来自贸区税制改革的一个重要方向，政府通过调整企业所得税、个人所得税和营业税可以引导国内资金注入境外股权投资市场，从而促进境外股权投资的发展。该项政策涉及的纳税主体包括：股权投资项目公司、个人投资者和负责投资项目的管理人员。具体改革方向见表 7 - 1。

表 7 - 1　自贸区境外股权投资税收改革方向

纳税主体	税种	现行税制	改革方向
股权投资项目公司	企业所得税	①权益性投资收益（包括股息、红利等）可获免税②投资于未上市的中小高新技术企业、持股 2 年以上的股权可以按投资额的 70% 抵扣应纳税所得额	①对转让股权时产生的资本利得给予税收优惠②放宽年限限制
	营业税	转让股权中取得的收入，不征收营业税，其他业务收入按正常税率 5% 征收营业税	对境外企业提供投资管理、咨询等服务收取的服务费，以及股权投资过程中对境外企业贷款取得的利息收入等免征营业税
个人投资者	个人所得税	所有形式的权益性投资收益（转让上市公司股票所产生的资本利得除外）都必须缴纳个人所得税	①对个人投资者的资本利得免税范围扩大到对未上市公司的投资②个人投资者的权益性收益减免其个人所得税③个人投资者享受投资额税收抵免，投资亏损抵扣下期应纳税额
负责项目投资的管理人员	个人所得税	无优惠	对管理人员的现金和非现金收入降低个人所得税率

现行政策并没有按照之前大家预期的 15% 的税率征收企业所得税，但是未来降低税率是大势所趋。为了避免"一刀切"的现象，自贸区可以根据业务类型而不是按照注册类型来识别优惠对象，对于非专业从事境

外股权投资的项目公司，只要其开展的是境外股权投资业务并产生了利润，就可以对该投资行为施行税收优惠。其次，政策鼓励应符合境外股权投资的特点，其投资是一种长期行为，主要目的是获取资本利得，一般回收期较长，因此放宽投资年限，对长期投资行为的资本利得实行低税或免税更符合其发展规律。

2. 离岸业务发展税收政策

现行政策中并没有针对离岸业务的税收优惠。目前，深圳、上海洋山保税港区和天津滨海新区东疆保税港区三地先后成为我国开展外币离岸金融业务的试点区域，但并没有制定促进外币离岸业务的优惠税收政策，国内（港澳台除外）金融机构不允许涉及人民币离岸业务，相应的税收扶持政策为零。

离岸业务是未来金融业发展的方向，对于提升我国金融业整体国际竞争力具有举足轻重的意义，要促进我国离岸业务的发展，就必须对离岸业务涉及的税种和税率进行规范，兼顾发展离岸业务的同时避免国际避税和税收管辖权冲突等问题。离岸金融业务涉及的税种包括：企业所得税、个人所得税、营业税和印花税。大部分国际离岸金融市场免征所有直接税费，仅征收少量印花税，并且实行各种优惠政策。

自贸区作为开放试点，应参照国际离岸金融市场的标准，实行一定程度的税收优惠。例如，对从事离岸业务的企业和个人，征收低税率的所得税；对从事离岸业务的银行加入银团贷款免征其所得税；对从事离岸业务的金融机构免征营业税，免征因从事离岸业务而使用的各种凭证的印花税；对从事离岸业务的银行和离岸金融账户持有人免征利息预扣税，减征或免征贷款利息及海外收入预提税。对于国际避税问题，采取积极的监管措施，同时对于不涉及违法行为或不会损害社会公共利益的避税行为，可以适度容忍。对于税收管辖权冲突，采取国际协调政策，注重市场所在国的法律规制，避免双重征税和税收竞争。

第三节　建立和完善上海自贸区的管理规则体系

随着经济全球化的不断深化，美欧等发达经济体掌控着全球贸易的话语权。上海自贸区的问世，就是要从制度层面最大限度地与国际管理规则接轨，加快政府职能转变、积极探索管理模式创新、促进贸易和投资便利化，为全面深化改革和扩大开放探索新途径、积累新经验。自贸区的建立将从管理体制、监管模式和金融制度体系方面对管理规则体系进行深化改革，切断很多传统体制的羁绊，创造制度红利，形成一个可参与全球竞争的新体制。

（一）上海自贸区的五大任务

上海自贸区的建立紧紧围绕面向世界、服务全国的战略要求和上海"四个中心"建设的战略任务，按照先行先试、风险可控、分步推进、逐步完善的方式，把扩大开放与体制改革相结合、把培育功能与政策创新相结合，形成与国际投资、贸易通行规则相衔接的基本制度框架。上海自贸区的建立，是中国对内深化改革和对外进一步开放的重大举措，自贸区的目标不是局部试验，而是进行制度改革，在符合法治化、国际化和市场化的前提下，推进境内外投资和贸易制度的创新，通过扩大开放来促进、推动，甚至倒逼改革。已颁布的上海自贸区措施中的五大任务体现出政府改革的决心，上海自贸区改革的核心是制度创新，而不是通过政策优惠营造"政策洼地"。

1. 加快政府职能转变

加快政府职能的转变是上海自贸区的第一大任务，其核心是改革行政审批制度。现行投资审批制度带来了资源错配、宏观调控边际效应下滑和腐败频发等一系列问题，已成为打造中国经济升级版的"拦路虎"。上海自贸区选择对这个痼疾"动刀子"，体现了中国政府提出的改革要"敢于涉险滩、敢啃硬骨头"的精神。自贸区内对外商投资将由审批制改为备案制管理，减少行政审批事项，逐步建立"一口受理、综合审批和高效运作的服务模式，完善信息网络平台，实现不同部门的协同管理机制"。同时，建立行业信息跟踪、监管和归集的综合性评估机制，建立集中统一的市场监管综合执法体系，完善信息公开机制，完善投资者权益有效保障机制，建立知识产权纠纷调解、援助等解决机制。从这个层面来看，自贸区是与国际规则完全接轨的，以 TPP 为例，第十八条"行政与制度条款"，明确提出要简化行政管理手续；第九条也提出"创设和保留市场监管执法部门，负责采取措施，禁止反竞争的商业活动"。

2. 扩大投资领域的开放

主要是针对服务业，涉及金融服务、航运服务、商贸服务、专业服务、文化服务以及社会服务六大领域，暂停或取消投资者资质要求、股比限制、经营范围限制等准入限制措施（银行业机构、信息通信服务除外），营造有利于各类投资者平等准入的市场环境。取消准入限制，这可以视为中国向 TiSA 标准统一的重大举措，参与 TiSA 谈判的基本条件是在金融、证券和法律服务等领域没有外资持股比例或经营范围的限制。

探索建立负面清单管理模式，逐步形成与国际接轨的外商投资管理制度。借鉴 TPP、TTIP 和 TiSA 等规则，对外商投资试行准入前国民待遇，对负面清单之外的领域，按照内外资一致的原则，将外商投资项目由核准制改为备案制；将外商投资企业合同章程审批改为备案管理；优化工商登记流程；完善国家安全审查制度。

3. 推进贸易发展方式转变

推动贸易转型升级。鼓励跨国公司建立亚太地区总部，建立整合贸易、物流、结算等功能的营运中心。深化国际贸易结算中心试点，拓展专用账户的服务贸易跨境收付和融资功能；支持发展离岸业务；鼓励企业统筹开展国际国内贸易；探索在自贸区内设立国际大宗商品交易和资源配置平台；扩大完善期货保税交割试点，发展仓单质押融资等功能；加快对外文化贸易基地建设；推动生物医药、软件信息、管理咨询、数据服务等外包业务发展；允许和支持各类融资租赁公司在自贸区内设立项目子公司并开展境内外租赁服务；鼓励设立第三方检验鉴定机构；开展境内外高技术、高附加值的维修业务；加快培育跨境电子商务服务功能，试点建立与之相适应的海关监管、检验检疫、退税、跨境支付、物流等支撑系统。

提升国际航运服务能级，探索形成具有国际竞争力的航运发展制度和运作模式。积极发展航运金融、国际船舶运输、国际船舶管理、国际航运经纪等产业；加快发展航运运价指数衍生品交易业务；推动中、转、集、拼业务发展，允许中资公司拥有或控股拥有的非五星旗船，先行先试外贸进出口集装箱在国内沿海港口和上海港之间的沿海捎带业务；支持浦东机场增加国际中转货运航班；充分发挥上海的区域优势，利用中资"方便旗"船税收优惠政策，促进符合条件的船舶在上海落户登记；实行国际船舶登记政策。

4. 深化金融领域的开放创新

自贸区金融改革创新包括四方面：人民币资本项目可兑换、利率市场化、跨境贸易结算、外汇管理制度创新。所有开放创新措施都将坚持"一个前提、两个着力点"："一个前提"就是在风险可控的前提下，对于系统性和区域性的风险，绝对零容忍；"两个着力点"就是要牢牢把握所有的改革创新都要与中国经济发展水平和人民币国际地位相适应，为不断提高我们国家的国际竞争力服务，牢牢把握所有的改革创新始终要为实体经济服务，而不是为金融而金融、为创新而创新。

5. 完善法制领域的制度保障

加快形成符合自贸区发展需要的高标准投资和贸易规则体系。针对试点内容，暂时调整《外资企业法》、《中外合资经营企业法》和《中外合作经营企业法》规定的有关行政审批。各部门要支持自贸区在服务业扩大开放、实施准入前国民待遇和负面清单管理模式等方面深化改革试点，及时解决试点过程中的制度保障问题。上海市要通过地方立法，建立与试点要求相适应的试验区管理制度。

（二）自贸区的国际比较

中国（上海）自由贸易试验区（Free Trade Zone，FTZ），是根据本国法律法规在本国境内设立的区域性经济特区。这种贸易方式属于一国境内关外的贸易行为，即某一国在其辖区内划出一块地盘作为市场进行对外贸易，对该市场的买卖不过多地插手干预，且不收或优惠过路费（关税）。

1. 上海自贸区与传统自由贸易区（Free Trade Area，FTA）的比较

与上海自贸区不同的是，传统自由贸易区（以 TPP、TTIP 和 TiSA 覆盖下的区域为例）是多个国家共同制定游戏规则；而上海自贸区的方式是中国自己在操作，游戏规则自己制定，不需要签订多方协议。

传统的自由贸易区，是根据多个国家之间协议设立的包括协议国（地区）在内的经济体。指多个国家或地区（经济体）之间做买卖生意（贸易），为改善买卖市场，彼此给予各种优惠政策；具体买卖的规则，不是由某一国说了算，而是在国际协议的基础上由多国合作伙伴一起商议制定规则，按多国共同制定的规则进行。

FTZ 与 FTA 两者也有相同之处，他们的相同之处在于，都是为降低贸易成本促进商务发展而设立。

2. 上海自贸区与其他 FTZ 的比较

上海自贸区并不是中国建立的第一个自由贸易区，早在 2010 年，国

务院就曾经批准紧邻中国香港的前海成立"前海深港现代服务业合作区"。此外，香港、纽约和汉堡都有类似的自贸区存在（见图7-1），其各方面比较情况如表7-2所示。

图7-1 自贸区的国际样本

表7-2 上海自贸区与深圳前海、香港、纽约和汉堡自贸区的比较

比较项目	上海	深圳前海	纽约	香港	汉堡
占地面积	28平方公里	15平方公里	8.4平方公里	1095平方公里	15平方公里
所辖区域	外高桥保税区、外高桥保税物流园区、洋山保税港区、浦东机场综合保税区	香港、深圳、广州	伊丽莎白工业园区、泽西港、纽约港	香港岛、九龙半岛、新界、离岛	汉堡港、周边水域航道
定位差异	综合、全面的国际金融中心	金融开放实验示范窗口	综合性自由贸易区	国际金融、贸易和航运中心	转口贸易、物流集散中心
发展重点	金融、贸易、航运	金融、现代物流、信息服务业、科技文化创意产业	货物中转、自由贸易、加工业务	离岸贸易、金融	货物中转、仓储、流通、加工和船舶建造
核心优势	中国国内最领先的金融基础、自贸区试点的制度优势	毗邻香港	倒置关税，不存在关税和非关税贸易壁垒	自由贸易港，免税、完善的制度和政策优势	境内关外，境外货物可自由进入
政策解析	金融创新、制度改革	金融创新	税收减免、简化国际退货服务流程	自由的经济体制	进出口、转口货物可自由装卸、转船、储存，不需结关

（三）上海自贸区的管理体系设计

国际上自贸区的管理体系一般涉及以下几方面的内容：第一，境内关外的政策。即简化通关手续，海关工作效率极高。第二，优惠税收。包括削减关税（通常以零关税为目标）、增值税、所得税等。第三，行政上实行一站式服务管理模式。以提供友善的招商投资服务环境为目标。第四，投资和贸易自由化。营造公平竞争的市场环境，鼓励民营企业参与管理运营自由贸易区。第五，以发展国际物流功能为导向，吸引高端制造业，鼓励服务外包。第六，金融开放。提供便利的金融设施和服务，提供外汇自由兑换与离岸金融中心服务。第七，提供优惠的土地政策。第八，管委会和立法权。建立法律政策框架，成立管理委员会，指导设立和维护自由贸易区运行。

结合国际经验和中国实际情况，上海自贸区的管理体系设计包括以下三个方面。

1. 提升自由贸易功能

上海自贸区将原有的四个保税区合并为一个自由贸易区，与"保税仓储、出口加工、转口贸易"并且享有"免证、免税、保税"政策的保税区相比，自贸区的自由贸易功能要更强。自贸区应该从以下三方面提升贸易自由度：首先，转变监管理念，要从货物管理转变为企业管理；其次，提高贸易开放度，要具备与国际接轨的多元贸易模式，进一步拓展和优化贸易功能；最后，放宽政策开放度，尤其是外汇政策和税收政策，自贸区要求外汇政策率先开放，税收政策要有国际竞争力。

成立自贸区之前，上海综合保税区内支持贸易服务业的政策法规、运作水平和操作模式已经基本成熟，能够提供完备的港口核心服务、附加值服务与物流服务，在金融服务方面还有较大发展空间。自贸区成立之后，针对自贸区的特点，有以下几点政策支持。

第一，资金支持。推进上海国际贸易中心建设财政资金投入机制，重点支持贸易平台建设、贸易环境营造和改善、贸易机构引进、贸易促进活动等，发挥财政资金的引导和激励作用。

第二，贸易支持。服务贸易方面，单船单机的融资租赁向离岸服务发展，完善 SPV 退税、进口退税服务；内外贸一体化方面，进一步扩大国际贸易结算、跨国公司总部外汇集中运营管理试点；国际外汇资金吸存和贷款的备案式管理（而非额度化管理）、跨境收付方面，对区内外汇资金先实行限额管理下的境内外双向互通；园区建设方面，统筹发展中心城区商业、新城和郊区商业、社区商业，重点建设地标性商业中心、特色商业街区；人才吸引方面，为引进的高层次、紧缺型贸易人才在户籍和居住证办理、住房、医疗保障以及子女就学等方面提供便利；对引进的境外贸易人才简化出入境手续。

第三，海关监管。海关监管的政策核心在于聚集"准境外港地位"的试点，包括进一步深化期货保税交割、保税船舶登记、启运港退税试点；允许境外货船捎带国内其他港口货物进入自由贸易区；允许国内运往自由贸易区的货物实行无条件地启运港退税；进驻自贸区的企业，将享有更便捷的审批流程和税费减免政策。从本质上看，包括保税区在内，我国的特殊监管区实行的仍是"境内关内"政策，采取区内仓库与卡口同时监管方式，导致监管手续烦琐；而自贸区则实行"境内关外"政策，即"一线放开，二线管住"。两者区别详见图 7-2。所谓"一线"，是指自贸区与国境外的通道口。"一线放开"是指对境外进入的货物，海关实行备案管理，不查验货、检验检疫部门只检疫不检验，并实行区、港一体化运作管理，区内区港之间的货物可以自由流通。而所谓"二线"，是指自贸区与海关境内的通道口。"二线管住"，是指货物从自贸区进入国内非自贸区或货物从国内非自贸区进入自贸区时，海关必须依据本国海关法的规定，征收相应的税收，同时海关对出区的货物实行严格的监管，防止走

私。从"境内关内"走向"境内关外"，实现贸易、投资、金融和运输四
个方面的自由化，这是自贸区制度设计方面一个很大的突破。

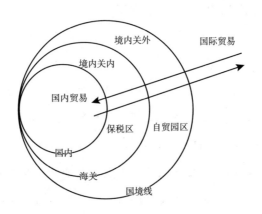

图 7 – 2   自贸区和保税区的区别

2. 扩大投资和金融领域开放

无论 TPP 还是 TTIP，或者是 TiSA，都对投资开放和金融自由化提出
了更高要求。上海自贸区作为改革的试点，利率市场化、汇率市场化、金
融产品创新、离岸业务、金融业对外开放、内资外投和外资内投等在上海
自贸区优先进行试点。

投资领域开放的核心是内资外投和外资内投两个方面。根据自贸区的
有关规定，外资内投可以获得准入前的国民待遇，企业设立和项目立项不
需要事先提交项目可行性研究报告，实行少干预、无补贴政策；内资外投
从原有的"核准制"转变为"备案制"，并且为区内注册登记满足条件公
司提供资金援助。

金融领域开放人民币资本项目可兑换、实行金融市场利率市场化、人
民币跨境使用等，对符合条件的民营资本和外资金融机构全面开放金融服
务业。主要包括四个方面的内容：第一，人民币资本项目下逐步开放，上
海自贸区全方位为企业提供与海外资本和市场对接的窗口，未来企业法人

可在自贸区内完成人民币自由兑换，个人则暂不施行。第二，外资银行和中外合资银行可从事各类零售及批发银行业务，包括接受存款、企业融资、贸易融资、财务活动、贵金属买卖及证券交易等。第三，构建离岸金融中心、人民币汇率价格发行机制，使外流资金能够实现更好的周转，提高人民币使用效率。第四，金融服务创新，与贸易相关的金融业务如融资租赁、期货保税交割、保税仓单押融等也在逐步推行。

2013年12月2日，中国人民银行发布《关于金融支持中国（上海）自由贸易试验区建设的意见》，在个人跨境投资、企业投融资、银行新型业务等方面均有所突破，主要目标是实现金融支持实体经济发展、深化改革和扩大开放，建立可复制、可推广的金融管理模式。具体内容包括以下四个方面。

第一，探索投融资汇兑便利化。投融资汇兑便利化，是在严格管制的基础上，进一步放开投融资汇兑市场，有利于保持投融资市场良好秩序情况下，进一步支持企业"走出去"。目前，我国实行严格的投融资汇兑管制。投资流入和流出分为贸易项目和资本项目，贸易项目下的投资处于基本开放状态，资本项目下的投资则处于管制状态。资本项目管制主要是对投资资金进入和进出的管制，我国对资本项目下的投资仍实行严格管制，投资资金流出实行QDII、流入实行QFII和RQFII。

第二，扩大人民币跨境使用。目前，我国人民币跨境使用存在两个核心需求：一是推进企业的发展。人民币跨境支付使用是我国企业、公司有进一步便利化的需要，有进一步降低成本的需要，有进一步防范风险的需要。二是推进进一步改革开放的重要需求。扩大人民币跨境使用，有利于企业降低汇兑成本，减少汇率风险，进一步深化改革开放。现阶段，人民币跨境使用在申请额度、申请主体资质、用途、收益流出和流入、税收等方面存在诸多限制。

第三，稳步推进利率市场化。目前，除了存款利率，利率市场化已完成绝大部分。理财产品替代存款、债券替代贷款、小微金融的多元化创新，都极大地推动了我国利率市场化。稳步推进利率市场化，有利于加快改革进程，推动实体经济的发展。

第四，深化外汇管理改革。近年来，虽然外汇管理一直在进行改革，但仍存在外汇市场外汇交易主体过于集中、外汇市场与其他金融市场隔离、外汇衍生交易少且缺乏创造性、外汇管理法规滞后等问题。

3. 建立风险防范机制

上海自贸区作为开放试点探索改革的深水区，建立相应的防范制度势在必行。上海自贸区遵循先行先试、风险可控的原则，人民币资本项目开放、离岸金融服务与投资开放的政策严格被限定在自贸区的 28 平方公里内开展，优惠制度仅限在区内注册企业与经济活动受益。同时，配套建立监管机制、信息公开机制，与自贸区相适应的外汇管理机制。上海金融办与一行三局紧密合作，配合央行分账核算操作办法，对区内存量企业进行梳理排摸，支持央行加快建设自贸区资金监控系统，落实风险防范机制。自贸区的开放程度与现有的立法程序、贸易制度、金融监管法律存在潜在的冲突，相关配套实施细则估计会陆续出台，这也给倒逼国内改革留下了空间。

（四）未来管理体系的发展方向

上海自贸区为深化改革开放探路，以开放促发展、促改革、促创新，不是用优惠政策来营造"政策洼地"，而是注重制度创新，不仅涉及货物贸易，主要针对服务业开放，不仅涉及边境开放，主要涉及境外开放。随着自贸区服务业和金融业扩大开放措施的相继出台，未来自贸区需要配套完善的管理体系，具体包括以下几方面。

1. 行政管理制度改革

上海自贸区明确提出"加快政府职能转变"，要求变"审批"为"监管"，这对管理体制提出了新的挑战，进行制度改革迫在眉睫。

（1）实施双层管理体制

上海自贸区可以借鉴 TPP、TTIP 实行的政府管理与市场结合的双层管理体制，打破纵向切割，设立专门的行政机构和日常监管机构。目前，自贸区战略的推进并没有专门的负责机构，现有的行政管理机构涉及海关、质检、工商、税务和外汇管理部门等。各个机构需要合作才能完成一项工作，有时候可能还需牵头部门花时间整合工作，这些都会降低工作效率。另外，各个机构之间主要对自己部门领域负责，这样不仅影响战略的整体性把握，而且多部门管理也影响战略推广的质量。因此，可以仿照国际上其他自贸区的组织结构，成立一个独立的管理委员会，隶属于政府，作为自贸区唯一的行政管理机构，将分散于各个职能部门的权力集中。同时，在充分引入市场机制的情况下，探索建立综合执法体系，鼓励社会组织参与市场监管，建立一个由政府控制的机构对自贸区进行统一规划、土地开发、基础设施开发、招商引资、物业管理、项目管理、咨询服务、投诉处理等工作。

（2）建立符合国际标准的法规

自贸区的建立对知识产权、劳工标准、环境保护等议题提出了新要求，这也是目前美欧等发达经济体试图树立的新型贸易标准。上海自贸区必须建立与国际接轨的仲裁制度，比照国际标准制定知识产权保护制度、劳工标准和环境标准，同时加大执法和监督力度。新法规的出现可能会与中国境内法律法规出现不一致的情况，这就要求上海自贸区拥有适度立法权。前文说过，很多存在制度陷阱的国家会出现这样一种现象：政府为了自身工作的便利，或者官员为了寻租的需要，通常会创设出许多法律法规，使人们无法在相关的维度空间开展分工合作，提升自身和社会的福利。而消除相关法律法规则可以形成新的制度竞争力，带来新的制度红利。因此，建立符合国际标准的法规，有利于中国突破制度陷阱，奠定今后参与国际贸易规则制定的基础，打造制度竞争优势，为将来在国际社会中赢得话语权。

（3）打造信息网络平台

目前上海自贸区实行"一口受理"，即经营者只需提交一次信息，无需重复向工商、质检、税务、海关等部门分别申报。企业完成核名程序后4天之内就可以拿到营业执照、企业代码和税务登记号，比原来需要的29天时间大幅减少。这种国际化的方式虽然简化了行政手续，但是却对各部门的监管提出了高要求，打造各部门共享的信息网络平台，就成为实施高效运作服务模式的重要保障，也为事后监管提供了便利和效率。自贸区可以借鉴国际经验，设置专门的信息中心，通过建立信息网络平台实现各部门的信息共享。

2. 监管模式改革

上海自贸区可以借鉴国际上施行的免于常规海关监管的理念，改革和完善区域监管机制，探索建立高效的监管模式。

（1）简化通关手续

目前货物进入自贸区需要在海关备案，手续基本与报关相同，增加了物流转运的成本。可以探索"两步申报"的模式，试行直接通关，将审核征税等环节移到货物放行之后。国际上通常实行"周报关"制度，即企业一周对其进出口货物集中申报一次，这样可以减少企业报关的成本，简化其手续。

（2）实现海关间系统监管

自贸区内作为一个中转站，其投资和货物向他处转移时难以实现自由流动。如果自贸区海关和其他地区的海关能够建立系统监管，可以极大地简化跨关转移手续，方便自由流动。

（3）减少区内监管

目前海关实施卡口和仓库两次监管，虽然有"一线放开"的政策，但是由于保税区内同时设立海关和检验检疫两个机构，实际上，货物报备之后，海关也对进入的货物进行查验，不能真正做到放开。可以借鉴美国的"审计核查制度"，海关不再到仓库进行检查，而是定期审计核查交易记录，不定期实施现场核查。这种方法不仅可以减少海关人员的工作量，而且可以提高进出口货物的流动性。

3. 金融制度改革

目前，上海自贸区放开了金融市场，因此很多专家学者担心无法保障金融安全，尤其担心出现套利问题。对无形的金融，即便建立自贸区的独立账户，各账户分开监管，国际资本依然有办法"各显神通"，因此金融改革本质上需要全国一体化地去突破。按照"抛补利率平价理论"，人民币利差和汇差就可能带来套利空间。以 600 万元人民币为例，到自贸区银行存入 600 万元人民币，假设自贸区内人民币存款利率为 3%，则一年后连本带息将获得 618 万元人民币；如果同时借 100 万美元，假设自贸区内美元贷款利率为 2%，则一年后需要归还 102 万美元。假设人民币兑美元的即期汇率为 6，远期汇率为 5.9，如果远期锁定还款美元，则一年可获利 16.2 万元人民币。所以，如果自贸区的金融体系不完善，就会出现疯狂的套利行为。

（1）建立完善的金融体系

建立完善的金融体系应该包括两方面内容：首先，要有明确的法律对市场进行管理和监督，不仅要有基本法律法规，而且需要设立针对金融犯罪的法律法规；其次，由于自贸区的特殊性，要有一系列特殊的制度安排，尤其是金融监管体制。

在整个金融制度体系中，金融监管是最重要的关键环节，自贸区作为一个相对特殊的市场，对监管主体、监管方式和监管合作等方面提出了新的要求。自贸区可以借鉴国外经验，设立一个机构专门作为监管主体负责离岸金融业务的监管，由它来负责自贸区金融业务的监管，包括准入、业务过程和退出监管。与此同时，需要专门制定针对其准入、业务过程和退出的监管法律法规及细则。另外，由于自贸区存在大量"非居民"，涉及大量的外汇业务，对于我国这样存在外汇管制的国家，需要充分监测外汇流动的合法合规性，因此在自贸区的监管主体至少应该包括银行业监管管理机构和外汇管理机构。

（2）细化金融支持政策

2013 年 12 月 2 日，中国人民银行发布《关于金融支持中国（上海）自由贸易试验区建设的意见》，包括 30 条支持上海自贸区建设的措施，内容涉及探索投融资汇兑便利、扩大人民币跨境使用、稳步推进利率市场化和深化外汇管理等方面。但是，对于众多计划搭乘上海自贸区金融开放快车的企业来说，如何开展实质性业务，还需要明确的操作细则。尽管该意见涉及的方面不少，但内容比较笼统，缺乏实施细则，只有等实施细则出台后，才能知道操作空间有多大。

总体来看，这次意见的出台，政策亮点不少，开放力度很大。首先，改革与风险防范并进。一方面，强化金融为企业升级和"走出去"的服务能力；另一方面，通过自贸区账户的隔离形式来防范风险。其次，金融开放顺序化。遵从先在资本市场开放，然后资本账户自由兑换放开；汇率市场化先行，再利率市场化。

但是，对于之前备受关注的如民营银行、互联网金融、资本项目开放等方面的内容，该意见没有涉及，希望未来逐步加大改革步伐，出台更多政策，支持上海自贸区的发展。

（3）打造金融改革试点

目前自贸区金融改革的"四位一体"，主要是指资本项目自由可兑换、人民币跨境使用（区域化、国际化）、利率市场化，以及深化外汇管理体制改革。加快金融改革开放，建立与开放型经济体制相适应的金融体系，通过融资、资本项目与外汇等方面的金融市场化改革，为贸易流通和投资提供金融服务升级与创新是全球自贸区建设的应有之义。上海自贸区是在新一轮经济全球化大背景下，中国突破现有体制框架，构建对外开放新格局和开放型经济体制的风向标。

因此，从这个角度而言，如何让庞大的金融资产作为支持实体经济发展的坚强后盾，必须积极调整对外资产配置结构，推进外汇管理简政放权，完善货物贸易和服务贸易外汇管理制度，重新思考外汇储备的战略运用，以及通过人民币跨境贸易结算和流通实现全球资产配置，上海自贸区无疑担当着金融改革的先锋和试验田的重要使命，并将为全国金融市场化改革的全面深化和推广提供可资参考的有益经验。

（4）提高金融资源配置效率

上海自贸区进行金融改革的目的不是单纯为了发展金融而发展金融，而是为了更好地为实体经济服务，真正提供与实体经济和产业升级相匹配的金融服务。目前自贸区金融改革的方案除了涉及利率和汇率市场化等金融市场化改革外，未来应该要将如何提高金融配置资源效率以及金融如何支持实体经济发展作为自贸区进一步金融改革的突破口和重点。上海自贸区作为改革的试点，肩负着推动中国从贸易大国走向贸易强国的重大使命，必须创新发展供应链（价值链）金融，依托于产业价值链综合价值平台提供全面金融服务，降低整个供应链运作成本。促进产业资本和金融资本融合，提升中国在全球价值链中的核心竞争优势。

图书在版编目（CIP）数据

中国（上海）自由贸易试验区一周年总结研究/裴长洪等著.
—北京：社会科学文献出版社，2015.5
（基地报告）
ISBN 978 - 7 - 5097 - 7394 - 9

Ⅰ.①中…　Ⅱ.①裴…　Ⅲ.①自由贸易区 - 研究 - 上海市
Ⅳ.①F752.851

中国版本图书馆 CIP 数据核字（2015）第 076050 号

·基地报告·
中国（上海）自由贸易试验区一周年总结研究

著　　者／裴长洪 等

出 版 人／谢寿光
项目统筹／恽　薇　陈　欣
责任编辑／陈凤玲　陈　欣

出　　版／社会科学文献出版社·经济与管理出版分社（010）59367226
　　　　　地址：北京市北三环中路甲 29 号院华龙大厦　邮编：100029
　　　　　网址：www.ssap.com.cn
发　　行／市场营销中心（010）59367081　59367090
　　　　　读者服务中心（010）59367028
印　　装／三河市尚艺印装有限公司

规　　格／开　本：787mm × 1092mm　1/16
　　　　　印　张：16.25　字　数：223 千字
版　　次／2015 年 5 月第 1 版　2015 年 5 月第 1 次印刷
书　　号／ISBN 978 - 7 - 5097 - 7394 - 9
定　　价／69.00 元